U0963421

13世纪拜占庭—尼西亚帝国“陪都”研究

孙丽芳　著

山东大学出版社
SHANDONG UNIVERSITY PRESS
·济南·

图书在版编目(CIP)数据

13世纪拜占庭—尼西亚帝国“陪都”研究/孙丽芳著.—济南:山东大学出版社,2021.8
ISBN 978-7-5607-7124-3

Ⅰ.①1… Ⅱ.①孙… Ⅲ.①拜占庭帝国—历史—13世纪 Ⅳ.①K134

中国版本图书馆CIP数据核字(2021)第186658号

策划编辑 李孝德
责任编辑 李孝德
文案编辑 肖世伟
封面设计 张 荔

出版发行 山东大学出版社
社 址 山东省济南市山大南路20号
邮政编码 250100
发行热线 (0531)88363008
经 销 新华书店
印 刷 济南乾丰印刷有限公司
规 格 787毫米×1092毫米 1/16
10.25印张 156千字
版 次 2021年8月第1版
印 次 2021年8月第1次印刷
定 价 36.00元

本书得到国家社科基金后期资助项目“阿克罗颇立塔斯及其《历史》研究”（项目号：18FSS016）、山东省社科规划研究项目“13世纪拜占庭-尼西亚政权复国问题研究”（项目号：18DLSJ05）和山东大学教育教学改革研究重点项目“全球史与跨国史课程群建设”（项目号：2021Z17）的资助和支持。

目　录

第一章　绪论

在古代中国的历史发展过程中，存在一种在世界上具有一定特殊意义、在本国具有普遍意义的现象——陪都现象。① 由商到清，陪都几乎一直存在并成为一种制度、一种机制。② 按照《中国古城辞典》的解释，古代中国除建立国都（首都）作为政治中心外，许多朝代还因特殊需要设立陪都。所谓陪都，即统治者在正式的主要京城之外，出于某种或某些需要设立的其他都城（辅京），是在首都以外另设的辅助性都城，以加强中央集权统治的一种政治性制度。③ 虽不常见，也并未形成固定制度，但在中古拜占庭帝国（Byzantine Empire，330—1453 年）的千年历史上也存在"陪都"现象。自公元 330 年建成并被置为首都以来，君士坦丁堡便一直是拜占庭帝国最重要的城市，是帝国当之无愧的政治、经济和文化中心，享有中世纪"众城女王"④之美誉。然而，第四次十字军于 1204

---

① 丁海斌：《论中国古代的多京制》，《社会科学战线》2015 年第 8 期。

② 丁海斌：《"副中心"与陪都的几大不同》，《人民论坛》2014 年第 13 期。

③ 陈桥驿主编：《中国都城辞典》，南昌：江西教育出版社，1999 年，第 7 页。

④ Nicetas Choniates, *O City of Byzantium: Annals of Niketas Choniatēs*, trans. by H. Magoulias, Detroit: Wayne State University Press, 1984, p. 338; Nikephoros Blemmydes, *A Partial Account*, trans. by J. Munitiz, Louvain: Spicilegium Sacrum Lovaniense, 1988, I, p. 49; Theodore Ⅱ Laskaris, "Εγκώμιον εις την Μεγαλόπολιν Νίκαιαν", in C. Foss, *Nicaea: A Byzantine Capital and Its Praises*, Mass.: Hellenic College Press, 1996, p. 133.

年4月12—13日攻陷了君士坦丁堡，并以此为都建立了拉丁帝国[①](The Latin Empire，1204—1261年)。这是该城自4世纪以来，首次由非拜占庭人统治，拜占庭中央政府也由此垮台。57年后，拜占庭人重新夺回君士坦丁堡，并开启了拜占庭末代王朝，即帕列奥列格王朝[②](Palaeologus，1261—1453年)在该城的统治。在拜占庭历史发展脉络中，1204—1261年这段时期被称作流亡时期。这一时期，东地中海世界政治格局呈现出极为明显的碎片化，这也是拜占庭—尼西亚帝国出现"陪都"的重要背景。

一、1204—1261年的拜占庭流亡政权

流亡时期，东地中海世界存在拜占庭人建立的三个政权，它们都与拜占庭之前的统治王朝有紧密联系。其中，安格洛斯王朝(Angelos，1185—1204年)皇帝阿莱克修斯三世[③](Alexios Ⅲ，1195—1203年在位)的二女婿塞奥多利·拉

---

① 关于1204年君士坦丁堡陷落的具体过程和相关情况，参见George Akropolites, *The History*, trans. by R. Macrides, Oxford: Oxford University Press, 2007, p. 113, 4; Nicetas Choniates, *O City of Byzantium: Annals of Niketas Choniatēs*, trans. by H. J. Magoulias, Detroit: Wayne State University Press, 1984, pp. 311-323; Geoffrey of Villehardouin, "The Conquest of Constantinople", in Joinville and Villehardouin, *Chronicles of the Crusades*, trans. by M. Shaw, London: Penguin, 1963, pp. 66-107。关于第四次十字军东征的转向问题，学界历来存在诸多争议。关于这一问题的讨论，参见罗春梅：《1204年君士坦丁堡的陷落》，北京：人民出版社，2012年，第231—235页。

② 帕列奥列格王朝尽管是拜占庭历史上存在时间最长的一个王朝，实力却最为羸弱。在其统治下，拜占庭帝国逐渐沦为一个二等小国。1453年，奥斯曼土耳其军队凭借其兵力和军事技术的强大优势攻破君士坦丁堡，拜占庭帝国最终灭亡。

③ 阿莱克修斯三世是安格洛斯王朝第二任皇帝，是伊萨克二世(Isaac Ⅱ，1185—1195年在位)的哥哥。1185年，伊萨克二世为庆祝与匈牙利公主玛利亚的婚事，向保加利亚地区征收额外的牲畜，这成为保加利亚人起兵反叛的导火索。他们趁机独立并建立了保加利亚第二帝国(The Second Empire of Bulgaria，1185—1396年)。1195年，他的哥哥阿莱克修斯将他废黜、篡夺皇位，是为阿莱克修斯三世。阿莱克修斯三世还将伊萨克二世刺瞎，并将他与他的儿子小阿莱克修斯一起关押。在小阿莱克修斯即之后的阿莱克修斯四世(Alexios Ⅳ，1203—1204年在位)逃到西方并带来第四次十字军后，阿莱克修斯三世逃亡。在十字军势力的支持下，伊萨克二世与阿莱克修斯四世共同登上皇位，但很快伊萨克二世病逝，阿莱克修斯四世也被杀。1204年十字军攻入君士坦丁堡后，安格洛斯王朝灭亡。

斯卡利斯[①](Theodore I Lascaris，1205—1221 年在位)，以小亚细亚(Asia Minor)半岛[②]西北部的尼西亚城[③](Nicaea)为都，建立了尼西亚帝国(The Empire of Nicaea，1204—1261 年)。尼西亚帝国在抗击拉丁帝国东进和塞尔柱苏丹国[④](Seljuk Sultanate of Rum，1077—1307 年)西侵的过程中，逐渐在小亚细亚西北部站稳脚，并以此为根据地实现战略反击，逐步收复失地。在东地中海世界的激烈竞争中，它最终于 1261 年成功夺回君士坦丁堡，[⑤]延续了拜占庭国祚。因此，它也在拜占庭历史上具有了独特地位。在拜占庭王朝序列中，它也常以其建立者塞奥多利的姓氏被称为拉斯卡利斯王朝(Lascaris Dynasty，1204—1261 年)。

除尼西亚帝国外，另两个较具影响力的拜占庭政权分别是希腊西北部的伊

---

① 即塞奥多利一世。——译者注

② 小亚细亚半岛简称小亚细亚，又称安纳托利亚(Anatolia)半岛。本书也将安纳托利亚半岛简称安纳托利亚，同时使用小亚细亚和安纳托利亚两个称谓。小亚细亚半岛北临黑海，西濒爱琴海，南接地中海，东靠亚美尼亚高原，其范围包括东部的安纳托利亚高原以及西部的低矮山地和沿海平原，这构成了当今土耳其国土的大部。因位于亚欧大陆交界处，小亚细亚自古以来便具有重要的战略价值。

③ 今土耳其伊兹尼克(Iznik)，位于该国西北部的布尔萨(Bursa)省，离布尔萨省首府布尔萨约 80 公里。

④ 全称为鲁姆的塞尔柱苏丹国，又称鲁姆苏丹国(Sultanate of Rum)。“鲁姆”一词是阿拉伯语对罗马的指称。在中古世界，拜占庭人一直自称为罗马人，他们的帝国也称罗马帝国。因而，主要领土区域为拜占庭小亚细亚领土的塞尔柱苏丹国便也得名鲁姆的塞尔柱苏丹国或鲁姆苏丹国。从 12 世纪初起，伊科尼乌姆[Iconium，即今土耳其科尼亚(Konya)]便长期作为塞尔柱苏丹国的首都，因而这一政权也被称作伊科尼乌姆的苏丹国(Sultanate of Iconium)。它是从塞尔柱帝国(Seljuk Empire，1037—1194 年)中分离出来的，其强盛时疆域东达凡(Van)湖，北抵黑海，据有小亚细亚除西部沿海外的大部地区。

⑤ George Akropolites, *The History*, pp. 375-376, 85; George Pachymeres, *Book One and Book Two of the Historia*, translation and Commentary by N. Cassidy in his PhD diss., University of Western Austria, 2004, pp. 69-73. 尽管拜占庭史学家麦萨利提斯(Nicholas Mesarites，1163/1164—?)、阿克罗颇利塔斯(George Akropolites，1217—1282)和帕西米尔斯(George Pachymeres，1242 年至约 1310 年)的著作与它们相应的英译者 M. 安格德、R. 玛库利德斯和 N. 卡西迪的研究成果都是放在一起出版，但本书选择分开标注，以免混淆史家与译者同时也是研究者的观点。

庇鲁斯专制君主国[①](The Despotate of Epirus,1205—1479 年)和黑海东南沿岸的特拉布宗帝国(The Empire of Trebizond,1204—1461 年),它们分别以阿尔塔[②](Arta)和特拉布宗[③](Trebizond)为中心。其中,伊庇鲁斯专制君主国的建立者为米哈伊尔·安格洛斯·科穆宁·杜卡斯(Michael Angelos Komnenos Doukas,1206—1215 年在位)是安格洛斯王朝皇帝伊萨克二世和阿莱克修斯三世的侄子。[④] 流亡初期,伊庇鲁斯专制君主国有效地牵制了拉丁帝国的兵力,并逐步将之从希腊西北部清除出去,从而有力地回击了拉丁帝国对拜占庭欧洲领土的征服计划。尤其是在米哈伊尔同父异母的弟弟塞奥多利(1215—1230 年在位)统治时期,伊庇鲁斯专制君主国势头日劲。1224 年从拉丁人手中夺回拜占庭帝国第二大城市塞萨洛尼基[⑤](Thessaloniki)后,他在该城称帝并被加冕。[⑥] 因为伊庇鲁斯君主专制国的主要目标也是夺取君士坦丁堡,它便成为尼西亚帝国的重要敌手。[⑦] 伊庇鲁斯君主专制国的崛起引起了曾经与其共同对付拉丁人

---

① 本书认为,该政权可能因其曾被尼西亚皇帝封授“专制君主”这一头衔而得名。伊庇鲁斯是指巴尔干半岛西部东邻品都斯(Pindus)山、西接爱奥尼亚海(Ionian Sea)的一片区域。它现分属希腊和阿尔巴尼亚两国,但大部分位于希腊境内。专制君主头衔是 1163 年曼努埃尔一世(Manuel I,1143—1180 年在位)为其女婿、时为匈牙利王子的贝拉三世(Bella Ⅲ, 1173—1196 年在位)所设。参见 John Kinnamos, *Deeds of John and Manuel Comnenus*, trans. by C. Brand, New York, Guildford: Columbia University Press, 1976, p. 214。目前,学者们普遍认为专制君主头衔自此成为宫廷头衔的一种。参见 A. Kazhdan, *The Oxford Dictionary of Byzantium*, New York: Oxford University Press, 1991, p. 614; J. H. Rosser, *Historical Dictionary of Byzantium*, Lanham, Maryland: Scarecrow Press, 2001, p. 116。自设立之始至拜占庭帝国灭亡,这一头衔在晚期拜占庭宫廷头衔序列中位居第一。参见 R.Macrides, J.Munitiz and D.Angelov, trans., comment and study, *Pseudo-Kodiros and the Constantinopolitan Court: Offices and Ceremonies*, Ashgate: Variorum,2013, Appendix, Table Ⅳ; M. Angold, *A Byzantine Government in Exile: Government and Society under the Laskarids of Nicaea*, 1204-1261, London: Oxford University Press, 1975, p. 64。

② 阿尔塔位于今希腊西北部,为该国阿尔塔州首府。此地有多座建于拜占庭时期的教堂,对于了解拜占庭历史和文化具有重要价值。

③ 今土耳其特拉布宗省首府特拉比宗(Trabzon),是黑海岸边的一座重要城市,因地处古丝绸之路沿线而成为不同文化、宗教和商品交汇之地。

④ D. Angelov, *The Byzantine Hellene: The Life of Emperor Theodore Laskaris and Byzantium in the Thirteenth Century*, p. 15.

⑤ 又译作萨洛尼卡或塞萨洛尼卡,位于今希腊北部,为该国塞萨洛尼基州首府。它不仅是拜占庭帝国而且也是当今希腊第二大城市。

⑥ George Akropolites, *The History*, pp. 162-163, 21.

⑦ 关于伊庇鲁斯政权的详细研究,参见 D. Nicol, *The Despotate of Epiros*, Oxford: Blackwell, 1957; D. Nicol, *The Despotate of Epiros 1267-1479: A Contribution to the History of Greece in the Middle Ages*, Cambridge: Cambridge University Press, 1984。

的保加利亚第二帝国的警惕，双方最后反目成仇。1230 年，它们大战于科洛克尼察[①](Klokotnitsa)，伊庇鲁斯君主专制国落败，[②]并失去了大片土地。自此，它再难靠自身实力与尼西亚帝国抗衡。

而特拉布宗帝国的建立者为拜占庭皇帝安德罗尼库斯一世[③](Andronicus I，1183—1185 年在位)的孙子大卫和阿莱克修斯·科穆宁兄弟(David and Alexios Komnenos)。不同于伊庇鲁斯专制君主国，特拉布宗帝国建立于君士坦丁堡陷落前不久。[④] 特拉布宗帝国初期积极沿黑海南岸向西拓展，但 1214 年被尼西亚帝国和塞尔柱苏丹国军队打败，因而失去了帕夫拉高尼亚(Paphlagonia)地区的主要城市赫拉克利亚[⑤](Herakleia)。[⑥] 尽管特拉布宗帝国并未放弃宣称继承旧帝国遗产的权利，但因受到塞尔柱苏丹国和蒙古西征[⑦]的影响，它在三个拜占庭流亡政权中实力相对较弱，只能于夹缝中寻找生机。但相较于其他两个政权，它存在的时间却最长，直至 1461 年才最终被奥斯曼土耳其军队征服。整体而言，尽管特拉布宗帝国对于流亡时期东地中海世界的政治

---

① 今保加利亚南部的塞密折村(Semidje)，位于该国哈斯科沃(Haskovo)州。

② George Akropolites, *The History*, pp. 178-179, 25.

③ 安德罗尼库斯一世是曼努埃尔一世的堂兄弟。曼努埃尔一世去世时，其子阿莱克修斯二世(Alexios Ⅱ，1180—1183 年在位)尚未成年，仅有 10 岁。安德罗尼库斯一世逐步篡夺了小皇帝的皇位，并将其杀害。由于在他统治期间塞萨洛尼基被诺曼人攻陷以及他采取的一些激进举措，君士坦丁堡民众对他极为不满。他最终被伊萨克二世夺取皇位并被城内的暴徒杀害。

④ M. Angold, *A Byzantine Government in Exile: Government and Society under the Laskarids of Nicaea, 1204-1261*, p. 12.

⑤ 帕夫拉高尼亚是小亚细亚黑海沿岸狭窄的海滨地区。历史上有多处以赫拉克利亚命名的城市，此处赫拉克利亚位于黑海岸边，也称黑海岸边的赫拉克利亚(Pontoheraclea)。今为土耳其宗古尔达省(Zonguldak)的卡拉代尼兹埃雷利(Karadeniz Ereğli)。

⑥ George Akropolites, *The History*, p. 132. 大卫也曾联手拉丁帝国对付尼西亚帝国，参见 Nicetas Choniates, *O City of Byzantium: Annals of Niketas Choniatēs*, p. 352。关于大卫在帕夫拉高尼亚地区的统治以及他的去向问题，参见 Filip Van Tricht, *The Latin Renovatio of Byzantium: The Empire of Constantinople (1204-1228)*, trans. by P. Longbottom, Leidon: Brill, 2011, pp. 355-356, n. 10。

⑦ 13 世纪，蒙古西征军强势进入小亚细亚。它不仅在 1243 年和 1256 年两次击败了塞尔柱苏丹国，还迫使这一地区几乎所有政权臣服。因而，蒙古西征极大地改变了小亚细亚的政治局势。

局势影响不大,[①]但在文化、艺术以及天文学和数学等自然科学方面的贡献较为突出。[②]

概而言之,以上三个拜占庭流亡政权的建立者都与之前的统治家族有密切关系,这便在很大程度上增强了它们统治的合法性。如在与尼西亚皇帝的较量中,伊庇鲁斯统治者便常强调自己的血统,凸显其统治具有同尼西亚皇帝们一样甚至超越他们的合法性。[③] 在流亡的背景下,这三个政权都肩负同一政治使命,那便是收复失地、夺回故都。然而,除它们外,这一时期的东地中海世界还有君士坦丁堡的拉丁帝国和在名义上臣属于它的巴尔干半岛的诸多拉丁势力,趁君士坦丁堡陷落前来抢夺拜占庭遗产的保加利亚第二帝国,继续向小亚细亚西部扩张势力的塞尔柱苏丹国等。它们竞相争夺拜占庭旧有领土,成为三个拜占庭流亡政权完成政治使命的最大障碍和阻力。而蒙古西征军的到来,则为这一地区局势增添了更为复杂和多变的因素。最终,在这些势力的共同推动下,东地中海世界形成了一种全新的政治秩序。而这一秩序的特点是领土的极度分裂及超越宗教和政治冲突且变动的联盟。[④] 这便是尼西亚帝国求生存、谋发展所需面对和应对的政治形势。也正是在这一背景下,尼西亚帝国出现了“陪都”。

① M. 安格德曾评价称,特拉布宗的历史更多属于安纳托利亚半岛和黑海,而不是拜占庭帝国。参见 M. Angold, "Byzantium in Exile", in D. Abulafia, ed., *The New Cambridge Medieval History: c. 1198-c.1300*, Vol. 5, Cambridge: Cambridge University Press, 1999, p. 547。

② D. Nicol, *The Last Centuries of Byzantium, 1261-1453*, 2nd edition, Cambridge: Cambridge University Press, 1993, p. 405.《特拉布宗皇帝纪》(*On the Emperors of Trebizond*)是目前关于特拉布宗帝国最主要的原始史料,它以简洁的风格按时间顺序叙述了1204年至1426年间帝国的主要政治和宗教事件,参见 M. Panaretos, *Bessarion, Two Works on Trebizond*, ed and trans. by Scott Kennedy, Cambridge, Massachusetts: Harvard University Press, 2019。关于特拉布宗帝国的详细研究,参见 A. Eastmond, ed., *Byzantium's Other Empire: Trebizond*, Istanbul: Koç University Press, 2016; W. Miller, *Trebizond: The Last Greek Empire of the Byzantine era, 1204-1461*, new enl. edition, historical introduction, select bibliography by A. Bandy, Chicago: Argonaut, 1969; A. Bryer, *Society and Institutions of the Empire of Trebizond*, Oxford: Oxford University Press, 1967; A. Bryer, *The Empire of Trebizond and the Pontos*, London: Variorum Reprints, 1980; A. Bryer and D. Winfield, *The Byzantine Monuments and Topography of the Pontos*, Washington, D.C.: Dumbarton Oaks Research Library and Collection, 1985。

③ D. Nicol, *The Despotate of Epiros*, p. 64. 关于伊庇鲁斯专制君主国的政治观念,参见 A. Stravridou-Zafraka, "The Political Ideology of The State of Epiros", in A. Laiou, ed., *Urbs Capta: The Fourth Crusade and Its Consequences*, Paris: Lethielleux, 2005, pp. 311-323。

④ D. Angelov, *The Byzantine Hellene: The Life of Emperor Theodore Laskaris and Byzantium in the Thirteenth Century*, p. 31.

二、尼西亚帝国研究状况

在三个拜占庭流亡政权中，关于尼西亚帝国的史料最多，所以学界对这一政权的认识和研究更为充分。单就拜占庭方面而言，13 世纪和 14 世纪的布莱米迪斯[①](Nikephoros Blemmydes，1197 年至约 1269 年)、阿克罗颇利塔斯[②]、斯库塔瑞奥提斯［Theodore Skoutariotes，约 1230 年至 1290(?)年］[③]、帕西米尔斯[④]、塞奥多利二世[⑤](Theodore Ⅱ Laskaris，1254—1258 年在位)以及哥力高拉斯[⑥](Nikephoros Gregoras，1290—1361)等学者和史家都较为详细地记载了尼西亚帝国的历史。在此基础上，国外学者对尼西亚帝国的政治、经济、军事、宗教、文化和教育等进行了较为深入的研究。要而言之，20 世纪，A. 伽德讷的

① 布莱米迪斯出生于君士坦丁堡，在该城陷落后来到尼西亚帝国。他在尼西亚帝国接受教育，并成为帝国最有名的学者。他的《自传》是研究尼西亚帝国的教育及尼西亚正教会与罗马天主教会关系的重要资料。参见 Nikephoros Blemmydes, *A Partial Account*, trans. by J. Munitiz, Louvain: Spicilegium Sacrum Lovaniense, 1988。

② 阿克罗颇利塔斯出生于拉丁帝国治下的君士坦丁堡，16 岁时迁往尼西亚帝国。他在尼西亚帝国接受高等教育并出任重要官职。其《历史》创作于帕列奥列格王朝初期，所载内容从时间上涵盖了尼西亚帝国的整体历史，是研究这一政权最为重要的史料。同时还应注意，这部史料带有明显的亲帕列奥列格王朝、贬拉斯卡利斯王朝的政治倾向。

③ 斯库塔瑞奥提斯的《编年史概要》中涉及尼西亚帝国的部分，在很大程度上借用了阿克罗颇利塔斯的《历史》，但它也对《历史》做了很多补充，因而具有重要价值。R. 玛库利德斯曾称："《编年史概要》对研究 13 世纪历史的重要性要远多于第一眼给出的判断。"关于《编年史概要》与《历史》的比较，参见 R. Macrides, *George Akropolites*, *The History*, Oxford: Oxford University Press, 2007, pp. 66-69。

④ 帕西米尔斯可能来自从君士坦丁堡出逃的难民家庭。关于他的家庭，我们所知甚少。1261 年后，他在君士坦丁堡求学，可能是在阿克罗颇利塔斯的指导下学习了逻辑学、修辞学、数学和哲学等。他的《历史》始自 1258 年，止于 1309 年，其间多有对塞奥多利二世(Theodore Ⅱ Laskaris，1254—1258 年在位)和约翰三世(John Ⅲ Vatatzes，1221—1254 年在位)统治期间一些历史事件的记载。关于他的生平和著作情况，以及他与阿克罗颇利塔斯记述的异同等，参见 N. Cassidy, *A Translation and Historical Commentary of Book One and Book Two of the Historia of Geōrgios Pachymerēs*, University of Western Austria, PhD diss., 2004, Introduction。

⑤ 塞奥多利二世是尼西亚帝国第三任皇帝，也是拜占庭历史上有名的学者皇帝，他曾跟随布莱米迪斯和阿克罗颇利塔斯学习，具有较高的文学和哲学素养。他留下的 227 封信件不仅成为研究他个人知识情趣和政治思想的重要依据，而且也为研究尼西亚帝国历史提供了极为宝贵的史料。

⑥ 哥力高拉斯多才多艺、著述颇丰，其《罗马史》价值最大。《罗马史》记载了拜占庭帝国自 1204 年到 1359 年的历史。关于尼西亚帝国历史的部分，它给出了一些新内容，丰富了我们关于这一政权历史的认识。同时，哥力高拉斯还以严格考证资料著称，这也是其《罗马史》具有很高史料价值的原因之一。

《尼西亚的拉斯卡利斯王朝：一个流亡帝国的历史》[①]和 M. 安格德的《一个流亡的拜占庭政府：尼西亚拉斯卡利斯王朝统治下 1204—1261 年的政府和社会》[②]是尼西亚帝国史早期研究的两大代表性成果。其中，前一著作从宏观角度叙述了尼西亚帝国的发展历程；后一著作则专注于尼西亚帝国的政治、经济、社会、中央政府以及行省管理等，尤其是其以小亚细亚修道院的档案资料为基础，对尼西亚帝国乡村社会结构和行省管理的研究等显示出他扎实的研究功底和卓越的研究能力，后起学者在这些方面已较难实现突破。进入 21 世纪后，俄罗斯学者 D. 科洛本尼科夫(D. Korobeinikov)的《13 世纪的拜占庭与突厥人》[③]一书资料宏富，使用了拜占庭、亚美尼亚、叙利亚和奥斯曼土耳其等多方史料，加上其行文逻辑清晰、论证严密，因而是研究 13 世纪包括尼西亚帝国在内的拜占庭与塞尔柱苏丹国和蒙古西征势力之间关系的一部力作。而 D. 安格洛夫的《拜占庭皇帝的观念和政治思想(1204—1330)》[④]和《拜占庭的希腊人：塞奥多利·拉斯卡利斯皇帝的一生和 13 世纪的拜占庭》[⑤]，则分别对尼西亚皇帝的政治思想以及塞奥多利二世皇帝本人做了全面而深入的研究。尤其后一著作将塞奥多利二世置于尼西亚帝国与 13 世纪的东地中海世界中，在此二者的互动中凸显了这位皇帝政治思想的独特价值和意义。

通过这些史料和研究成果得知，在尼西亚帝国经略小亚细亚期间，尽管君士坦丁堡仍是拜占庭人梦想中的首都，如他们将逃亡尼西亚城比作是犹太人前

---

① A. Gardner, *The Lascarids of Nicaea, the Story of an Empire in Exile*, London: Methuen, 1912.

② M. Angold, *A Byzantine Government in Exile: Government and Society under the Laskarids of Nicaea, 1204-1261*, London: Oxford University Press, 1975.

③ D. Korobeinikov, *Byzantium and the Turks in the Thirteenth Century*, Oxford: Oxford University Press, 2014.

④ D. Angelov, *Imperial Ideology and Political Thought in Byzantium (1204-1330)*, Cambridge, New York: Cambridge University Press, 2007.

⑤ D. Angelov, *The Byzantine Hellene: The Life of Emperor Theodore Laskaris and Byzantium in the Thirteenth Century*, Cambridge, New York: Cambridge University Press, 2019.

往巴比伦，[1]并称还将回到自己的锡安[2]（Zion），也就是君士坦丁堡。[3] 阿克罗颇利塔斯和布莱米迪斯也只将尼西亚城视作比提尼亚[4]（Bithynia）省的首府。[5]但实际上，尼西亚帝国建立了自己的首都。在900多年的历史中，拜占庭帝国都视君士坦丁堡为唯一首都，其他城市在政治、经济、宗教和文化等方面都难以与之比肩。不同于这一惯例，尼西亚帝国除首都尼西亚城外，还有另一政治中心，即"陪都"尼姆法雍[6]（Nymphaion）。尽管根据现有史料我们尚无法断定尼西亚帝国在制度层面设置"陪都"，但"陪都"这一政治现象着实存在，它可被视为一项政治举措。"陪都"尽管只存在于尼西亚帝国，并未见于帕列奥列格王朝，但它在拜占庭历史上具有重要的价值和意义，需要详细研究。

三、"陪都"尼姆法雍研究现状

由于中西政治传统有别，目前国外拜占庭学界并未对尼西亚帝国的"陪都"尼姆法雍进行专门而系统的研究，但他们在相关研究中对这一问题有所涉及，

---

① 在征服犹太王国（Kingdom of Judah，约公元前930—前587/586年）后，新巴比伦王国国王（Neo-Babylonian Empire，公元前626—前539年）尼布甲尼撒二世（Nebuchadnezzar Ⅱ，公元前605—前562年在位）将大批犹太人掳往巴比伦囚禁，这一事件称史称"巴比伦之囚"。公元前539年，波斯阿黑门尼德王朝（Achaemenid，前550—前530年）国王居鲁士大帝（Cyrus the Great，公元前559—前530年在位）灭新巴比伦王国后，不仅释放了被囚的犹太人，还准许他们回到故土。

② 锡安本指耶路撒冷老城南部的锡安山，后来也用来指耶路撒冷甚至以色列之地。历史上，经受苦难、流亡在外的犹太人一直期望能在上帝的带领下前往锡安山重建家园。

③ 转引自 M. Angold, *A Byzantine Government in Exile: Government and Society under the Laskarids of Nicaea, 1204-1261*, p. 29。关于12—13世纪拜占庭著名史学家尼基塔斯·侯尼亚迪斯（Nicetas Choniates，约1155年至1217年）的相关表述。参见 M. Angold, "Byzantium in Exile", p. 545。

④ 比提尼亚是小亚细亚东北部的一个古老地区，与马尔马拉海、博斯普鲁斯海峡和黑海相连。希腊化时期，这里出现过一个比提尼亚王国（Kingdom of Bithynia，公元前297—前74年）。公元前74年，其末代君主尼科米底斯四世（Nicomedes Ⅳ Philopator，约公元前94—前74年在位）将王国赠给了罗马共和国。之后，它相继成为罗马帝国和拜占庭帝国的行省，但其边界常处于变动中，所辖范围也有不小的差别。

⑤ George Akropolites, *The History*, pp. 270, 277, 346; Nikephoros Blemmydes, *A Partial Account*, I, pp. 49, 107.

⑥ 今土耳其伊兹密尔（Izmir）省内的凯末尔帕夏（Kemalpaşa），离该省首府伊兹密尔市约29公里。1315年，小亚细亚西北部的突厥势力占领尼姆法雍，将其改名为尼芙（Nif）。为了纪念1922年穆斯塔法·凯末尔帕夏在第二次希土战争（1919—1922年）的最后阶段于此过夜，并在之后很快结束了希土战争，该地又改名为凯末尔帕夏，一直沿用至今。

具体情况如下。

国外学者对尼姆法雍的最初研究缘于小亚细亚地区考古所取得的进展，如E. 弗雷什菲尔德(E. Freshfield)首次将该地的皇宫建筑鉴别为拉斯卡利斯王朝时期的皇宫，[①]而如S. 埃伊斯(S. Eyice)、T. 齐洛瓦(T. Kirova)、J. 帕特森(J. Patterson)、H. 布赫瓦尔德(H. Buchwald)和Z. 麦肯格兹(Z. Mercangöz)等学者更多关注尼姆法雍皇宫的建筑结构，并从建筑技术角度对其进行了探究。[②]通过分析，R. 克劳特海默(R. Krautheimer)将尼姆法雍皇宫建筑结构的变化视为西方宫廷建筑的影响。[③] 但S. 查普塔伊(S. Çağaptay)对此有不同认识，其认为尼姆法雍皇宫更多是模仿了塞尔柱苏丹的王宫。[④]

此外，在关于尼西亚帝国的具体研究中，学者们对尼姆法雍亦有论及。他们多认可其重要地位，并将其视作另一都城。如D. 吉纳科普洛斯(D. Geanakoplos)认为因尼姆法雍较好的气候和靠近士麦拿[⑤](Smyrna)、麦格尼西亚[⑥]

---

① E. Freshfield, "The Palace of the Greek Emperors of Nicaea at Nymphio", *Archaeologia* 49 (1886), pp. 382-390.

② S. Eyice, "İzmir Yakınında Kemalpaşa (Nif)'da Laskarisler Saray Sarayı", *Belleten* 25 (1961), pp. 1-15; S. Eyice, "La Palais Byzantin de Nymphaion Pre d'Izmir", in *Akten des XXI. Internationalen Byzantinistenkongresses*, München: Verlag Beck, 1960, pp. 150-153; T. Kirova, "Un Palazzo ed una di età Tardo-Byzantina in Asia Minore", *FR* (1972), pp. 103-104; J. Patterson, "The Palace of the Lascarids at Nymphaeum", *Byzantine Studies Conference Abstracts*, Ann Arbor: abstracts of papers Nexus externi, 1978, pp. 34-35; H. Buchwald, "Lascarid Architecture", *JÖB* 28 (1979), pp. 261-296; Z. Mercangöz, "Bat Anadolu' da Geç Dönem Bizans Mimarisi: Laskarisler Dönemi Mimarisi", Ph.D. diss., Hacettepe University, 1985.

③ R. Krautheimer, *Early Christian and Byzantine Architecture*, 4th edition, revised by R. Krautheimer and S. Ćurčić, London: Yale University Press, 1986, p. 449.

④ S. Çağaptay, "How Western Is It? The Palace at Nymphaion and Its Architectural Setting", in A. Ödekan et al., eds., *Uluslararası Sevgi Gönül Bizans Araştırmaları Sempozyumu/First International Sevgi Gönül Byzantine Studies Symposium*, Istanbul: Vehbi Koç Vakfı, 2010, pp. 357-362.

⑤ 今土耳其伊兹密尔省首府，也是该国第三大城市，自古以来，此地就是爱琴海重要的港口和商业城市。14世纪摩洛哥旅行家伊本·白图泰(Ibn Battuta,1304—1369)行至该城，称它是"海岸上的一座大城，但大部分已经颓败"，参见[摩洛哥]伊本·白图泰：《伊本·白图泰游记》，马金鹏译，北京：华文出版社，2015年，第178页。

⑥ 此处指希皮鲁斯山脚下的麦格尼西亚(Magnesia ad Sipylum)，为今土耳其西部马尼萨(Manisa)省首府马尼萨，距区域性大都市伊兹密尔约65公里。

(Magnesia)和萨迪斯[①](Sardis)等重要城市，约翰三世[②](John Ⅲ Vatatzes，1221—1254年在位)便将宫廷转移至此，该地代替尼西亚城成为帝国事实上的首都。[③] 而因拜占庭人远征塞尔柱突厥人的常规路线是经迈安德(Meander)河谷[④]前往伊科尼乌姆，M. 安格德便认为尼姆法雍位于通向萨迪斯、费拉德尔菲亚[⑤](Philadelphia)和该河附近的特里波利斯[⑥](Tripolis)等边界城市的交通要道上，也有路线将其与士麦拿、以弗所[⑦](Ephesus)和麦格尼西亚等重要城市相连，因而它是帝国除尼西亚城外的另一都城。[⑧] C. 富斯(C. Foss)也提出尼西亚城只是帝国名义上的首都，皇帝们更喜欢居住在尼姆法雍和麦格尼西亚。尽管他因麦格尼西亚的战略和经济地位将之视作帝国的另一都城，也是帝国最重要的城市，但他并不否认因皇帝们常住尼姆法雍该地是尼西亚帝国实际的首都这一事实。[⑨] V. 普埃(V. Puech)则直言，自约翰三世起尼姆法雍便成为永久的首

---

① 今土耳其马尼萨省萨特(Sart)，位于博兹山[Bozdağ，古特摩鲁斯山(Tmolus)]脚下，有萨特河[Sart Çayı，古帕克图洛斯河(Pactolos River)]穿城而过。它曾是尼西亚帝国的中心区域之一，也是尼西亚帝国前往塞尔柱苏丹国的主要通道。关于萨迪斯的专门研究，可参见C. Foss, *Byzantine and Turkish Sardis*, Cambridge, Mass., London: Harvard University Press, 1976。

② 约翰三世是尼西亚帝国第二任皇帝，也是最有为的皇帝。他在位期间不仅将拉丁势力彻底逐出了小亚细亚，还进军巴尔干地区收复了塞萨洛尼基，极大地拓展了帝国版图，为帝国最终收复君士坦丁堡奠定了基础。约翰三世以好善乐施著称，他去世后被正教封圣，其圣徒节为11月4日。详见R. Macrides, "Saints and Sainthood in the Early Palaiologan Period", in S. Hackel, ed., *The Byzantine Saint*, London: Fellowship of St Alban and St Sergius, 1981, pp. 69-71。

③ D. Geanakoplos, *Emperor Michael Palaeologus and the West*, Cambridge, Mass.: Harvard University Press, 1959, p. 17, n. 14.

④ 今土耳其大门德雷斯河(The Büyük Menderes River)。其河道全长约548公里，流经该国西南部，最终注入爱琴海。

⑤ 今土耳其阿拉谢希尔(Alaşehir)。位于安纳托利亚高原边缘，从11世纪晚期起成为拜占庭帝国东部边界城市。

⑥ 此处指迈安德河畔的特里波利斯，位于该河上游北岸。其遗址位于今土耳其代尼兹利(Denizli)省。13世纪40年代和50年代，特里波利斯是尼西亚帝国的边境要塞。

⑦ 以弗所是爱琴海东岸的一座重要城市，具有悠久的历史和丰富的文化资源。位于今土耳其伊兹密尔省，在塞尔丘克(Selçuk)西南约3公里处。

⑧ M. Angold, *A Byzantine Government in Exile: Government and Society under the Laskarids of Nicaea, 1204-1261*, pp. 111-112. 关于尼西亚城前往科尼亚的交通路线及其重要性，另见W. Ramsay, *The Historical Geography of Asia Minor*, London: John Murray, 1890, p. 199; C. Foss, "Byzantine Malagina and the Lower Sangarius", *Anatolian Studies*, 40(1990), pp.164-165, 173-174。

⑨ C. Foss, *Byzantine and Turkish Sardis*, p. 78; C. Foss, "Late Byzantine Fortifications in Lydia", *JÖB* 28 (1979), pp. 307, 310-311; C. Foss, *Cities, Fortresses and Villages of Byzantine Asia Minor*, Aldershot: Variorum, 1996, Ⅵ, pp. 307, 310-311.

都，而尼西亚城只是牧首的驻节地。[①] R. 玛库利德斯(R. Macrides)则将尼西亚城和尼姆法雍视作帝国两大政治中心，并阐释了尼西亚皇帝选择尼姆法雍作为过冬胜地的原因。[②] 而 D. 安格洛夫(D. Angelov)将尼西亚皇帝前往尼姆法雍过冬而春夏留在首都尼西亚城视作政府管理的新趋向。[③] 在其新作《拜占庭的希腊人：塞奥多利·拉斯卡利斯皇帝的一生以及 13 世纪的拜占庭》中，他还对尼姆法雍的地理位置、自然资源及皇宫建筑做了详细介绍，[④]凸显了尼姆法雍的重要地位。J. 穆尼提兹(J. Munitiz)、S. 弗里奥尼斯(S. Vryonis, Jr.)、M. 巴图西斯(M. Bartusis)、J. 朗顿(J. Longdon)、C. 康斯坦丁尼德斯(C. Constantinides)、A. 阿莱克萨基斯(A. Alexakis)、C. 希尔斯代尔(C. Hilsdale)和村田光司(K. Murata)等学者，亦述及尼姆法雍举行的一些重要的政治、宗教活动等，[⑤]从而使该城的重要地位更加清晰。

综上，从国外学界的相关研究成果来看，学者们基本认可尼姆法雍在尼西亚帝国具有重要的政治地位，甚至有些学者认为它才是尼西亚帝国实际上的首都。但在其新作中，D. 安格洛夫还提及在尼西亚帝国至少有五座城市有皇家居

---

① V. Puech, "The Aristocracy and the Empire of Nicaea", in J. Herrin and Guillaume Saint-Guillain, eds., *Identities and Allegiances in the Eastern Mediterranean after* 1204, Farnham: Ashgate, 2011, p. 73.

② R. Macrides, *George Akropolites, The History*, pp. 87-88.

③ D. Angelov, *Imperial Ideology and Political Thought in Byzantium (1204-1330)*, Cambridge, New York: Cambridge University Press, 2007, p. 5.

④ D. Angelov, *The Byzantine Hellene: The Life of Emperor Theodore Laskaris and Byzantium in the Thirteenth Century*, pp. 44-45.

⑤ J. Munitiz, *Nikephoros Blemmydes, A Partial Account*, p. 46, n. 14; S. Vryonis, Jr., *The Decline of Medieval Hellenism in Asia Minor and the Process of Islamization from the Eleventh through the Fifteenth Century*, Berkeley, Los Angeles, London: University of California Press, 1971, p. 131; M. Bartusis, *The Late Byzantine Army*, Philadelphia: University of Pennsylvania Press, 1992, p. 39; J. Longdon, *Byzantium's Last Imperial Offensive in Asia Minor*, New Rochelle, N.Y.: Aristide D. Caratzas, 1992, p. 42, n. 2; C. Constantinides, "Byzantine Gardens and Horticulture in the Late Byzantine Period, 1204-1453: The Secular Source", in A. Littlewood, H. Maguire et al eds., *Byzantine Garden Culture*, Dumbarton Oaks Research Library and Collection, Washington, D. C., 2002, p. 94; A. Alexakis, "Official and Unofficial Contacts between Rome and Constantinople before the Second Council of Lyons (1274)", *AHC* 39 (2007), pp. 103-104; C. Hilsdale, "The Imperial Image at the End of Exile: The Byzantine Embroidered Silk in Genoa and the Treaty of Nymphaion (1261)", *DOP* 64 (2010), pp. 158-159; K. Murata, "The Mongols' Approach to Anatolia and the Last Campaign of Emperor John Ⅲ Vatatzes", *Greek, Roman, Byzantine Studies* 55 (2015), p. 477.

所或者皇宫，如尼西亚城、尼姆法雍、麦格尼西亚、士麦拿和费拉德尔菲亚，并对这些城市进行了专门论述。[①] 此外，R. 玛库利德斯也认为麦格尼西亚是尼西亚帝国的一座都城，[②]而 N. 卡西迪和 D. 科洛本尼科夫也强调尼姆法雍和麦格尼西亚是流亡时期尼西亚皇帝们的两个主要居所。[③] 因而，还需明确尼西亚帝国有几个"陪都"的问题。

四、一个"陪都"，两个"陪都"，还是多个"陪都"？

由于资料缺失，除尼姆法雍外，尼西亚帝国的"陪都"是否还有士麦拿、费拉德尔菲亚和麦格尼西亚，目前尚难有定论。在后三座城市中，士麦拿是历史文化名城，也是 13 世纪爱琴海沿岸一座非常繁荣的城市。流亡时期，尼西亚皇帝不仅加强了士麦拿帕格斯(Pagos)山[④]上的古代卫城的防御工事，[⑤]还在士麦拿建有一处海军造船厂，约翰三世便由此派出舰队前去罗德岛作战。[⑥] 造船厂旁边还建有一处新要塞，它不仅可以拱卫造船厂，还提升了士麦拿城的防御能力。此外，布莱米迪斯和阿克罗颇利塔斯都曾提到该城还有皇宫。[⑦] 其中，后一史家还给出了皇宫位置的信息，称其在佩利克莱斯特拉[⑧](Periklystra)附近，此地有丰富的天然泉水。[⑨] D. 安格洛夫便认为，泉水可能是皇帝选址于此建皇宫的原

---

① D.Angelov, *The Byzantine Hellene: The Life of Emperor Theodore Laskaris and Byzantium in the Thirteenth Century*, pp.44-46。

② R. Macrides, *George Akropolites*, *The History*, p. 171, n. 12.

③ N. Cassidy, *A Translation and Historical Commentary of Book One and Book Two of the Historia of Geōrgios Pachymerēs*, pp. 129-130.

④ 今土耳其其卡迪费卡利(Kadifekale)山，位于该国伊兹密尔省。今其山顶的城堡仍清晰可见，海拔约 186 米。

⑤ M. Angold, *A Byzantine Government in Exile: Government and Society under the Laskarids of Nicaea, 1204-1261*, p. 110.

⑥ George Akropolites, *The History*, pp. 246-247, 48.

⑦ Nikephoros Blemmydes, *A Partial Account*, p. 90; George Akropolites, *The History*, p. 210.

⑧ R. 玛库利德斯认为此地可能是哈尔卡皮纳(Halka Pinar)。哈尔卡皮纳位于今土耳其伊兹密尔市郊区，曾是有名的度假胜地。参见 George Akropolites, *The History*, p. 212, n. 5。

⑨ George Akropolites, *The History*, pp. 210, 270.

因。[1] 相较而言，费拉德尔菲亚地处边界地带，由此出发沿赫尔莫斯[2](Hermos)河支流科加莫斯(Kogamos)河河谷向西可达麦格尼西亚，两城之间相距约100公里。[3] 它是小亚细亚一座人口众多的大城市，也是色雷斯松军区[4](Thracesion)的中心城市。这里的居民因临近塞尔柱苏丹国的边界，经常同突厥人作战，因而作战技能有了很大提升，也积累了丰富的作战经验。因而，费拉德尔菲亚是精锐士兵尤其是卓越的弓箭手的孕育之地。[5]

而麦格尼西亚位于希皮鲁斯山[6](Sipylus)东北，其城市规模要大于尼姆法雍。两城沿希皮鲁斯山下赫尔莫斯河谷的路线距离约有22公里。麦格尼西亚有两道防御墙，是国际化的商贸中心。塞奥多利二世曾称其为“金色的麦格尼西亚”。[7] 可能是从皇帝约翰三世开始，这里还成为尼西亚帝国国库和铸币厂所在地，这便提高了该城的地位。[8] 尽管流亡时期一些政府部门常随皇帝游动和迁移，但国库一直在麦格尼西亚。为保证该地的安全，尼西亚皇帝还

---

① 参见 D. Angelov, *The Byzantine Hellene: The Life of Emperor Theodore Laskaris and Byzantium in the Thirteenth Century*, p. 46。

② 今土耳其西部盖迪兹河(Gediz)，发源于该国屈塔希亚(Kütahya)省。其河道全长约401公里，注入爱琴海的伊兹密尔湾(Gulf of İzmir)。

③ D. Angelov, *The Byzantine Hellene: The Life of Emperor Theodore Laskaris and Byzantium in the Thirteenth Century*, p. 46.

④ 流亡时期，军区可能仍是尼西亚帝国进行地方行政管理的主要单位。色雷斯松军区是尼西亚帝国最大也是最繁荣的军区，以弗所、士麦拿、尼姆法雍和费拉德尔菲亚等要地都属于这一军区。关于尼西亚帝国军区的情况，参见 M. Angold, *A Byzantine Government in Exile: Government and Society under the Laskarids of Nicaea, 1204-1261*, pp. 244-249; D. Angelov, *The Byzantine Hellene: The Life of Emperor Theodore Laskaris and Byzantium in the Thirteenth Century*, pp. 49-50。

⑤ George Akropolites, *The History*, pp. 277, 360.

⑥ 今土耳其斯皮尔(Spil)山，海拔约1513米。其耸立在现代城市马尼萨上方，坐落于马尼萨通往伊兹密尔的公路旁。

⑦ D. Angelov, *The Byzantine Hellene: The Life of Emperor Theodore Laskaris and Byzantium in the Thirteenth Century*, p. 45.

⑧ George Pachymeres, *Book One and Book Two of the Historia*, p. 31; M. Hendy, *Coinage and Money in the Byzantine Empire 1081-1261*, Washington, D.C.: Dumbarton Oaks Center for Byzantine Studies, Ttustees for Harvard University, 1969, pp. 231-235; M. Hendy, *Studies in the Byzantine Monetary Economy, c.300-1450*, Cambridge, New York: Cambridge University Press, 1985, pp. 443-445.

曾加固该城的防御工事。[①] 此地也有一座皇宫，但其规模可能小于尼姆法雍的皇宫。[②]

此外，在麦格尼西亚西南的希皮鲁斯山上，还有一座献给圣母的叟桑德拉(Sosandra)修道院。根据帕西米尔斯的描述，叟桑德拉修道院是一座大型数层建筑，并且由外墙环绕。[③] 它既是一座皇家修道院，也是一处皇家墓地。约翰三世、塞奥多利二世以及塞奥多利二世的妻子埃琳娜[④](Elena Asenina)都葬于此地。[⑤] 布莱米迪斯在赞美该修道院的诗歌中提到约翰三世十分喜爱这所修道院，并精心装饰了修道院的内部。[⑥] 尼西亚时期，叟桑德拉修道院还建有一所图

---

① 关于该地现存可追溯至尼西亚帝国时期的防御工事，参见 C. Foss, "Late Byzantine Fortifications in Lydia", pp. 306-309; R. Macrides, *George Akropolites, The History*, p. 171, n. 12。

② N. Cassidy, *A Translation and Historical Commentary of Book One and Book Two of the Historia of Geōrgios Pachymerēs*, p. 168.

③ N. Cassidy, *A Translation and Historical Commentary of Book One and Book Two of the Historia of Geōrgios Pachymerēs*, p. 144. 关于这座修道院的修建时间及其具体地点的讨论，详见 E. Mitsiou, "The Monastery of Sosandra: A Contribution to Its History, Dedication and Localization", *Bulgaria Mediaevalis* 2 (2011), pp. 665-683。

④ 埃琳娜的父亲约翰二世·阿森(John Ⅱ Asen, 1218—1241 年在位)曾与约翰三世联盟并结亲，以期共同出击拉丁人。但看到约翰三世实力大增后，他先是召回了埃琳娜，后与拉丁人结盟。关于召回埃琳娜的经过，详见 George Akropolites, *The History*, pp. 197-198, 34。根据阿克罗颇利塔斯的记载，在保加利亚和拉丁军队合攻尼西亚兵力驻守的祖卢罗斯(Tzouroulos)时，噩耗传来，约翰二世·阿森的妻、子以及特尔诺沃大主教均去世。阿森将此视作上帝对他背弃约翰三世的惩罚，遂撤兵离开祖卢罗斯。1237 年底，他派出使节与尼西亚帝国重修和约并将埃琳娜送回。参见 George Akropolites, *The History*, pp. 200-201, 36; pp. 202-204, 37。近年来，保加利亚学者基本不再将宗教因素视作阿森再次同约翰三世结盟的主要原因，而是从阿森与教皇协商无果等方面对此加以考虑，参见 S. Georgieva, "Bulgarian-Byzantine Marital Diplomacy from 1185 to 1280", in V. Gjuzelev etl. eds., *Bulgaria Mediaevalis* 3(2012), p. 437。

⑤ George Akropolites, *The History*, p. 336; George Pachymeres, *Book One and Book Two of the Historia*, pp. 15-16. 其中，R. 玛库利德斯提到约翰三世的妻子伊琳尼也埋葬在这一修道院，参见 R. Macrides, *George Akropolites, The History*, p. 87。阿克罗颇利塔斯没有给出塞奥多利二世去世的具体地点，但根据帕西米尔斯的记载，尼姆法雍的可能性比较大。参见 N. Cassidy, *A Translation and Historical Commentary of Book One and Book Two of the Historia of Geōrgios Pachymerēs*, pp. 129-130。关于埃琳娜葬在此处，参见 D. Angelov, *The Byzantine Hellene: The Life of Emperor Theodore Laskaris and Byzantium in the Thirteenth Century*, p. 129。

⑥ Nikephoros Blemmydes, "In Honour of the Monastery of Sosandra", in A. Gardner, *The Lascarids of Nicaea, the Story of an Empire in Exile*, pp. 301-305.

书馆。[1] 此外，它可能还为病患和旅行者提供住宿。[2] 这座修道院无疑是尼西亚帝国最知名也是最重要的修道院之一，自然也为附近的麦格尼西亚增添了光彩。

然而，阿克罗颇利塔斯在《历史》中很少提及麦格尼西亚，仅提到该城的一座要塞关押过约翰三世在位期间的一位叛乱者。[3] 因而，在这位史家笔下，该城的重要性要小于尼姆法雍。与之不同的是，帕西米尔斯不仅对麦格尼西亚的记载相对较多，还提到了几次重要的政治活动都在此发生。如1258年塞奥多利二世去世后预谋夺权的米哈伊尔·帕列奥列格[4]（Michael Ⅷ Palaeologus，1259—1282年在位）和摄政大臣乔治·穆扎伦[5]（George Muzalon）在这里曾就后者的摄政问题发表演说。米哈伊尔·帕列奥列格又分别在同年的9月、11月和12月在此被擢升为大将军、专制君主并最终称帝。[6] 此外，塞奥多利二世也在此居住过很长一段时间。两个世纪后的一位历史学家还写道，约翰三世曾在“在麦格尼西亚统治”。[7] 综上所述，与士麦拿和费拉德尔菲亚相比，麦格尼西亚

---

① N. Wilson, "The Libraries of the Byzantine World", in D. Harlfinger, ed., *Griechische Kodikologie und Text-überlieferung*, Darmstadt: Wissenschaftliche Buchgesellschaft, 1980, p. 300.

② D. Angelov, *The Byzantine Hellene: The Life of Emperor Theodore Laskaris and Byzantium in the Thirteenth Century*, p. 101 and n. 92.

③ George Akropolites, *The History*, pp. 169-170, 23.

④ 米哈伊尔·帕列奥列格（米哈伊尔八世）是尼西亚帝国晚期的重要政治人物，他于1259年篡夺了小皇帝约翰四世（John Ⅳ Laskaris，1258—1261年在位）的皇位，是为米哈伊尔八世。在他统治期间，尼西亚帝国最终收复了君士坦丁堡。同时，他也开创了以自己的姓氏命名的拜占庭末代王朝帕列奥列格王朝。

⑤ 乔治·穆扎伦可能与塞奥多利二世一起在宫中长大，是塞奥多利二世的密友，并深得其赏识和信任，因此他和他的两位兄弟都被授予要职。塞奥多利二世也在去世前托孤于乔治·穆扎伦并任命其为辅政大臣，直至小皇帝约翰成年。这激起了以米哈伊尔·帕列奥列格（米哈伊尔八世）为首的贵族的不满。塞奥多利二世去世还不到十天，乔治·穆扎伦和他的两位兄弟便被谋杀。这是尼西亚帝国晚期最重要的政治事件之一。自此开始，米哈伊尔·帕列奥列格步步为营，最终篡夺皇位。关于上述谋杀事件，阿克罗颇利塔斯和帕西米尔斯有不同的记载，两位史家最大的分歧在于米哈伊尔八世是否是这一事件的幕后主使，参见 George Akropolites, *The History*, pp. 339-340, 75; George Pachymeres, *Book One and Book Two of the Historia*, pp. 24-28。在这一问题上，现代学者多认为米哈伊尔难脱干系，参见 M. Angold, *A Byzantine Government in Exile: Government and Society under the Laskarids of Nicaea, 1204-1261*, pp. 80-82; D. Geanakoplos, *Emperor Michael Palaeologus and the West*, p. 40。

⑥ George Pachymeres, *Book One and Book Two of the Historia*, pp. 17-23, 29-34, 37-38.

⑦ 转引自 D. Angelov, *The Byzantine Hellene: The Life of Emperor Theodore Laskaris and Byzantium in the Thirteenth Century*, p. 45。

更具重要性，它更有可能是尼西亚帝国的另一个“陪都”。

为了明确麦格尼西亚是否为“陪都”这一问题，还应回到“陪都”本身来看。根据国内学者研究，陪都的一个重要特征便是皇帝常来常往，仅有皇家居所尚不能称之为陪都。[①] 因而，本书认为通过这一时期最重要的史料阿克罗颇利塔斯的《历史》可以得知，尼西亚皇帝定期前往尼姆法雍过冬并在那里举行过一系列重要的政治、宗教活动，因此基本可以断定除尼西亚城外尼姆法雍在尼西亚帝国最具政治影响力，是另一政治中心或者说最重要的政治中心。而且，因尼姆法雍并未完全取代尼西亚城的首都地位，将其视作“陪都”加以研究是合理的。但依据目前的资料，尚难明确尼西亚皇帝是否经常前去麦格尼西亚，因而确认麦格尼西亚的“陪都”身份还需更多资料的支撑。

相较于外国学者，国内学者对于中国古代陪都的相关研究无疑为本书提供了很多思想启迪。陈高华、史为民两位先生的《元代大都上都研究》对辽、金时期的陪都制有所涉及，也重点谈论了元代的两都制度及其影响。因本书的研究对象与两位先生提到的元代两都制都在13世纪出现，而蒙古政权和拜占庭—尼西亚帝国又属于亚洲大陆的两端，并因“蒙古西征”这一人类历史上的重大事件有过直接的接触，因而上面这部著作便促使笔者在更宏大的背景下思考尼西亚帝国“陪都”问题。[②] 此外，尽管笔者并非全完认同丁海斌教授以《中国古代陪都史》为代表的系列研究成果[③]，但它们无疑加深了笔者对陪都的认识和理解。也正是在这些成果的激励下，笔者试图对尼西亚帝国的这一政治现象也做出详细研究。但相较于中国古代较为成熟和完备的陪都制度，尼西亚帝国的“陪都”

---

① 参见丁海斌：《中国古代陪都的名与实》，《辽宁大学学报》（哲学社会科学版）2014年第6期。

② 陈高华、史卫民：《元代大都上都研究》，北京：中国人民大学出版社，2010年。

③ 丁海斌：《中国古代陪都史》，北京：中国社会科学出版社，2012年；《中国古代陪都的名与实》，《辽宁大学学报》（哲学社会科学版）2014年第6期；《清朝陪都盛京总论》，武斌主编：《沈阳故宫博物院院刊》第3辑，北京：中华书局，2007年；《谈中国古代陪都的经济意义》，《辽宁大学学报》（哲学社会科学版）2017年第1期；《中国古代“由主入辅型陪都”研究》，《中原文化研究》2018年第2期；《中国古代边疆地区的陪都》，《东北史论》2012年第4期；《中国古代陪都留守官制演变初探》，《武汉科技大学学报》（社会科学版）2016年第4期；《中国古代陪都十大类型论》，《辽宁大学学报》（哲学社会科学版）2011年第4期；等等。此外，亦有苟利军：《唐代长安、洛阳作为都城和陪都的气候原因》，《史学月刊》2002年第2期；吴宏岐、郝红暖：《中国都城地理学若干问题刍议》，《陕西师范大学学报》（哲学社会科学版）2009年第3期；吴立友：《“陪都”词考》，《西南民族大学学报》（人文社科版）2009年第8期；等等。本书深受这些研究成果的启发。

更多是一种具有陪都特征的政治现象。

综上来看，尽管国外学界基本认同尼姆法雍为尼西亚帝国的另一都城或在帝国中具有重要地位，但并未将其与尼西亚帝国经略小亚细亚的政治规划以及防御东部边界的战略体系联系起来加以研究，也就难以合理评析这一政权的“陪都”举措于尼西亚帝国以及晚期帕列奥列格王朝的重要意义。本书意在充分分析史料并借鉴前人研究成果的基础上，对尼西亚帝国的“陪都”做一系统考察，以期深入探讨其对帝国的生存、防御、发展以及反击的推进作用，并借此考察其在晚期拜占庭帝国历史上的独特价值。因笔者学识有限，难免有谬误之处，还望学界同仁多予以批评指正。

第二章　尼西亚帝国首都尼西亚城和“陪都”尼姆法雍

尼西亚城是塞奥多利一世初到小亚细亚时最早占有的一批城市之一，他之后在该城称帝和加冕[①]，较早地确立了该城的首都地位。而从约翰三世开始，尼西亚皇帝便常前往尼姆法雍过冬，他们也常在此处理军政要务或宗教事宜等，这便使该地成为帝国的另一个政治中心。那么在流亡时期，为何会出现一座同首都一样具有重要政治地位的城市，以至于D. 吉纳科普洛斯和C. 富斯等学者甚至认为尼西亚帝国真正的首都是尼姆法雍？[②] 尼西亚城和尼姆法雍之间是什么关系？仔细分析史料后，本书认为尼西亚城是帝国的首都，而尼姆法雍则是“陪都”。尽管后者地位日显，但并未完全取代尼西亚城的首都地位，尼西亚城仍是帝国名义上的首都。本章将主要分析流亡时期尼西亚城和尼姆法雍的首都和“陪都”身份，同时还将给出阿克罗颇利塔斯《历史》中涉及尼姆法雍的记载，以深化对这座城市“陪都”地位的认识和理解。

---

① George Akropolites, *The History*, pp. 119-120, 7.

② D. Geanakoplos, *Emperor Michael Palaeologus and the West*, p. 17, n. 4; C. Foss, *Byzantine and Turkish Sardis*, p. 78; C. Foss, "Late Byzantine Fortifications in Lydia", pp. 307, 310-311; C. Foss, *Cities, Fortresses and Villages of Byzantine Asia Minor*, Ⅵ, pp. 307, 310-311.

一、首都尼西亚城

尼西亚城位于小亚细亚西北部，今土耳其城市伊兹尼克。该城的初建者为安提柯（Antigonus the One-eyed，公元前 382—前 301 年），之后林西马库斯（Lysimachos，约公元前 360 年至前 281 年）将其击败并夺取了此城。公元前 300 年，林西马库斯重建尼西亚城，并以其妻尼西亚之名为它命名。① 拜占庭帝国时期，它于 325 年和 787 年举办两次基督教大公会议，从而在基督教世界具有了重要的宗教地位。② 该城还于 1065 年经历一场地震，整座城市几近被毁。③但在 11 世纪下半叶塞尔柱突厥人狂扫小亚细亚之时，尼西亚城在 1081—1097 年成为塞尔柱苏丹国首都。这是尼西亚城首次成为一个政权的首都，并在很大程度上提升了它的政治影响力。第一次十字军东征期间（1096—1099），拜占庭皇帝阿莱克修斯一世·科穆宁④（Alexios I Komnenos，1081—1181 年在位）的主要目标之一便是夺回该城。他于 1097 年借十字军之力围城数日后较为和平地收复了尼西亚城。⑤ 自此至 1321 年被奥斯曼土耳其人占领，它一直都处于拜占庭人的统治之下。

---

① C. Foss, *Nicaea: A Byzantine Capital and Its Praises*, introduction.

② 关于罗马帝国和拜占庭帝国时期尼西亚城的发展情况，详见 C. Foss, *Nicaea: A Byzantine Capital and its Praises*, Brookline, Mass.: Hellenic College Press, 1996, pp. 1-97。12 世纪推罗的威廉（William of Tyre，约 1130 年至 1186 年）在介绍尼西亚城的历史时，重点介绍了此城是两次基督教大公会议的举办地，参见 William of Tyre, *History of Deeds Done Beyond the Sea*, trans. by E. Babcock and A. Krey, New York: Columbia University Press, 1943, p. 152。

③ C. Foss, *Nicaea: A Byzantine Capital and Its Praises*, pp. 99-100.

④ 阿莱克修斯一世是拜占庭科穆宁王朝（Komnenos Dynasty，1081—1185 年）真正的奠基者。他在很大程度上扭转了拜占庭帝国自 11 世纪末以来的颓势，是拜占庭历史上最为著名的皇帝之一。同时，他为抵御塞尔柱突厥人在小亚细亚的扩张，曾请求教皇给予支持以御敌，这便是第一次十字军东征的重要背景。关于阿莱克修斯一世与第一次十字军东征的关系，参见 P. Frankopan, *The First Crusade: The Call from the East*, Cambridge: Belknap Press, 2012。

⑤ 安娜（Anna Komnena，1083—1153）是阿莱克修斯一世的女儿，也是拜占庭帝国最著名的女性史家。其《阿莱克修斯传》主要记载了阿莱克修斯一世在位期间的历史，是研究这位皇帝以及 11—12 世纪拜占庭帝国历史的重要史料。推罗的威廉和安娜对于阿莱克修斯一世收复尼西亚城的经过都有记载，但他们有着不同的视角。参见 Anna Komnena, *The Alexiad*, trans. by E. Dawes, Cambridge, Ontario: In parentheses Publications, 2000, pp. 191-196; William of Tyre, *History of Deeds Done Beyond the Sea*, pp. 152-168。

(一)尼西亚城成为首都

第四次十字军占领君士坦丁堡后，尼西亚城成为拜占庭流亡政权的新首都。早在1203年9月前，塞奥多利·拉斯卡利斯(塞奥多利一世)便携妻带女渡过博斯普鲁斯海峡[①](Bosporus)逃往小亚细亚。[②] 而塞奥多利·拉斯卡利斯之所以如此选择，除了这里是他的故乡外，[③]也可能是由于他厌恶阿莱克修斯三世在君士坦丁堡沦陷前的逃跑行径，不愿前往色雷斯与其会合。眼见无力应对十字军的来袭，阿莱克修斯三世带着大量金银细软悄声出逃色雷斯。[④] 在他逃走后，阿莱克修斯四世在十字军和威尼斯人的支持下登基。[⑤] 于是作为前皇帝的女婿，塞奥多利自然受到牵连。他曾被投入狱中，后经人通融才得以脱身，逃出多事之地君士坦丁堡。[⑥] 这段经历可能使他对其岳父心生不满。据悉，可能是为了避免引起恐慌，节外生枝，阿莱克修斯三世只将逃走的计划告诉了大女儿伊琳尼(Irene)，而其他家人对此并不知情。[⑦] 若塞奥多利·拉斯卡利斯知晓岳父的意图，可能会早做打算，不致身陷囹圄，有丧命之险。因而，阿莱克修斯

---

① 今土耳其伊斯坦布尔海峡(İstanbul Boğazı)，其北连黑海，南通马尔马拉海。它常与马尔马拉海和达达尼尔海峡[Dardanelles，古称赫勒斯滂(Hellespont)，今土耳其人称其为恰纳卡莱(Çanakkale)海峡]合称为土耳其海峡，是连接黑海和地中海的唯一通道，具有重要的战略价值和意义。

② M. Angold, “Byzantium in Exile”, p. 544; D. Angelov, *The Byzantine Hellene: The Life of Emperor Theodore Laskaris and Byzantium in the Thirteenth Century*, p. 23.

③ 关于拉斯卡利斯家族的起源地和塞奥多利的家乡，参见 D. Angelov, *The Byzantine Hellene: The Life of Emperor Theodore Laskaris and Byzantium in the Thirteenth Century*, pp. 17-18。

④ George Akropolites, *The History*, pp. 106-107, 2; pp. 114-115, 5; Geoffrey of Villehardouin, “The Conquest of Constantinople”, p. 73.

⑤ 关于阿莱克修斯四世出逃、在西方筹谋夺回权力、登基以及最终被害，详见 Nicetas Choniates, *O City of Byzantium: Annals of Niketas Choniatēs*, pp. 294-309; George Akropolites, *The History*, pp. 106-107, 2; pp. 110-111, 3; Geoffrey of Villehardouin, “The Conquest of Constantinople”, pp. 44-84。

⑥ D. Angelov, *The Byzantine Hellene: The Life of Emperor Theodore Laskaris and Byzantium in the Thirteenth Century*, p. 23.

⑦ Nicetas Choniates, *O City of Byzantium: Annals of Niketas Choniatēs*, p. 299. 阿克罗颇利塔斯认为阿莱克修斯三世与妻子尤弗洛希尼(Euphrosyne)一起出逃。不过，根据候尼亚迪斯的记载，阿莱克修斯三世逃走时并没有带走尤弗洛希尼。1204年4月12日晚，阿莱克修斯五世(Alexios V Mourtzouphlos，1204年2—4月在位)带着她和她的女儿尤多吉亚(Eudokia)一起逃离了君士坦丁堡。参见 Nicetas Choniates, *O City of Byzantium: Annals of Niketas Choniatēs*, pp. 313-314。关于尤弗洛希尼，参见 L. Garland, *Byzantine Empresses. Women and Power in Byzantium, AD 527-1204*, London: Routledge, 1995, pp. 210-228。

三世秘密出逃君士坦丁堡可能是双方此后难以合作的原因之一。当然还有更深刻的原因，那便是二者对权力的争夺。

而塞奥多利·拉斯卡利斯选择前往小亚细亚，一方面可能是因此地与君士坦丁堡一水之隔，这利于他暂时躲避十字军的锋芒，重整旗鼓以待日后夺回故都旧土。在抵达尼西亚城看到该城雄伟的城门后，塞奥多利·拉斯卡利斯可能亲身感受到此地不仅适合作为安身之所，而且也可作为基地对抗十字军支持的君士坦丁堡新政权。[①] 但塞奥多利占有尼西亚城的过程并不顺利，他起初并未获准进城。[②] D. 安格洛夫认为塞奥多利一世之所以被拒，与小亚细亚局势不稳有关。这一地区此前叛乱盛行，尼西亚城的精英也曾因反对篡位的安德罗尼库斯一世而受到惩罚。他们心有余悸，一直密切关注着君士坦丁堡的事态，并认为在局势不明的情况下应稳妥行事。他们盘算着若阿莱克修斯四世在君士坦丁堡巩固了统治，那么拒绝接受塞奥多利一世便是忠诚的表现。但若阿莱克修斯三世重夺皇位，那他可能会感激他们曾收留自己的女儿和外孙女，而不会在意他们曾拒绝了自己的女婿。[③] 塞奥多利·拉斯卡利斯进城无望，只好采取迂回策略，先将妻子安娜和女儿安置于该城。他则在攻下尼西亚城南面的普鲁萨[④](Prousa)及周边地区后才成功进入尼西亚城。[⑤] 但关于他如何被尼西亚人认可和接受，目前尚难弄清个中缘由。本书猜测，这首先与君士坦丁堡政局的

---

① D. Angelov, *The Byzantine Hellene: The Life of Emperor Theodore Laskaris and Byzantium in the Thirteenth Century*, p. 23.

② George Akropolites, *The History*, pp. 117-118, 6.

③ 详见 D. Angelov, *The Byzantine Hellene: The Life of Emperor Theodore Laskaris and Byzantium in the Thirteenth Century*, pp. 23-24。

④ 今土耳其西北部城市布尔萨(Bursa)也是布尔萨省首府。布尔萨是土耳其人口第四大城市，也是重要的工业中心。伊本·白图泰描述过 14 世纪的普鲁萨，称该地“城区宽广，市场美观，街道宽阔，四面皆花园，处处皆泉水。城外有一河，水极热。水注入一大池塘内，塘上建有浴室两间，一供男，一供女，许多病患者不远千里来此就浴治病。”参见[摩洛哥]伊本·白图泰：《伊本·白图泰游记》，第 181 页。

⑤ George Akropolites, *The History*, pp. 117-118, 6; pp. 119-120, 7. 维勒哈杜因的杰弗里(Geoffrey of Villehardouin，约 1150 年至 1212 年)出生于法国香槟地区的一个男爵家庭，是第四次十字军的重要将领之一。其《君士坦丁堡征服记》不仅是研究第四次十字军较为翔实的史料，还叙述了占领君士坦丁堡后拉丁人与拜占庭人和保加利亚人的战争。这对于研究尼西亚帝国初期同拉丁帝国的关系具有重要价值。杰弗里认为，塞奥多利最初是以其妻子的名义来获取领土。参见 Geoffrey of Villehardouin, “The Conquest of Constantinople”, p. 110。

变化有很大关系。此时，阿莱克修斯四世已被谋杀，篡位的“浓眉”阿莱克修斯五世[①]也被拉丁人处决。[②] 君士坦丁堡现在成了新政权拉丁帝国的首都，这标志着君主专制、中央集权的拜占庭帝国不复存在，因而支持和接纳塞奥多利·拉斯卡利斯便不再具有政治站队的意味。其次，拉丁帝国的首要目标是征服拜占庭帝国境内尚未臣服的地区，实现对这些地区的有效管控。而作为拉丁皇帝鲍德温[③]（Baldwin I，1204—1205 年在位）的领地，拜占庭的小亚细亚领土便成为拉丁帝国初期用兵的主要对象。[④] 面对拉丁帝国的威胁，尼西亚人可能急需一位领导者来带领他们进行抵抗。而塞奥多利·拉斯卡利斯恰恰具有丰富的政治经验和卓越的作战能力，阿莱克修斯三世统治期间他便担任首席护卫（protovestiarites）一职，还成功镇压了一起叛乱。[⑤] 可能是由于这一原因，侯尼亚迪斯在提及塞奥多利·拉斯卡利斯与安娜公主的婚事安排时，称他是一位大胆勇猛的青年。[⑥] 加之他已夺取普鲁萨这一小亚细亚的重要城市，这也使他们见识了他的实力。再者，在拜占庭中央政府瓦解的情况下，尚在世的阿莱克修斯三世恰好没有儿子

---

① 阿莱克修斯五世曾为内侍长（*protovestiarios*），是阿莱克修斯三世的三女儿尤多吉亚的第二任丈夫。

② 阿莱克修斯四世因招来十字军并且为兑现对他们许诺的报酬而大肆压榨城内居民，这使他在君士坦丁堡极不受欢迎。最终，“浓眉”阿莱克修斯五世将其谋杀，此举也是促使十字军对君士坦丁堡发起总攻的重要原因。十字军攻破君士坦丁堡后，阿莱克修斯五世带着公主尤多吉亚一起出逃。他逃出君士坦丁堡，前往莫西努波利斯[Mosynopolis，今希腊科莫蒂尼（Komotini）附近]投奔阿莱克修斯三世。但阿莱克修斯三世并不喜欢这位女婿，于是设计加以谋害。他趁阿莱克修斯五世洗澡时，命几位仆人突然闯入将其刺瞎。之后，拉丁人找到了在外游荡的阿莱克修斯五世并把他带回君士坦丁堡，最终将他处死。参见 George Akropolites, *The History*, pp. 114-115, 5。关于阿莱克修斯五世惨遭其岳父的毒手以及被拉丁人处死，侯尼亚迪斯和杰弗里也都有记载，参见 Niketas Choniatēs, *O City of Byzantium*, *Annals of Niketas Choniatēs*, pp. 333-334; Geoffrey of Villehardouin, “The Conquest of Constantinople”, pp. 99, 108-109。

③ 鲍德温是法国佛兰德斯（Flanders）伯爵，也是第四次十字军东征的重要将领。占领君士坦丁堡后，他于 1204 年 5 月 16 日在圣索菲亚大教堂加冕为帝，成为拉丁帝国首任皇帝，也是首位在此教堂加冕的非拜占庭皇帝。但 1205 年 4 月，他在亚德里亚堡[Adrianople，今土耳其埃迪尔内（Edirne）]大败于保加利亚人，被俘且惨遭杀害。关于他的生平以及去世后的影响，参见 R. Wolff, “Baldwin of Flanders and Hainaut, First Latin Emperor of Constantinople: His Life, Death, and Resurrection, 1172-1225”, *Speculum* 27 (1952), pp. 281-322。

④ Geoffrey of Villehardouin, “The Conquest of Constantinople”, pp. 108-112; Niketas Choniatēs, *O City of Byzantium*, *Annals of Niketas Choniatēs*, pp. 330-331.

⑤ A. Gardner, *The Lascarids of Nicaea, the Story of an Empire in Exile*, pp. 53-54.

⑥ Nicetas Choniates, *O City of Byzantium*: *Annals of Niketas Choniatēs*, p. 280.

作为继承人，那么塞奥多利·拉斯卡利斯的驸马身份，尤其是他还拥有表明其为皇位继承人身份的专制君主头衔，[①]这些也可能使他较易获得尼西亚人的认同。

1205年，塞奥多利·拉斯卡利斯于尼西亚城称帝，三年后他由在此城当选的新牧首阿夫特利阿努斯[②](Michael Autoreianos，1208—1213年在位)加冕。[③]因而，尼西亚城既成为新皇帝的首都和新政权的政治中心，也成为新牧首的驻节地和尼西亚教会的中心。[④] 在记载拉丁军队与塞奥多利·拉斯卡利斯部下在小亚细亚开战时，维勒哈杜因的杰弗里便提到尼西亚城是尼西亚帝国的首都。[⑤] 而在1208年的一封信件中，麦萨利提斯[⑥]也描述称尼西亚城"重新焕发

---

① George Akropolites, *The History*, pp. 114-115, 5; pp. 117-118, 6.

② 君士坦丁堡陷落后，前牧首卡玛特洛斯(John Ⅹ Kamateros，1198—1206年在位)流亡在外。他拒绝了塞奥多利·拉斯卡利斯的邀请，没有前往尼西亚帝国，最终客死他乡。参见 Nicetas Choniates, *O City of Byzantium: Annals of Niketas Choniatēs*, p. 347。

③ George Akropolites, *The History*, pp. 119-120, 7. 关于塞奥多利一世的称帝时间，M. 安格德有不同认识，根据阿克罗颇利塔斯的《历史》，他认为时间应该是1206年，参见 M. Angold, *A Byzantine Government in Exile: Government and Society under the Laskarids of Nicaea, 1204-1261*, p. 13。但R. 玛库利德斯认为阿克罗颇利塔斯暗示的时间应是1205年而非1206年，参见 R. Macrides, *George Akropolites, The History*, p. 82. D. 安格洛夫则以候尼亚迪斯的一系列颂词为依据，也认为塞奥多利一世于1205年称帝，但确切时间应该是这一年春天，参见 D. Angelov, *The Byzantine Hellene: The Life of Emperor Theodore Laskaris and Byzantium in the Thirteenth Century*, p. 241, n. 81。

④ 候尼亚迪斯提到阿莱克修斯五世从君士坦丁堡逃走后一群拜占庭贵族在圣索菲亚大教堂召开会议，选中了两人作为皇位候选人，其中之一是塞奥多利·拉斯卡利斯的兄长君士坦丁·拉斯卡利斯(Constantine Lascaris)。但君士坦丁·拉斯卡利斯在当选后没有接受皇帝徽章，并在看到抵抗无望后也逃往小亚细亚。参见 Nicetas Choniates, *O City of Byzantium: Annals of Niketas Choniatēs*, p. 314。也有一些学者认为，君士坦丁·拉斯卡利期是尼西亚帝国的建立者，参见 A. Vacalopoulos, *Origins of the Greek Nation, the Byzantine Period, 1204-1261*, trans. by I. Moles, revised by A. Vacalopoulos, New Bruswick, New Jersey: Rutgers University Press, 1970, p. 34; H. J. Magoulias, *O City of Byzantium, Annals of Niketas Choniatēs*, Detroit: Wayne State University Press, 1984, p. 406, n. 1517; C. Foss, *Nicaea: A Byzantine Capital and its Praises*, p. 57; J. Haldon, *The Byzantine Wars*, Stroud: Tempus Publishing, 2001, p. 87。D. 科洛本尼科夫称，初到小亚细亚时，塞奥多利一世可能是作为其岳父阿莱克修斯三世或其兄长君士坦丁的代表统治，参见 D. Korobeinikov, *Byzantium and the Turks in the Thirteenth Century*, p. 129。

⑤ Geoffrey of Villehardouin, "The Conquest of Constantinople", p. 147.

⑥ 麦萨利提斯曾是圣索菲亚大教堂的辅祭，君士坦丁堡陷落后，他积极促进君士坦丁堡的正教会与尼西亚宫廷的交流。1213年前后，他成为以弗所都主教，并于1214年代表尼西亚正教会出席了在君士坦丁堡举行的教会会议。麦萨利提斯关于君士坦丁堡陷落以及尼西亚帝国初期历史的大量记载，具有重要的史料价值。

青春，散发出真正的帝国光辉”。[①] 同时，还应注意，新皇帝和新牧首的出现宣告了拜占庭国家和教会将在尼西亚帝国得到重建，同时也表明这一政权的最高政治目标便是夺回君士坦丁堡。拉斯卡利斯王朝经略小亚细亚的新时代自此开始。

实际上，塞奥多利一世以尼西亚城为都在帝国成立之初具有重要意义。其一，该城是 13 世纪比提尼亚省首府，也是小亚细亚西北部最重要的城市之一。它也因曾于 325 年和 787 年两次举办基督教大公会议而在基督教世界具有重要的影响力和号召力，是拜占庭的历史文化名城，具备作为首都的名望。这一点在流亡时期尤为重要，它可以在很大程度上增加拜占庭人对于新政权的认同感。其二，尼西亚城具有较强的防御能力。12 世纪，它已拥有以城垛、高塔和护城河为特色的防御工事，这也成为其最显著的特征。[②] 麦萨利提斯称，从远处看，城上的城垛和塔楼就像白雪一样闪闪发光。[③] 尼西亚城共有四座城门和 114 座塔楼。其中一座城门被称作君士坦丁堡门，可能是因为来自君士坦丁堡的难民由此门进城。[④] 此外，该城还占据天险之利，易守难攻。城西南的阿斯卡尼亚湖[⑤](Lake of Askania)不仅为它提供了绝佳的天然屏障，而且湖边的一座城门既可为被困居民提供补给，也便于他们在城破之时乘船逃走。[⑥] 其三，尼西

---

① Nicholas Mesarites, *Life and Works*, translation and commentary by M. Angold, Liverpool: Liverpool University Press, 2017, p. 223.

② William of Tyre, *History of Deeds Done Beyond the Sea*, p. 153. 安娜提到阿莱克修斯一世在意识到十字军无法攻下拥有强大防御工事的尼西亚城时转而决定智取，参见 Anna Komnena, The *Alexiad*, p. 193。

③ Nicholas Mesarites, *Life and Works*, p. 231.

④ D. Korobeinikov, *Byzantium and the Turks in the Thirteenth Century*, pp. 161-162, figs 2a-d.

⑤ 今伊兹尼克湖，位于该国布尔萨省。其长约 32 千米，宽约 10 千米，最深处约 80 米。

⑥ Anna Komnena, *The Alexiad*, p. 193; William of Tyre, *History of Deeds Done Beyond the Sea*, pp. 152-154. 塞奥多利二世曾提到阿斯卡尼亚湖上盛开的冬百合是尼西亚人十分喜爱的景致，参见 D. Angelov, *The Byzantine Hellene: The Life of Emperor Theodore Laskaris and Byzantium in the Thirteenth Century*, p. 66。

亚城以东至桑加里奥斯河[①](Sangarios)多沃野,[②]所产作物可保证城内居民的日常生活所需,这便使该城具备了成为首都的物质条件。再加上该城与君士坦丁堡隔海相距约90公里,而且处于数条重要交通路线的交会处,可谓四通八达。[③] 因而,在此定都便有利于塞奥多利一世密切关注君士坦丁堡的事态,必要时可极速进军旧都,亦可退守小亚细亚自保,从而有效服务于其最终夺取君士坦丁堡的政治目标。

(二)尼西亚城的改造

在定都尼西亚城后,皇帝们十分重视打造该城的首都形象,这也是他们提升新政权政治形象的关键所在。塞奥多利一世在其统治期间加固了原有的尼西亚城墙,并在城内大建防御工事以及更强固的堡垒。[④] 第二任皇帝约翰三世则精心改造了尼西亚城墙,他仿照君士坦丁堡城墙,使尼西亚城墙逐步建立了由城壕、较低外墙和更高内墙组成的三元防御体系。[⑤] 新城墙不仅能有效抵御外敌入侵,还能装饰首都。[⑥] 在这位皇帝统治下,尼西亚城内林立着房屋、教堂和其他建筑物。整座城市看上去人口稠密,也很繁荣,是一座绿色和令人欣悦

---

① 今土耳其萨卡里亚河(Sakarya)。它发源于安纳托利亚高原西部中央山地,注入黑海,今全长824千米,为该国第三长河。

② 推罗的威廉称尼西亚城地处肥沃的平原之上,周围有许多树木和森林,地理位置十分优越。参见 William of Tyre, *History of Deeds Done Beyond the Sea*, p. 152。拜占庭帝国晚期,帕列奥列格王朝知名学者米陶基特斯(Theodore Metochites,约1270年至1332年)曾创作了一篇颂词,题为《尼西亚城》。其中,他提到尼西亚城周围是平原,其上作物生长茂盛,城市生活必需品充足。参见 Theodore Metochites, "Νικαεύς", in C. Foss, *Nicaea: A Byzantine Capital and Its Praises*, pp. 172-174。尽管在13世纪末14世纪初小亚细亚艰难的局势下较难断定米陶基特斯所言是否属实,但他对该城周边自然地理条件的描述应该是准确的。

③ W. Ramsay, *The Historical Geography of Asia Minor*, pp. 74-75; A. Gardner, *The Lascarids of Nicaea, the Story of an Empire in Exile*, p. 58. 关于尼西亚城通往其他城市与地区道路的情况,参见 A. Laiou et al., eds., *The Economic History of Byzantium from the Seventh Through the Fifteenth Century*, Washington, D. C.: Dumbarton Oaks, 2002, p. 75。

④ C. Foss, *Nicaea: A Byzantine Capital and its Praises*, pp. 63, 94.

⑤ Theodore Ⅱ Laskaris, "Εγκώμιον εις την Μεγαλόπολιν Νίκαιαν", p. 145.

⑥ Theodore Ⅱ Laskaris, "Εγκώμιον εις την Μεγαλόπολιν Νίκαιαν", p. 132; C. Foss, *Nicaea: A Byzantine Capital and Its Praises*, p. 95.

的城市。[1] 因而，尼西亚城非凡的位置、独特的历史、气势宏伟的建筑以及坚固的城防工事等，都使它当之无愧成为帝国的首都。[2] 继任的塞奥多利二世则着重加强首都的文化中心地位，他重建了城内的圣特里丰[3]（St. Tryphon）教堂并在此设国家学校。这所学校师资配备较好，不仅能教授诗歌和修辞，还能提供更高阶段的教育。[4] 在尼西亚皇帝们的积极推动下，尼西亚城成为东地中海世界重要的文化教育中心，吸引了有志青年前来求学。其中，最有名的便是塞浦路斯的乔治，即未来的大教长格里高利二世（Gregory Ⅱ，1283—1289 年在位）。[5] 此外，塞奥多利二世还曾特意创作了一篇《尼西亚城颂》送给他的父亲约翰三世。[6] 其中，他描述了尼西亚城的建筑和城墙、农作物和水源以及君士坦丁堡陷落之后它对拜占庭帝国复兴做出的贡献等。他称此城在诸多方面是卓越的，并且因其不仅有世俗哲学家还有很多基督教哲学家，它的文化地位甚至优于古代的雅典。[7] 为表达对尼西亚城的喜爱和敬重之情，他还仿照以往对君士

---

① Theodore Ⅱ Laskaris, “Εγκώμιον εις την Μεγαλόπολιν Νίκαιαν”, pp. 132-153; C. Foss, *Nicaea: A Byzantine Capital and Its Praises*, p. 120.

② A. Gardner, *The Lascarids of Nicaea, the Story of an Empire in Exile*, pp. 58-59.

③ 特里丰生活于公元 3 世纪，是尼西亚城的主保圣徒，其圣徒节是 2 月 1 日。关于这一节日的庆祝方式，参见 D. Angelov, *The Byzantine Hellene: The Life of Emperor Theodore Laskaris and Byzantium in the Thirteenth Century*, p. 66。塞奥多利二世对这位圣徒极为喜爱，并为其创作了一首颂词，参见 Theodore Ⅱ Laskaris, “The Encomium on St. Tryphon”, in C. Foss, *Nicaea: A Byzantine Capital and its Praises*, pp. 105-107。

④ C. Constantinides, *Higher Education in Byzantium in the Thirteenth and Early Fourteenth Centuries, 1204-ca. 1310*, Nicosia: the Zavallis Press, 1982, p. 19. 关于尼西亚帝国的教育，参见孙丽芳、赵法欣：《浅议尼西亚帝国的教育发展》，《社会科学家》2014 年第 4 期。

⑤ C. Constantinides, *Higher Education in Byzantium in the Thirteenth and Early Fourteenth Centuries*, 1204-*ca*. 1310, p. 25.

⑥ 关于这篇颂词的介绍和分析，参见 D. Angelov, *The Byzantine Hellene: The Life of Emperor Theodore Laskaris and Byzantium in the Thirteenth Century*, pp. 333-334。关于这篇颂词与米陶基特斯的《尼西亚城》的异同及其价值的讨论，参见 A. Akışık, “Praising A City: Nicaea, Trebizond, and Thessalonike”, *Türklük Bilgisi Araştırmaları* 36 (2011), pp. 5-8, 22。米陶基特斯还曾创作了许多关于他自己职业生涯以及爱好旨趣的诗歌，参见 Theodore Metochites, *Poems*, I. Polemis, ed., Turnhout: Brepols Publishers, 2017。另外，在其关于尼西亚城圣徒的传记中，乔治·阿克罗颇利塔斯的儿子君士坦丁·阿克罗颇利塔斯（Constantine Akropolites, 1250—1324）对尼西亚城也有简短赞扬。其中他提到该城吸引了很多饱学之士和名人，而且拜占庭人以此城为豪，将之视为在君士坦丁堡之后处于第一序列的城市。参见 C. Foss, *Nicaea: A Byzantine Capital and Its Praises*, pp. 81-82, and n. 22。

⑦ Theodore Ⅱ Laskaris, “Εγκώμιον εις την Μεγαλόπολιν Νίκαιαν”, in C. Foss, *Nicaea: A Byzantine Capital and Its Praises*, pp. 132-153.

坦丁堡的惯常描述，称赞尼西亚城是“城市女王”和“城市中的城市，女王中的女王，统治者中的统治者”。因而，在塞奥多利二世笔下，尼西亚城闪耀着文化的光辉，它在很大程度上具有了重要的文化象征意义，成为尼西亚帝国拜占庭人理想的首都。

（三）尼西亚城：尼西亚帝国历史的见证者

布莱米迪斯只是提到尼西亚城有皇宫，但他并未给出关于皇宫的更多信息。[①] 根据C. 富斯的研究，在今伊兹尼克的古代剧场上被辨认出的一个大建筑体很可能就是这座皇宫。[②] 作为首都，尼西亚城是帝国一些重大活动的举办地。1211年，塞奥多利一世在尼西亚城接待了塞尔柱苏丹国使节。使节此行有宣战意味，要求塞奥多利一世将领土让给他的岳父阿莱克修斯三世。此后，塞奥多利一世率军从尼西亚城出发，在迈安德河畔的安条克[③]（Antioch-on-the-Meander）战胜了塞尔柱苏丹，这也是两国在13世纪规模最大的一场战役。[④] 1222年，塞奥多利一世还在尼西亚城接待了拉丁帝国使节并签署了一项交换囚犯的条约。[⑤] 流亡时期，尼西亚城所举行的最重要的政治与宗教活动是皇帝们的加冕礼，如塞奥多利一世、约翰三世、塞奥多利二世以及米哈伊尔八世都是在这里被加冕。[⑥] 同时，一些宗教活动也常在此举行，城内之前存在的多座教堂为此提供了便利。如1209年在城郊许铿托斯（Hyakinthos）修道院的主教堂，牧首阿夫特利阿努斯召开教会会议，并规定了拉丁帝国统治下塞浦路斯的正教会

---

① Nikephoros Blemmydes, *A Partial Account*, I, pp. 48-50, 12. 关于尼西亚帝国建筑的情况，参见H. Buchwald, “Lascarid Architecture”, *JÖB* 28 (1979), pp. 261-296。

② C. Foss, *Nicaea: A Byzantine Capital and Its Praises*, p. 119.

③ 迈安德河畔的安条克位于今土耳其艾登（Aydin）省，在库尤贾克城（Kuyucak）西南。

④ George Akropolites, *The History*, pp. 129-130, 9.

⑤ C. Foss, *Nicaea: A Byzantine Capital and Its Praises*, p. 61.

⑥ George Akropolites, *The History*, pp. 119, 278, 346. 关于米哈伊尔八世在尼西亚城加冕的详情，参见George Pachymeres, *Book One and Book Two of the Historia*, pp. 48-50。

事务。[1] 同时，根据这次会议通过的一项决议，许铿托斯修道院将成为尼西亚牧首驻地。[2] 这座修道院内还有皇家墓地，葬有在首都去世的塞奥多利一世、安娜皇后以及前皇帝阿莱克修斯三世。[3] 因此，许铿托斯修道院在帝国中具有重要地位。从约翰三世、塞奥多利二世及其妻子埃琳娜都去世于尼姆法雍并葬在叟桑德拉修道院可以看出，[4]尼西亚城在塞奥多利一世统治时期一直是帝国的政治中心。除许铿托斯修道院外，圣索菲亚教堂可能是第一次和第七次大公会议的举办地，它于 1025 年被重建。尼西亚皇帝们的加冕仪式基本都在此举行。[5] 约翰三世统治时期，牧首教座很可能被转移到了这座教堂。不过，D. 安格洛夫也指出，牧首教座也可能是在教父教堂（Holy Fathers of the First Ecumenical Council），这座教堂是献给参加第一次大公会议的教父们的。但遗憾的是，它没有幸存下来。它可能有一个带穹顶的圆形大厅，牧首偶尔会在这里举行会议。1223 年，新任牧首日耳曼努斯二世[6]（Germanos Ⅱ，1222—1240 年在位）便是在教父教堂发表了他的就职演说。而四位方济各会和多明我会修士也在 1234 年

① 参见 D. Angelov, *The Byzantine Hellene: The Life of Emperor Theodore Laskaris and Byzantium in the Thirteenth Century*, p. 44。关于该修道院，详见 C. Foss, *Nicaea: A Byzantine Capital and Its Praises*, pp. 97-101。关于这一时期尼西亚教会同塞浦路斯教会的联系，参见 M. Angold, *A Byzantine Government in Exile: Government and Society under the Laskarids of Nicaea, 1204-1261*, pp. 17-19。

② 参见 R. Macrides, George Akropolites, *The History*, p. 132, n. 9。

③ George Akropolites, *The History*, pp. 131, 157. 根据斯库塔瑞奥提斯的记载，在 1211 年迈安德河畔的安条克战役后阿莱克修斯三世被俘获，尼西亚元老院和军队指挥官都要求塞奥多利一世以叛国罪审判他，最终他被判有罪，并被刺瞎和监禁。参见 M. Angold, *A Byzantine Government in Exile: Government and Society under the Laskarids of Nicaea, 1204-1261*, p. 167。

④ George Akropolites, *The History*, p. 336; George Pachymeres, *Book One and Book Two of the Historia*, pp. 15-16; N. Cassidy, *A Translation and Historical Commentary of Book One and Book Two of the Historia of Geōrgios Pachymerēs*, pp. 129-130; D. Angelov, *The Byzantine Hellene: The Life of Emperor Theodore Laskaris and Byzantium in the Thirteenth Century*, p. 129.

⑤ D. Korobeinikov, *Byzantium and the Turks in the Thirteenth Century*, p. 163, figs. 3a-c.

⑥ 日耳曼努斯二世是尼西亚帝国最重要的牧首之一，他在位期间同伊庇鲁斯专制君主国多位神职人员就两个政权统治的合法性以及两教会的权力进行了一系列论战。他们之间的通信是我们了解这一时期尼西亚政权和伊庇鲁斯政权关系最重要也是最宝贵的资料，反映了正处实力上升期的两政权之间的激烈竞争。关于这些论争以及这一时期尼西亚教会同伊庇鲁斯教会的关系，参见 A. Karpozilos, *The Ecclesiastical Controversy Between the Kingdom of Nicaea and the Principality of Epiros (1217-1233)*, Thessaloniki: University of Thessaloniki, 1973; D. Nicol, *The Despotate of Epiros*, pp. 76-102。

到访这座教堂并在里面祈祷，还对教堂里关于教父的描绘印象深刻。[①] 他们被教皇格里高利九世(Gregory Ⅸ，1227—1241年在位)派来尼西亚城，参加一场神学辩论。因而，尼西亚城既有皇宫又有多处教堂，这为政府和教会事务的正常运转提供了便利。

综上所述，在君士坦丁堡陷落、拜占庭中央政府垮台的情况下，塞奥多利一世在小亚细亚以尼西亚城为中心建立了一个新政权。该城之后也成为帝国的政治、宗教和文化中心等。直到"陪都"出现，它的政治中心地位才有所弱化。"陪都"是尼西亚帝国有别于拜占庭其他历史阶段的一项创举，即使它没有完全取代尼西亚城的政治中心地位，也使尼西亚帝国形成了非单一政治中心的统治格局。

二、"陪都"尼姆法雍

尼姆法雍位于小亚细亚西部希皮鲁斯山以南平原南缘，该山是石灰岩山，有险峻的峡谷将其同毗邻的山脉分开。因山中有清澈的泉水和丰沛的水蒸气，这一地区最初便崇拜古希腊山林水泽女神宁芙(Νύμφη)，也由此而得名(Νύμφαιον)。尼姆法雍附近有道路直通以弗所和士麦拿，并且其东与赫尔莫斯河冲积平原相连。[②] 它最早在12世纪出现于拜占庭史家的记载中，因而我们对它在此之前的历史知之甚少。安娜公主曾提到1108年拜占庭人与向士麦拿和

① 参见D. Angelov, *The Byzantine Hellene: The Life of Emperor Theodore Laskaris and Byzantium in the Thirteenth Century*, p. 44。布莱米迪斯提到罗马教皇使节两次前往尼西亚帝国进行神学辩论。除这次外，另一次是1249年至1250年冬，在尼姆法雍。布莱米迪斯参与了这两场辩论，他留下的详细记载是除拉丁史料外关于这两次辩论最宝贵的史料。参见Nikephoros Blemmydes, *A Partial Account*, II, pp. 106-114, 25-40; 119-125, 50-60。关于这一时期东西方教会的接触和协商，详见J. Langdon, "Byzantium in Anatolian Exile: Imperial Vicegerency Reaffirmed during Byzantino-Papal Discussions at Nicaea and Nymphaion, 1234", in A. Dyck, S. Takács, eds., *Presence of Byzantium: Studies Presented to Milton V. Anastos in Honor of His Eighty-Fifth Birthday*, Amsterdam: Hakkert, 1994, pp. 197-233; M. Angold, *Church and Society in Byzantium under the Comneni, 1081-1261*, Cambridge: Cambridge University Press, 1995, pp. 518-529; M. Angold, ed., *The Cambridge History of Christianity*, vol. 5, Cambridge: Cambridge University Press, 2006, pp. 54-56; A. Alexakis, "Official and Unofficial Contacts between Rome and Constantinople before the Second Council of Lyons (1274)", *AHC* 39 (2007), pp. 101-108。

② C. Foss, *Cities, Fortresses and Villages of Byzantine Asia Minor*, Ⅵ, pp. 309-310.

尼姆法雍进军的突厥人开战并击溃了他们，其中一些突厥人被杀，一些被俘，剩下的则在逃生时掉进迈安德河中溺亡。[①] 流亡时期，尼姆法雍获得了历史上从未有过的重要性。因尼西亚皇帝们频繁前往该城过冬，它便在国家政治生活中具有了重要地位，也因此具备了“陪都”的特征。

（一）尼姆法雍的皇宫和教堂

尼姆法雍是尼西亚帝国“陪都”，这首先体现在它是皇帝们的定期居住地，并有以皇宫为中心的皇家建筑群和宗教建筑。在《历史》中，阿克罗颇利塔斯对尼姆法雍多有提及。据其所载，除非因军事计划或军事行动阻隔，约翰三世、塞奥多利二世和米哈伊尔八世一般会尽可能地在秋末或冬初赶往尼姆法雍。他也评论称，这是离开君士坦丁堡后尼西亚皇帝们的惯常去处。[②] 塞奥多利二世在一些信件中也多次提及自己前往尼姆法雍，还提到尼姆法雍有皇宫。[③] 塞奥多利二世提供的这一信息由阿克罗颇利塔斯和布莱米迪斯证实。其中前一位史家称 1254 年病中的约翰三世有时待在宫里，有时则前往宫外。有时他自己回宫，有时则由随从抬回宫。[④] 后一史家则称约翰三世在尼姆法雍建立了皇宫，并且也喜欢在此处理朝政。[⑤]

在尼西亚帝国的多处皇宫中，只有尼姆法雍皇宫留存至今，并保持了相对较好的状态，这便更利于明确尼姆法雍的“陪都”身份。这座皇宫位于尼姆法雍下城，而高耸在下城之上的则是防御森严的卫城，由两道高墙环绕。目前的皇宫遗址包括一个三层的单体建筑，其长 25.75 米，宽 11.5 米。[⑥] 时至今日，这座皇宫已成为今凯末尔帕夏城最重要的旅游资源之一。但相较于塞尔柱苏丹凯

---

① Anna Komnena, *The Alexiad*, p. 256.

② George Akropolites, *The History*, pp. 194-195, 33; pp. 220-221, 41; pp. 241-242, 46; p. 245, 47; pp. 300-301, 61; pp. 369-371, 84. ect.

③ D. Angelov, *The Byzantine Hellene: The Life of Emperor Theodore Laskaris and Byzantium in the Thirteenth Century*, p. 45.

④ George Akropolites, *The History*, p. 270.

⑤ Nikephoros Blemmydes, *A Partial Account*, I, p. 49; J. Munitiz, *Nikephoros Blemmydes, A Partial Account*, p. 46, n. 14.

⑥ 关于尼姆法雍皇宫的详细描述，参见 S. Çağaptay, "How Western Is It? The Palace at Nymphaion and Its Architectural Setting", pp. 357-358。关于这座皇宫的评价，参见 C. Mango, *Byzantine Architecture*, New York: H. N. Abrams, 1976, p. 254。

库班德一世(Ala al-Din Kaykubad I,约1219年至1237年在位)的库巴达巴德的夏宫[①](Kubadabad)(50米×30米),以及13世纪保加利亚君主在特尔诺沃[②](Tarnovo)的宫殿(29米×17米),尼姆法雍皇宫的规模要小一些,这可能是流亡时期政府规模缩减的表现之一。但尼姆法雍的皇宫生活应该比较惬意和便利,皇宫中还有浴池。也可能是受此影响,塞奥多利二世对小亚细亚城市的浴场建设很有热情,他自己也甚是喜欢沐浴。与之前君士坦丁堡的皇宫一样,皇宫中可能也有专供女人居住的区域。[③] 这便为皇室女眷入住提供了便利,如塞奥多利二世的妻子埃琳娜常随他住在这里并最终在此离世。[④] 尼姆法雍皇宫周边还有大片农地,这便将农民、农产品与皇宫联系在一起,[⑤]使皇宫成了独立的经济体。它可能拥有自己的食物供应、仆役和存储设施。[⑥]

此外,与皇宫相邻的还有其他建筑,比如亭子和花园等。这与留存至今的塞尔柱苏丹的宫殿的格局很相似,因而学者S.普查塔伊便认为这座皇宫受到了塞尔柱建筑风格的影响。[⑦] 目前得知,尼西亚帝国时期这里的皇家花园举办过一场婚礼。伊琳尼皇后去世后,约翰三世娶了西西里弗里德里希二世(Friedrich Ⅱ,1198—1250年在位)的女儿,即曼弗雷德二世(Manfred Ⅱ,

---

① 该宫殿位于塞尔柱苏丹国首都科尼亚以西约100公里处。

② 今保加利亚中北部的大特尔诺沃(Veliko Tarnovo),为该国大特尔诺沃州首府。

③ D. Angelov, *The Byzantine Hellene: The Life of Emperor Theodore Laskaris and Byzantium in the Thirteenth Century*, pp. 45, 60.

④ D. Angelov, *The Byzantine Hellene: The Life of Emperor Theodore Laskaris and Byzantium in the Thirteenth Century*, p. 129.

⑤ S. Çağaptay, "How Western Is It? The Palace at Nymphaion and Its Architectural Setting", pp. 361-362.

⑥ D. Angelov, *The Byzantine Hellene: The Life of Emperor Theodore Laskaris and Byzantium in the Thirteenth Century*, p. 101.

⑦ S. Çağaptay, "How Western Is It? The Palace at Nymphaion and Its Architectural Setting", p. 360.

1258—1266 年在位)的姐姐康丝坦斯(Constance-Anna)。[①] 宫廷文人埃琳尼库斯(Nicholas Eirenikos)在为他们创作的祝婚诗中提到这场婚礼的地点是皇家花园的草地。[②] 另外,1254 年约翰三世经历病痛的折磨又无计可施时,他回到尼姆法雍,最后也是在这里的皇家花园去世。[③] 除了皇宫建筑群,尼姆法雍还有另一重要建筑,这是一座献给“伟大的殉道者塞奥多利”的修道院。修道院整体结构较大,1256 年 3 月的牧首会议便在此举行。[④] 因而,尼姆法雍这些建筑为尼西亚皇帝处理一些重要的政治和宗教活动提供了保障,也使尼西亚皇帝可以定期前来和久留此地。

(二)尼姆法雍:一些重要活动的举办地

流亡时期,因皇帝们常在尼姆法雍过冬,因而该城也成为一些重要的政治、宗教和外交活动的举办地,这也使得其“陪都”身份更为明显。不同以往,尼西亚政权的一个重要特点是流动性。尼西亚皇帝经常亲自率军出征,此时一些政府官员和神职人员也常随行前往不同地方。而当皇帝来到尼姆法雍过冬时,他们也随之来到此地,以辅助皇帝处理各种政治和宗教事务。如阿克罗颇利塔斯在执行完出使保加利亚的外交任务后便回到正在尼姆法雍过冬的皇帝那里。[⑤] 1247 年以后,一部分国务秘书还驻守在尼姆法雍皇宫,专门负责处理日常事

---

① 1240 年,康丝坦斯带着珍贵珠宝和随从来到小亚细亚,起初他们住在尼西亚城的许铿托斯修道院。参见 D. Angelov, *The Byzantine Hellene: The Life of Emperor Theodore Laskaris and Byzantium in the Thirteenth Century*, p. 90。约翰三世去世后,康丝坦斯一度成为尼西亚皇帝们在处理与西西里王国外交关系时的一枚棋子。最终可能是在 1262 年米哈伊尔八世将其交出,换回了被俘的大将斯特拉特勾普鲁斯(Alexios Stragtegouplos)。参见 D. Nicol, *The Despotate of Epiros*, pp. 171, 175, 192; N. Cassidy, *A Translation and Historical Commentary of Book One and Book Two of the Historia of Geōrgios Pachymerēs*, pp. 201-202。

② C. Constantinides, “Byzantine Gardens and Horticulture in the Late Byzantine Period, 1204-1453: The Secular Source”, p. 94. 关于这首祝婚诗的原文,详见 A. Gardner, *The Lascarids of Nicaea, the Story of an Empire in Exile*, Appendix, p. 308。

③ George Akropolites, *The History*, p. 271.

④ D. Angelov, *The Byzantine Hellene: The Life of Emperor Theodore Laskaris and Byzantium in the Thirteenth Century*, p. 45 and p. 250, n. 60.

⑤ George Akropolites, *The History*, p. 369.

务。[1] 国务秘书阿克罗颇利塔斯和马科洛托斯(John Makrotos)曾在1253年随约翰三世远征巴尔干,他们不仅负责草拟尼西亚帝国与伊庇鲁斯专制君主国的和约,还作为使节前往拉里萨[2](Larissa)达成了这一和约。[3] 而同为国务秘书的美索普塔米特斯[4](Joseph Mesopotamites)则留守尼姆法雍皇宫,处理了一起诉讼案件。[5] 而在1249年至1250年的冬天,前述教皇使节则直接前往皇帝所在的尼姆法雍再次开启神学辩论。[6] 很可能是约翰三世需要到尼姆法雍过冬,神职人员也随皇帝来到此处以便处理相关宗教事务。布莱米迪斯便明确提到,此时约翰三世和牧首梅索迪欧斯[7](Methodios,1241年在位)以及很多主教也都集聚尼姆法雍。[8] 因而,通过这次神学辩论,我们不仅可以得知约翰三世在位期间尼西亚正教会同罗马天主教会有直接的接触与交流,还可看出尼姆法雍已具有重要地位。相应地,尼姆法雍主教还被提升至大主教行列。[9] 除上述1256年的牧首会议外,1250年也有一场牧首会议在尼姆法雍举行。[10] 牧首会议是正教会最重要的会议之一,两次牧首会议选址尼姆法雍也说明该地在分担首都的政治功能的同时,在宗教事务上也具有重要影响力。

此外,尼姆法雍还深度参与了尼西亚帝国中晚期的一些政治事件,借此我们

---

① M. Angold, *A Byzantine Government in Exile: Government and Society under the Laskarids of Nicaea, 1204-1261*, p. 166.

② 拉里萨位于希腊中部的塞萨利大区,是该区首府和最大的城市,也是当今希腊重要的工业和商业中心。

③ George Akropolites, *The History*, pp. 249-251, 49.

④ 关于他与塞奥多利二世之间的通信,参见 D. Angelov, *The Byzantine Hellene: The Life of Emperor Theodore Laskaris and Byzantium in the Thirteenth Century*, pp. 112-113; R. Macrides, *The History of George Akropolites*, p. 256, n. 23。

⑤ M. Angold, *A Byzantine Government in Exile: Government and Society under the Laskarids of Nicaea, 1204-1261*, p.163.

⑥ Nikephoros Blemmydes, *A Partial Account*, Ⅱ, pp. 119-125, 50-60 and p. 119, n. 82.

⑦ 阿克罗颇利塔斯对这位牧首做过评价,认为他“吹嘘自己知识广博但才疏学浅”,参见 George Akropolites, *The History*, p. 223。

⑧ Nikephoros Blemmydes, *A Partial Account*, Ⅱ, pp. 119-120, n. 82.

⑨ C. Foss, *Cities, Fortresses and Villages of Byzantine Asia Minor*, Ⅵ, p. 311. 关于尼西亚帝国教区的调整,参见 M. Angold, A Byzantine Government in Exile: Government and Society under the Laskarids of Nicaea, *1204-1261*, pp. 48-49; D. Angelov, *The Byzantine Hellene: The Life of Emperor Theodore Laskaris and Byzantium in the Thirteenth Century*, p. 50。

⑩ D. Angelov, *The Byzantine Hellene: The Life of Emperor Theodore Laskaris and Byzantium in the Thirteenth Century*, p. 249, n. 51.

也可以看出它在很大程度上已成为帝国的政治中心。因约翰三世在1253年底从西征中归来，转年圣枝主日①(Palm Sunday)他便在尼姆法雍举行了凯旋式。②这也是尼西亚帝国唯一一次有史可查的凯旋式。因在君士坦丁堡陷落前拜占庭皇帝们的凯旋式基本都是在君士坦丁堡，所以约翰三世此举说明尼姆法雍城具有至关重要的政治地位。而在1254年约翰三世去世后，塞奥多利二世选择在尼姆法雍皇宫称帝，③接着在1259年篡位的米哈伊尔八世前往首都由牧首阿森尼乌斯④(Arsenios Autoreianos，1255—1260、1261—1267年在位)为其加冕后⑤又回到了尼姆法雍。在此，他还接待了来自塞尔柱苏丹国和拉丁帝国的使节。在同拉丁使节交谈的过程中，他了解了君士坦丁堡的境况并拒绝与他们签署和约。⑥ 而在1260年试图攻取君士坦丁堡未果后，他和新任牧首又一起回到尼姆法雍，处理了一些神职人员的任免事宜。⑦ 最后，为夺取君士坦丁堡，1261

---

① 1254年的圣枝主日是在4月5日。参见R. Macrides, *George Akropolites*, *The History*, p. 273, n. 5。

② George Akropolites, *The History*, p. 270. 1253年，米哈伊尔·帕列奥列格被控犯有叛国罪，约翰三世专门审理此案。转年，他们很可能是在尼姆法雍达成和解。参见R. Macrides, *George Akropolites*, *The History*, p. 269, n. 2。

③ George Akropolites, *The History*, p. 277.

④ 阿森尼乌斯来自君士坦丁堡的名门贵族之家，曾受到牧首日耳曼努斯二世的照顾，并在他的帮助下接受了中等教育。阿森尼乌斯向往隐修生活，于是成了修士。但他仍与尼西亚帝国权力阶层保持联系，因而在1250—1254年担任尼西亚正教会使节出使教皇，还曾被推举为耶路撒冷牧首候选人。在1254年成为牧首后，他为塞奥多利二世加冕，也忠实地拥护塞奥多利二世的政策。参见D. Angelov, *The Byzantine Hellene*: *The Life of Emperor Theodore Laskaris and Byzantium in the Thirteenth Century*, p. 150。

⑤ 在加冕时，他向牧首施压并违背了之前的许诺，和妻子一起抢在约翰四世前加冕。最后约翰四世也未被给予皇冠，只得到了一顶用宝石装饰的帽子。参见George Pachymeres, *Book One and Book Two of the Historia*, pp. 46, 49-50。在1261年夺回君士坦丁堡后，米哈伊尔八世在圣索菲亚大教堂接受了第二次加冕。参见R.Macrides, “The New Constantine and the New Constantinople-1261”, *BMGS*, 6(1980), p. 14。

⑥ George Pachymeres, *Book One and Book Two of the Historia*, p. 51. 但阿克罗颇利塔斯对此有不同的记载，参见George Akropolites, *The History*, pp. 351-352, 78。

⑦ George Pachymeres, *Book One and Book Two of the Historia*, pp. 62-63.

年他也是在尼姆法雍同热那亚人签订了条约。[①] 这份条约意在以热那亚人牵制和抵御君士坦丁堡的威尼斯人，从而减少尼西亚帝国收复君士坦丁堡的阻力。同时，米哈伊尔八世为争取热那亚人，还给予他们商业特权，这也奠定了之后热那亚在东地中海和黑海的商业帝国的基础，并导致了威尼斯和热那亚一直持续到拜占庭帝国灭亡的无休止冲突。[②] 因而，由上述可知，由于尼西亚皇帝们常居尼姆法雍并在此驻跸办公，该地随之也成为最高政治权力所在地。而随着尼西亚政府官员和神职人员前来辅助皇帝处理政治和教会事务，该地无疑也成为帝国的政治中心，是尼西亚帝国名副其实的“陪都”。

同时，还应注意，流亡时期尼西亚宫廷具有流动性。除“陪都”尼姆法雍外，上文提到的尼西亚城、费拉德尔菲亚、士麦拿和麦格尼西亚也都有皇宫，这说明皇帝也曾驻留这些地方。尼姆法雍与这些城市之间都有道路相通，因而它们都处于联动之中，这也便利了皇帝的往来。14 世纪，元代文人周伯琦在任监察御史时随御驾往返大都和上都。根据他的《扈从集》所载，罗新教授推断行走两城需 20 余天。[③] 而尼西亚帝国的首都与“陪都”间的距离要远小于元代的大都和上都，它们相距约 290 公里。在拥有充足马匹和给养的情况下，从一城抵达另一城需要 6—7 天。[④] 塞奥多利二世便经常沿着尼西亚城和尼姆法雍之间的主干道出行，他还描述了两城之间的具体路线。离开尼西亚城后，他先向西南前

---

① 关于尼西亚帝国与热那亚订约的背景、动机以及前期准备，参见 C. Hilsdale，“The Imperial Image at the End of Exile: The Byzantine Embroidered Silk in Genoa and the Treaty of Nymphaion (1261)”，pp. 158-159，n. 23；pp. 196-197；D. Geanakoplos，*Emperor Michael Palaeologus and the West*，pp. 85-87。该条约只有拉丁文版本保存下来，参见 D. Geanakoplos，*Byzantium: Church Society and Civilization Seen through Contemporary Eyes*，Chicago: University of Chicago Press，1984，pp. 288-292；M. Bartusis，*The Late Byzantine Army*，p. 39。侯罗博洛斯[Maximos Holobolos，约 1245 年至 1314(?)年]的《宫廷演说词》是唯一提及热那亚人积极同米哈伊尔八世接触的拜占庭史料。关于侯罗博洛斯记载的讨论，参见 R. Macrides，“The New Constantine and the New Constantinople-1261?” pp. 33-36。M. 安格德还分析了热那亚此前并未与尼西亚帝国建立贸易联系的原因，参见 M. Angold，*A Byzantine Government in Exile: Government and Society under the Laskarids of Nicaea，1204-1261*，p. 115。

② D. Nicol，*The Last Centuries of Byzantium，1261-1453*，p. 34.

③ 罗新：《从大都到上都》，北京：新星出版社，2018 年，第 12 页。

④ D. Angelov，*The Byzantine Hellene: The Life of Emperor Theodore Laskaris and Byzantium in the Thirteenth Century*，pp. 45-46.

往普鲁萨，再由此继续前行一直到阿波罗尼亚斯（Apollonias）湖[①]边的劳帕丁[②]（Lopadion）。然后，他从这里折向麦凯斯托斯（Makestos）河[③]，并沿河一路来到阿基拉乌斯[④]（Achyraous）要塞。接着他再南下，经喀拉莫斯[⑤]（Kalamos）和米提利昂[⑥]（Meteorion）要塞前往麦格尼西亚。最后，他由此地向南绕过希皮鲁斯山便到达了尼姆法雍。[⑦]

除了在这些有皇宫的城市驻留，尼西亚皇帝常因亲自率军出征作战，在很多情况下都是临时安营扎寨。从约翰三世开始，尼西亚皇帝们便常从尼姆法雍出发西征，或在西征后回到尼姆法雍。[⑧] 在离开尼姆法雍的行军过程中，他们常携带帐篷作为居所。如约翰三世出行时可能带有不计其数的马匹、马厩和帐篷。这位皇帝的帐篷里还曾安置了一顶系绳的“便携式帐篷”，可以在行军途中用作礼拜堂。[⑨] 根据斯库塔瑞奥提斯的记载，塞奥多利二世的帐篷规模也很大，并且配置极佳，可供长期居住。1256 年春，他在佩盖[⑩]（Pegai）附近搭起的帐篷中容纳了许多人，其中包括一些政府官员和神职人员。他在一封信中曾将自己狩猎的帐篷描述为“一顶超级小的帐篷”，并对目前简陋的住所和过去庞大且豪华的帐篷做了含蓄的对比。[⑪]

综上所述，尼西亚皇帝常定期前往尼姆法雍，该城也有宫殿等服务于皇帝办公和居住的建筑，再加上一些重大政治和宗教活动也在此举行，这都说明尼

---

① 今土耳其乌卢巴特（Apolyont）湖，位于该国西北部的布尔萨城附近。该湖由布尔萨省管辖，面积约 150 平方公里。

② 今土耳其乌卢巴特（Ulubat），是布尔萨省卡拉贾贝伊城（Karacabey）附近的一座小镇。

③ 今土耳其锡马夫河（Simav），其河道长约 321 公里，流域面积约 2.2 万平方公里。

④ 这一要塞俯瞰麦凯斯托斯河，位于今土耳其巴勒克希埃尔（Balıkesir）省首府巴勒克希埃尔附近。

⑤ 今土耳其盖伦倍（Gelembe），位于该国马尼萨省。

⑥ 难以弄清其准确地点，其东是与塞尔柱苏丹国的山区边界玛吉底亚（Magidia）。关于其地点的一种可能，参见 C. Foss, “Late Byzantine Fortifications in Lydia”, *JÖB* 28 (1979), pp. 302-303。

⑦ D. Angelov, *The Byzantine Hellene: The Life of Emperor Theodore Laskaris and Byzantium in the Thirteenth Century*, p. 46.

⑧ George Akropolites, *The History*, pp. 215-216, 40; 220-221, 41; 297-298, 60; 300-301, 61; 369-371, 84; George Pachymeres, *Book One and Book Two of the Historia*, pp. 51-52, 61-63.

⑨ R. Macrides, *George Akropolites, The History*, p. 309, n. 3.

⑩ 今土耳其比嘎（Biga），位于该国马尔马拉海地区的恰纳卡莱省（Çanakkale Province）。

⑪ D. Angelov, *The Byzantine Hellene: The Life of Emperor Theodore Laskaris and Byzantium in the Thirteenth Century*, p. 101.

姆法雍是尼西亚帝国的"陪都"。与此同时,这也在很大程度上削弱了首都尼西亚城的政治中心地位。但因尼西亚皇帝们无论在哪里称帝都需要到尼西亚城加冕,这一事实说明首都依旧具有重要的政治地位,其他城市也从未能超越它在帝国以及东地中海世界的政治影响力。因而,"陪都"并未完全取代首都,两者共存。同时通过尼姆法雍的"陪都"身份,我们也可窥探到流亡时期尼西亚帝国的两个新特征,即尼西亚宫廷或政府的流动性以及尼西亚帝国非单一政治中心的统治结构。至于为何出现"陪都",本书将在第二章做出回答。

三、阿克罗颇利塔斯《历史》中的尼姆法雍

尽管在塞奥多利二世的《尼西亚城颂》中,不仅尼西亚帝国没有哪座城市可以与尼西亚城媲美,在东地中海世界也难有可以与之比肩者,但阿克罗颇利塔斯的《历史》则提供了另一图景,在他笔下尼姆法雍是尼西亚帝国最为重要的城市。相比之下,尼西亚城则稍显逊色,它仅在塞奥多利一世统治时期有重要地位,之后便更多是作为尼西亚皇帝们的加冕地点被提及。[①] 毋庸置疑,《历史》不仅是关于尼西亚帝国也是关于"陪都"尼姆法雍最重要的史料。也正是在详细阅读这部史料的过程中,本书作者注意到尼西亚皇帝们有前往尼姆法雍过冬的习惯,并以此为中心形成了新的政治中心。通过阿克罗颇利塔斯的论述,还可以得知尼姆法雍在尼西亚帝国巩固政权、构建东部战略防御体系以及西征方面也有积极作用。

《历史》中关于尼姆法雍的章节如下。

1.第15节[②]

本节是阿克罗颇利塔斯首次提及尼姆法雍。在1211年秋冬的军事行动中,拉丁帝国皇帝亨利[③](Henry of Flanders,1206—1216年在位)在向小亚细亚

---

① George Akropolites, *The History*, pp. 117-118, 6; 119-120, 7; pp. 129-130, 9; pp. 277-278, 53; pp. 346-347, 77.

② George Akropolites, *The History*, pp. 148-149, 15.

③ 亨利是拉丁帝国最有为的皇帝。候尼亚迪斯对他赞赏有加,称他有英雄之力且体格非凡,其不顾一切的勇气也令人钦佩。参见 Niketas Choniatēs, *O City of Byzantium, Annals of Niketas Choniatēs*, pp. 330, 352-353。

用兵时曾深入尼姆法雍并在此地驻扎，这说明尼姆法雍很可能已经成为此时塞奥多利一世皇帝的一处居住地。①

正文：

我的论述再回到塞奥多利皇帝。据我所述，他和妻子安娜有三个女儿，分别是伊琳尼、玛利亚和尤多吉亚。在匈牙利国王②从耶路撒冷回来经过塞奥多利的土地时，塞奥多利把自己的二女儿玛利亚嫁给了这位国王的儿子。他还把大女儿伊琳尼嫁给了安德罗尼库斯·帕列奥列格，并授予后者专制君主头衔。不久，这位专制君主去世了，很多人说他死于性事。于是，皇帝又将伊琳尼嫁给了姓氏为瓦塔基斯的约翰·杜卡斯③。此人来自狄底莫泰孔④(Didymoteichon)，担任首席护卫一职。因为皇后安娜已过世，皇帝便娶了一位来自亚美尼亚的女人。⑤ 但当皇帝厌恶她时，便把她送回其奇里乞亚(Cilicia)的家乡。⑥ 他又娶了意大利人⑦的皇帝罗伯特⑧的妹妹，如我所说，罗伯特继承了其舅舅亨利的皇位。

这位亨利挑起了与塞奥多利皇帝之间的多次战争，使罗马人⑨的很多土地和城市都处于他的统治之下。因为他在战争中勇敢而富有激情，他看

---

① R. Macrides, *George Akropolites, The History*, pp. 151-152, n. 10. M. 安格德认为，塞奥多利一世在尼姆法雍建造了宫殿。参见 M. Angold, *Nicholas Mesarites: His Life and Works in Translation*, Liverpool: Liverpool University Press, 2017, pp. 238-239。

② 此为匈牙利国王安德鲁二世(Andrew Ⅱ，1205—1235 年在位)，他于 1217 年参加了第五次十字军东征(1217—1221)。1218 年，在从耶路撒冷回来的路上，他驻留尼西亚帝国，并与塞奥多利一世商定了他儿子贝拉四世(Béla Ⅳ，1235—1270 年在位)与玛利亚公主的婚事。

③ 即尼西亚帝国第二任皇帝约翰三世(John Ⅲ Vatatzes，1221—1254 年在位)。

④ 位于今希腊东北部东马其顿—色雷斯大区，是一座边陲小镇。

⑤ 关于这桩婚事的政治意义，参见 D. Korobeinikov, *Byzantium and the Turks in the Thirteenth Century*, p. 152。

⑥ 塞奥多利一世的这位妻子来自奇里乞亚的亚美尼亚王国(Cilician Armenia，1080—1375)。关于其具体身份，参见 A. Gardner, *The Lascarids of Nicaea, the Story of an Empire in Exile*, pp. 87-88; p. 88, n. 1; R. Macrides, *George Akropolites, The History*, pp. 150-151, n. 5。

⑦ 阿克罗颇利塔斯常用"意大利人""法兰克人"来指称 1204 年以后拜占庭帝国旧有领土内的拉丁人。

⑧ 罗伯特从 1221 年至 1228 年为拉丁帝国皇帝。他在位期间，拉丁帝国不仅彻底失去了对塞萨洛尼基的控制，还在普玛奈农(Poimanenon)战役中败于尼西亚帝国，使后者获得收复小亚细亚大片领土的机会。由于一场政治阴谋，他被逐出君士坦丁堡。在教皇的劝说下，他最终同意返回君士坦丁堡，但在归途中死于摩里亚。

⑨ 自始至 1453 年君士坦丁堡陷落，拜占庭人都自称罗马人。

到罗马人的锐气已经被压制，特别是从塞奥多利皇帝杀死苏丹时起。[1] 就是在那时，服役于塞奥多利的法兰克士兵被消灭了。塞奥多利皇帝甚至依靠他们与自己的臣民作战，连亨利皇帝也惧怕他们，这既是因为他们中的很多人凭自己的种族而闻名，也是因为他们那与生俱来的勇气。正如很多人所说，这便是为何亨利听闻皇帝的胜利后反而评论道：“拉斯卡利斯被击败了而不是胜利了。”无论如何，为了不过多地延伸叙述，我可以通过这一事例给出整个图景。亨利在远到尼姆法雍的地方扎寨，因为路上没有人，他便从那里折回。这既是因为他满足于自己的征服，也是因为他希望停战，毕竟拉丁人在战争中没多少耐力。于是，他同皇帝塞奥多利达成了协议。双方同意法兰克人占有整个基米纳斯(Kiminas)——这是阿基拉乌斯附近那座山的名字，以及阿基拉乌斯；喀拉莫斯(Kalamos)(喀拉莫斯是位于奈奥卡斯特拉军区[2]边界的一个村子)将保持无人居住状态；从那里开始到更远处的土地将由皇帝塞奥多利控制，这包括奈奥卡斯特拉和凯尔比阿农[3](Kelbianon)，科里阿拉(Chliara)和[4]帕加蒙(Pergamon)以及与它们毗邻的玛吉底亚[5]和奥普西吉亚[6](Opsikia)；而起自劳帕丁，包括普鲁萨和尼

---

① 此处指的是 1211 年尼西亚帝国与塞尔柱苏丹国之间的迈安德河畔的安条克(Antioch-on-the-Maeander)战役，后文中将对这场战役展开详细论述。

② 奈奥卡斯特拉(Neokastra)意为“新要塞”或“新堡垒”，位于色雷斯松军区以北，但难以确定其具体边界。关于奈奥卡斯特拉，参见 W. Ramsay, *The Historical Geography of Asia Minor*, p. 129。

③ 凯尔比阿农位于凯斯特罗斯河(Kaistros)即今土耳其小门德雷斯(Küçük Menderes)河上游。小门德雷斯河则位于伊兹密尔省的塞尔丘克附近，河道全长约 114 公里，最终注入爱琴海。

④ 今土耳其伊兹密尔省贝尔加马(Bergama)。塞奥多利二世在游历帕加蒙时创作了一首诗——《帕加蒙沉思》，详见 Theodore Ⅱ Laskarids, “Musing over the Pergamon”, in N. G. Wilson, *Scholars of Byzantium*, London: Duckworth, 1983, pp. 220-221。关于拜占庭时期帕加蒙的经济状况，参见 K. Rheidt, “The Urban Economy of Pergamon”, in A. Laiou et al., eds., *The Economic History of Byzantium from the Seventh Through the Fifteenth Century*, pp. 623-629。14 世纪伊本·白图泰游历帕加蒙时，该城已坍塌不堪，“其高山顶上有一巨大坚固的城堡”。参见[摩洛哥]伊本·白图泰，《伊本·白图泰游记》，第 180 页。

⑤ 也写作 Magedon，位于阿基拉乌斯和喀拉莫斯之间，在古代塞提(Saittai)附近。参见 R. Macrides, *George Akropolites*, *The History*, p. 153, n. 18。

⑥ 关于这一地点的考辨，参见 R. Macrides, *George Akropolites*, *The History*, p. 153, n. 18; C. Foss, “Late Byzantine fortifications in Lydia”, pp. 304-305。

西亚城在内的领土也归皇帝塞奥多利。[①] 皇帝塞奥多利便如此解决了问题。

2.第41节[②]

本节是阿克罗颇利塔斯首次提及尼西亚皇帝在尼姆法雍过冬。本节的背景是1242年夏秋约翰三世率军远征塞萨洛尼基。[③] 城将破之时，他接到儿子塞奥多利的消息称，蒙古人进攻并战胜了塞尔柱突厥人。于是，他转而同塞萨洛尼基统治者和解，并在1242—1243年冬天回到尼姆法雍。此时蒙古西征军对安纳托利亚高原的威胁仍旧存在，他们还于1243年6月26日在克塞山[④](Köse Dağ)击败了塞尔柱苏丹率领的联合军队。同年秋，约翰三世与落败的苏丹在特里波利斯会面，签署了一项条约，意在共同抗击蒙古人。因而，在蒙古来袭并且塞尔柱苏丹国被击败的背景下，约翰三世前往尼姆法雍可能并不仅是为了过冬，更可能是稳固东部防御，维护东部边界的安全。由此可见，尼姆法雍是帝国东部战略防御体系的重要组成部分。关于这一问题，本书将在第二章中进行详细的论述。此外，基于阿克罗颇利塔斯本节以及之后关于尼西亚皇帝们前往尼姆法雍过冬的记载，R. 玛库利德斯认为尼西亚帝国是在尼西亚城和尼姆法雍两地有皇家居所的“两中心帝国”。[⑤]

正文：

约翰皇帝来到东方。之后他在尼姆法雍过冬，这是他的习惯。从那里离开后，他前往兰普萨库斯[⑥](Lampsakos)地区度过夏季和秋季。但是当冬季来临时，他前往佩盖地区。路上他遭遇了一场大风暴，那场风暴始于

---

① 这是亨利与塞奥多利一世签署的一项条约，它在很大程度上阻隔了尼西亚帝国的南北疆域。后文将对此进行详细论述。

② George Akropolites, *The History*, pp. 220-221, 41.

③ 关于约翰三世这次远征时间的详细讨论，参见 D. Angelov, *The Byzantine Hellene: The Life of Emperor Theodore Laskaris and Byzantium in the Thirteenth Century*, p. 273, n. 29。

④ 克塞山位于今土耳其东北部，在埃尔津詹(Erzincan)和居米什哈内(Gümüşhane)之间，距锡瓦斯(Sivas)约60公里。

⑤ R. Macrides, *George Akropolites, The History*, p. 221, n. 2.

⑥ 今土耳其兰普塞基(Lapseki)，位于马尔马拉海的亚洲海岸，对岸即是加里波利[Gallipoli，今土耳其盖利博卢(Gelibolu)]，两者相距仅数公里。因而，从此地渡海前往欧洲极为便利，此地也因之具有了重要的战略价值和意义。流亡时期，尼西亚皇帝们多从此地离开小亚细亚，跨海前往巴尔干地区。

他驻扎在斯格莱尼[①](Sigrene)时。由于风雪来势汹汹和威力巨大,他遭受了两天的苦难,直到抵达佩盖城。很多男人和女人都死在路上,据那些计算过的人说,多达 300 人因不能抵抗风力而被大雪掩埋。经历此事的人说,他们对这样的冬天闻所未闻。我认为,那时是创世 6741 年(1232 年)12 月 18 日[②]。皇帝在佩盖城待了一天,直到风暴减弱他才前往尼姆法雍,并在那里待到春天来临。

如我们所说,当穆斯林的军队被鞑靼人[③](Tartars)摧毁时,一位名为伊阿萨提尼斯(Iathatines)的苏丹正在位统治。他是苏丹阿扎提尼斯[④](Azatines)的儿子,虽生为好君主之子,他却是位坏君主。因为他纵情于饮酒和淫乱,沉迷于奇怪和反常的性事,还总是与那些没有理性或人性的人在一起。他的父亲并不这样,尽管也放纵,但并不经常。正因如此,与之前的苏丹相比,阿扎提尼斯是位更出色的将军,他还对约翰皇帝十分友好。但伊阿萨提尼斯满足于自己喜爱的事物,因而同鞑靼人开战,结果被打败。

由于处境艰难,他遣使约翰皇帝,希望从皇帝那里获得最好的建议,以使他可以击退敌人,多少缓解一下压力。他称这对双方来说都是救赎,因为如果鞑靼人击败了穆斯林,那么进入罗马人领土的通道将会向敌人敞开。这当然千真万确。

约翰皇帝十分精熟这类事情,他很高兴地欢迎了使节,并选择同苏丹结盟,如此一来可能会避开敌人。像这样两位伟大君主的联手很可能会使敌人感到恐惧,因为后者的目标是一个对手,却发现自己马上要与两个对手作战。因而,在做好充足的准备后,约翰皇帝和伊阿萨提尼斯苏丹在迈安德河流经的特里波利斯城会面。苏丹的人马临时架起一座木桥,便于那

---

① 斯格莱尼位于佩盖以西、兰普萨库斯以东。关于其位置,参见 R. Macrides, *George Akropolites, The History*, p. 221, n. 3; W. Ramsay, *The Historical Geography of Asia Minor*, p. 162。

② R. 玛库利德斯认为阿克罗颇利塔斯给出的时间有误,正确的时间应该是 1242 年,参见 R. Macrides, *George Akropolites, The History*, p. 221, n. 4。

③ 此处泛指蒙古人。关于 13 世纪欧洲人游记中的蒙古人形象,参见刘迪南:《13 世纪至 14 世纪欧洲人游记中的蒙古人形象》,《西北民族大学学报》(哲学社会科学版)2011 年第 5 期。

④ 伊阿萨提尼斯是苏丹凯霍斯劳二世(Kaykhusraw Ⅱ,1237—1245/1246 年在位),阿扎提尼斯则为凯库巴德一世(Kayqubad I,1220—1237 年在位)。

些有意愿的人过河。两位君主以十分友好地方式欢迎对方，他们各自的要人也都如此。他们还牢固地确保了之前达成的协议，这样便可联手抗敌。他们分开后，皇帝回到费拉德尔菲亚，苏丹则前往他的首都伊科尼乌姆[伊科尼亚人(Iconians)的城市]。之后，双方(塞尔柱苏丹国和蒙古军队)停止敌对状态。鞑靼军队闭门不出，没有按照惯例采取进一步的行动。鞑靼人也在忙于自己的事务。

3. 第47节[①]

本节的背景是1246年约翰三世御驾西征，他终于攻下拜占庭帝国第二大城市塞萨洛尼基，这是一项重要的成就。与此同时，他也收复了西部的一些领土，从而离收复君士坦丁堡的目标越来越近。对西部新征服的领土做出妥善安排后，尽管已到12月，冬季已来临，但他还是急速回到小亚细亚，赶往尼姆法雍过冬。而冬天一过，约翰三世便开启了新一轮的军事行动，其目标是前去收复被拉丁人占领的祖卢罗斯[②]和比兹耶[③](Bizye)。因而，有理由认为约翰三世在尼姆法雍谋划了进一步的军事计划，同时也确保了东部边界无战事发生。

正文：

约翰皇帝在尼姆法雍地区过冬，但是春天来临时他离开了那里，这是他的习惯。因为已同外邻停战，他便决定进攻君士坦丁堡周围被拉丁人占领的地区，我指的是祖卢罗斯和比兹耶。因为他也观察到拉丁人的统治十分虚弱，所以跨过赫勒斯滂后，他首先来到祖卢罗斯。城里有皇帝的妻妹尤多吉亚，此人在其皇后姐姐和皇帝姐夫的意愿下嫁给了卡海乌的安瑟姆[④](Anselm of Cahieu)。然而，安瑟姆并没有坚守在城里，因为在得知皇帝到来后他把妻子尤多吉亚留下，并给了她一支适当的戍卫部队，他自己则撤退了。他认为，皇帝因为尤多吉亚的关系不会围攻该城。但皇帝基本

---

① George Akropolites, *The History*, p. 245, 47.

② 今土耳其其城市乔尔卢(Çorlu)，位于该国西北部的泰基尔达(Tekirdağ)省。

③ 亦写作Vizye，今土耳其维泽(Vize)，位于该国西北部的克尔克拉雷利省(Kırklareli)。

④ 关于卡海乌的安瑟姆的确切身份，参见R. Macrides, *George Akropolites, The History*, pp. 177-178。

不考虑这些，他在该城附近驻扎，并竖起攻城塔和用于摧毁城内防御工事的机械，不几天便将该城拿下。他给了他的妻妹一匹马，把她送往君士坦丁堡。他还释放了所有守城的人，这些人都是步兵。他也派出一支军队迅速地占领了比兹耶，并把该城也纳入他的统治范围。

4.第48节①

本节关于尼西亚军队攻取罗德岛的记载具有重要价值，这一事件发生的时间可能是在1249年。在叙及为罗德岛战争做准备时，阿克罗颇利塔斯提到约翰三世到达了尼姆法雍。随后，皇帝安排在士麦拿配置舰队，还用书信通知他的将官如何排兵布阵。尼姆法雍离尼西亚帝国时期的重要港口士麦拿不到30公里，因而坐镇尼姆法雍也便于尼西亚皇帝们谋划和指挥海战。

正文：

大约在这时，热那亚人于夜间偷偷占领了罗德城②(Rodos)。这是因为约翰·嘎巴拉斯与约翰皇帝一同在尼科米底亚③(Nicomedia)地区进攻君士坦丁堡的拉丁人，此人在其兄长凯撒④(*caesar*)利奥过世后成了罗德岛的新主人。因而，皇帝立刻派出“持杯者”(*epi tou kerasmatos*)约翰·坎塔库泽尼，此人被授予色雷斯松军区将军一职。他带着善用武器且数量适中的士兵登岛，试图占领岛上被称作菲莱利莫斯⑤(Philéremos)的要塞。随后，他竭尽全力同热那亚人开战。

一支精良的尼西亚部队前来支援时，他正驻扎在城镇附近并已将热那亚人困在了城内。但因为热那亚人有持久的食物供给，他并没有对他们造成伤害。这些热那亚人早已发现罗德岛人军需供给充足，因此他们不缺任何生活必需品。他们还与岛上的女人睡觉，但不包括那些因年老或长相丑

---

① George Akropolites, *The History*, pp. 246-247, 48.

② 罗德城是罗德岛最大城市，罗德岛今属希腊。

③ 今土耳其伊兹米特(İzmit)，位于该国西北部，为科贾埃利(Kocaeli)省首府。

④ “恺撒”和“持杯者”均为拜占庭宫廷头衔，它们在拜占庭晚期的宫廷头衔序列中分列第三位和第十四位。参见R. Macrides, J. Munitiz and D. Angelov, trans., comment and study, *Pseudo-Kodiros and the Constantinopolitan Court: Offices and Ceremonies*, Appendix, Table Ⅳ.

⑤ 菲莱利莫斯位于罗德城西南5公里处，参见R. Macrides, *George Akropolites, The History*, p. 248, n. 6。

随而被他们驱逐的女人。如果下面的事情不发生，以约翰·坎塔库泽尼的持续围攻，再加上其重兵器的威力，罗德城将很快处于罗马人的统治之下，因为摩里亚大公维勒哈杜因的威廉[①]正驶向叙利亚，支援那些已前往该地的法兰克人。他还带着载有重装骑兵的三桅船来到了罗德岛岸边，同岛上的热那亚人达成协议后，给他们留下了大约100位尊贵且有能力的骑兵。这迫使罗马人不再围城而是撤兵，屈居于菲莱利莫斯。随后，大公留下的那些骑兵离开了城里的热那亚步兵，继续航行并洗劫了整个乡野。因为热那亚人有适于劫掠的快速战舰[②]（*dromons*）和其他船只，他们便为自己获得了很多生活必需品，这使得罗马人缺吃少穿。

约翰皇帝已到达尼姆法雍，并在士麦拿准备了一支善战的舰队。他还安排可载马的三桅船前来运送300匹马，并任命拥有“首尊者”[③]（protosebastos）头衔的塞奥多利·康托斯泰法努斯（Theodore Kontostephanos）为指挥官。皇帝在用书信指示他应该如何安排和指挥战争以及在哪里和何时作战后派他出发，希望他们能够取得成功。随后，“首尊者”塞奥多利带着三桅船出海，到达了罗德岛。他按照皇帝的命令行事，击溃了拉丁人。尼西亚军队遇到了在城外洗劫的拉丁人，因为“持杯者”约翰·坎塔库泽尼下令不留一人，他们便杀死了所有拉丁人。

法兰克骑士以这种方式被皇帝的审慎摧毁了。然而，留在罗德城里的热那亚步兵则坚持守城，并与城外的人作战。但因没有兵力持久守城，他们便前来讲和。他们把城镇交给了罗马人，自己也来到皇帝面前。根据新订立的条约，他们受到了皇帝的仁慈对待。这样，罗德岛便再次处于罗马人的统治之下。事情如此发展。

---

① 此处指的是维勒哈杜因的威廉（William of Villehardouin，1246—1278年在位）。威廉是摩里亚第二任大公杰弗里一世（Geoffrey of Villehardouin，约1209年至1229年在位）的儿子。阿克罗颇利塔斯称“他（威廉）的前牙很大并且从牙龈中突出来”，在1259年的佩拉格尼亚战役中，尼西亚士兵正是根据这一特征辨认出了藏在稻草堆下的威廉并将其抓获。参见George Akropolites, *The History*, p. 361。

② 关于快速战舰在拜占庭帝国的使用情况，参见陈志强：《拜占廷主力战船“德龙猛”》，《海洋史研究》2017年第1期。

③ “自尊者”在拜占庭晚期的头衔序列中位列第十三，参见R.Macrides, J.Munitiz and D.Angelov, trans., comment and study, *Pseudo-Kodiros and the Constantinopolitan Court: Offices and Ceremonies*, Appendix, Table Ⅳ。

5.第52节[1]

本节在叙及约翰三世生病以及去世的过程中，提到他病重后试图前往尼姆法雍。他在1254年4月前后抵达尼姆法雍，举行了凯旋式，并选择在此地离世。这可见该城对于尼西亚皇帝别具意义。

正文：

当约翰皇帝到达东部时，那一年已经过完了。他再次来到尼西亚城，这是比提尼亚的首府。此时已是岁末，2月即将结束，一天晚上皇帝坐在床上，夜渐深，他突然变得哑口无言，向前扑倒在床上，从那时起他再也无法说话。医生的医术为他提供了帮助，他们划拉他的双腿，把大戟汁液涂在那些划痕上，并做了他们力所能及的其他事情。但是那晚，也就是第二天晚上，皇帝都毫无声息地躺在床上。他得了中风，病情严重到使他瘫痪和无言。无论如何，他呼吸困难，尽管再次恢复知觉，但他的面色大有改变。随后，他意欲在圣枝主日之前抵达尼姆法雍，这时皇帝按惯例要举行凯旋式。因此，他加快速度，到达了尼姆法雍，并在那里举行了圣枝主日凯旋式，还庆祝了复活节[2](The Day of Resurrection)。

从那时起，他便一直居住在那里，并且每隔几天就被病痛折磨得筋疲力尽。有时在宫中，他会沉默地俯卧在床上，然而其他时候他也会疾病缠身，当他骑马前行时，那些伴他左右的人会抱住他并保护他一段时间，以免让人知道。恢复知觉后，他慢慢地回到宫中。有时，他会被随从抬进宫里。但病情加重时，他的身体变弱，他发病也越来越频繁。他的身体日益衰弱，更为危险的是他日渐消瘦。

从那时起，医生对他的疾病束手无策。皇帝希望前往士麦拿敬拜耶稣，祈祷并获得耶稣的怜悯，进而得到一丝缓解。到达那里后，他这样做了，但病痛丝毫没有缓解。他停留在佩利科里斯特拉地区——这是士麦拿附近的一个地方，因被很多泉水浇灌而得名，在此地他感到更大也是更严

① George Akropolites, *The History*, pp. 270-271, 52.

② 1254年圣枝主日和复活节的确切日期是4月5日和4月12日。参见R.Macrides, *George Akropolites, The History*, p. 273, n.5。

重的痛苦。离开那里后，他情况糟糕地回到了尼姆法雍。他没有前往皇宫，而是在皇宫附近的皇家花园里搭起皇家营帐。他就是在那里去世，在11月朔日后的第三天，[①]享年62岁(据那些十分了解他的人说)。在在位的33年里，他统治得非常好，也很尊贵，因为他是一个温和的人，总是心怀怜悯。但他对自己的臣民却很少施以恩赐，对外国人特别是那些使节则很慷慨，为的是得到他们的赞扬。他的妻子伊琳尼皇后去世后，他便沉迷于女色。他公开地与各式各样的女人发生关系，但最终被那位来自意大利的女人彻底搅乱了心智。此人是他的德意志妻子安娜皇后的侍女也是对手，名叫玛柴丝娜[②](Marchesina)。他是如此依赖这位情人，以至于让她穿红色的鞋子，佩戴同样颜色的马鞍和缰绳，还给了她多于真正皇后的护卫。他还做了其他一些事情，成了她欲望的奴隶。在战争中，皇帝长于忍耐和毅力。因为害怕战神阿瑞斯的多变，他不喜欢近距离肉搏战，他也重视与此相关的不确定性。但通过锻炼耐性，他在敌人的土地上度过春天和夏天并一直持续到秋末，甚至有时是冬天从而取得了胜利，因为敌人已被他的顽固和倔强拖得筋疲力尽。

之后，约翰皇帝去世，他把帝国留给了他的儿子塞奥多利二世。塞奥多利二世行将34岁。他的年龄与他父亲的统治年限一样，因为他的出生可能与他父亲称帝的时间吻合。所有罗马人，特别是那些兵将和宫中之人，都希望自己可以从新皇帝那里获得很多好处。如果塞奥多利的父亲使人沮丧，或他们的金钱和财产曾被剥夺，那么他们就希望从这些不幸中解脱出来。无论如何，每个人都希望如此。他们之所以幻想这些，是因为塞奥多利年轻，也很有魅力，他温和地对待朋友，还与遇到的人谈笑风生(这些都是骗人的，是虚假的)。但是他们没有达到目标，如谚语所说，“他们的

---

① 约翰三世去世的确切日期可能是1254年11月3日，详见R. Macrides, *George Akropolites, The History*, p. 274, n. 12。

② 布莱米迪斯非常讨厌玛柴斯娜，与她有过正面冲突。他也称皇帝“尤为喜爱玛柴丝娜，并使其凌驾于他人之上，地位甚至超过了皇后”，因而她是“皇后的竞争者”。当布莱米迪斯在圣格里高利·萨玛特高斯(St. Gregory Thaumaturgos)修道院主持礼拜仪式时，玛柴丝娜带着大量随从聒噪而来并要进入修道院，但布莱米迪斯坚决不让她进入，还将她驱离。参见Nikephoros Blemmydes, *A Partial Account*, I, pp. 83-85, 70-72。之后，布莱米迪斯还为此专门写了一封公开信述及了事情的经过，参见Nikephoros Blemmydes, “An Open Letter”, in *A Partial Account*, Appendices, pp. 139-144。

财富变成了煤堆”。塞奥多利对臣民很不好，以至于他们都称他的父亲也就是前皇帝为圣人。如果有人在塞奥多利的手下经历不幸，他希望自己先于约翰三世离开人世，还期盼结束生命，泯然众人矣。

6.第 53 节[①]

本节提到约翰三世在尼姆法雍去世后，塞奥多利二世选择在该城称帝。这说明尼姆法雍的重要地位得到了延续和加强。同时，还应注意，本节提到塞奥多利二世是在尼西亚城加冕，加上米哈伊尔八世也是前往尼西亚城加冕，[②]这也说明尼西亚城并未因“陪都”的出现完全失去其政治地位。

正文：

塞奥多利以这种方式获得了皇位，在已按规定为先皇筹办了葬礼并按习俗坐在盾牌上被所有人欢呼为帝后，他离开尼姆法雍，去了费拉德尔菲亚。这是一座人口众多的大城，其居民擅长作战，还特别精于箭术。因为该城坐落于波斯人[③]的边界，这里的居民经常同敌人交手，对战争也十分熟悉。他在那里停留不久，但这段时间足够他遣使苏丹。之后，他前往比提尼亚地区以及这一地区的首府尼西亚城。

因为教会没有牧首（牧首曼努埃尔[④]已在约翰三世去世前不久辞世），首要之事便是选举新牧首，这样他就可以在圣所为皇帝加冕。因而，时下急需找到合适的人选。很多人支持尼基弗鲁斯·布莱米迪斯，他是教授我哲学原理和学说的老师，此人从年轻时就选择了隐士生活，并因知识和品性而知名。尽管很多人特别是一些显赫之人对他有恶意，他们不仅阻止他的品性和美德变得明显，甚至还把很多邪恶都归于他。但他同皇帝关系很好，受到皇帝的

---

① George Akropolites, *The History*, pp. 277-278, 53.

② George Akropolites, *The History*, pp. 346-347, 77. 关于米哈伊尔八世称帝的地点，后世学者多依据帕西米尔斯的记载，认为是麦格尼西亚，参见 R. Macrides, *George Akropolites*, *The History*, p. 348, n. 4。但 D. 安格洛夫称却称是尼姆法雍，不知是不是笔误所致。参见 D. Angelov, *The Byzantine Hellene*: *The Life of Emperor Theodore Laskaris and Byzantium in the Thirteenth Century*, p. 218.

③ 此处指的是塞尔柱突厥人。

④ 即牧首曼努埃尔二世(Manuel II,1243—1254 年在位)。阿克罗颇利塔斯和布莱米迪斯对这位牧首的评价都不高。其中，阿克罗颇利塔斯称他不识字，也没有能力理解他所阅读的内容。参见 George Akropolites, *The History*, p. 268, 51。布莱米迪斯在叙述自己创作的布道词被他误解时，认为他是一位徒有神圣名望的肤浅之人，参见 Nikephoros Blemmydes, *A Partial Account*, II, p. 129。

喜爱。皇帝也称他为自己的哲学老师，并对此引以为豪。然而，察觉到皇帝的性格后，布莱米迪斯十分不愿担任牧首。皇帝并未尽力促成此事，他可能并不希望布莱米迪斯接受这一职位，因为统治者都希望牧首顺从和温和，能十分轻易地屈从于他们的意愿，就像这是命令一样。这是发生在笨拙之人身上的事情，因为他们在学识上不自信。有学识的人则会不屈不挠，反对皇帝的敕令。[①]

因而，在稍事思量后，皇帝出于上述原因另选他人。但他对很多人都不满意，于是得知在阿波罗尼亚斯湖边有一位名为阿森尼乌斯的修士后，他派人尽快前去将其接来。此人识字不多(他仅仅接受了初等教育)，也没有被授予圣职。阿森尼乌斯来了，因塞奥多利急于离开尼西亚城，他便令主教们尽快选举阿森尼乌斯为牧首。他们照此行事，在一天内先后使他为执事(Deacon)、司祭(Priest)和牧首。[②]

7.第60节[③]

本节提到塞奥多利二世登基后，他于1255—1256年发动了第一次保加利亚战争并取得了一些战绩。在回到小亚细亚做出封赏后，他于1256年冬抵达尼姆法雍。而接下来的第61节[④]则提到过完冬后塞奥多利二世接着发动了第二次保加利亚战争。因而，过冬期间皇帝应该对新的军事行动做出了部署，并

① 在《自传》中，布莱米迪斯称塞奥多利二世坚持任命他为牧首，教会会议也支持皇帝的意见，但他拒绝了这一职位。他随后提到皇帝在三天内使阿森尼乌斯成为牧首。参见 Nikephoros Blemmydes, *A Partial Account*, I, pp. 85-89。

② 围绕阿森尼乌斯当选牧首，在当时就已有诸多争论，尤其是在他第一次卸职时。其中，备受质疑的是他当选牧首的过程是否合乎教规。为反对米哈伊尔八世1259年不顾誓约先于小皇帝加冕，阿森尼乌斯愤然离职。此时，那些反对者便以其选举不合规来否定其成为牧首的合法性。参见 George Pachymeres, *Book One and Book Two of the Historia*, pp. 54-57。但对于阿森尼乌斯的支持者而言，他们则持有完全不同的看法。他们认为这次选举不仅合规，而且是神的旨意。他们提到当时有四位候选人，分别是布莱米迪斯、以弗所都主教尼基弗鲁斯、叟桑德拉修道院院长基多尼斯(Ioannikios Kydones)以及修士阿森尼乌斯。在难以抉择的情况下，塞奥多利二世试图通过《圣经》进行占卜。在一次彻夜祷告后，日出时分每位候选人的《福音书》被随机翻开，以决定谁是最佳人选。其中，阿森尼乌斯的页面内容即“他(指耶稣)和他的门徒们”(《约翰福音》第18章第1节)对他最有利，因而赢得了选举。参见 D. Angelov, *The Byzantine Hellene: The Life of Emperor Theodore Laskaris and Byzantium in the Thirteenth Century*, pp. 150-151。

③ George Akropolites, *The History*, pp. 297-298, 60.

④ George Akropolites, *The History*, pp. 300-301, 61.

且因皇帝居住在此，一些政令也必从这里发出，尼姆法雍无疑是帝国最高政治权力所在地。

正文：

他（塞奥多利二世）在那里停留两天，洗劫了瓦特库尼昂（Vatkounion）村后，再次回到亚德里亚堡[①]（Adrianople），并从那里前往狄底莫泰孔。他在此任命了他称为“首尊者”的曼努埃尔·拉斯卡利斯——此人对指挥作战几乎一窍不通，以及之前提到的君士坦丁·马伽利提斯（Constantine Margarites）两人为将军。后者农民出身，仅靠大麦和麸糠生活，只懂如何咕噜。他来自奈奥卡斯特拉军区并在该军区军队中位列第一等级，之后成为军队指挥官（*tzaousios*）。因为他向约翰皇帝展示了自己是有能力之人，能在皇宫中为其服务，皇帝便从那里将他带走，并擢升他为随军军队指挥官，之后还封他为首席随军军队指挥官。塞奥多利皇帝也让他成了自己的随军总管（这在他之前的人身上从未发生过），还称他为大总管。皇帝留下他们连同其他一些将军守卫领土，也留给他们一支适于作战的军队，但命令他们不要同敌人开战。如果敌人在斯基泰人[②]的帮助下进攻他们——流言称是这样，以及敌人若劫掠这一地区他们都应按兵不动，因为他们有来自强大的狄底莫泰孔和希伯鲁斯[③]（Hebros）河的保护，也是他命令他们驻扎在这两个地区之间。但若是一小撮兵力侵入这一地区，他们应该勇敢地出击。

以这种方式对这些事情做出安排后，皇帝渡过赫勒斯滂，在兰普萨库斯安营扎寨并封授官衔，他最喜爱的军队总司令（megas domestikos）乔治·穆扎伦被擢升为“首尊者”、内侍长以及军需总管（*megas stratopedarches*），乔

---

① 今土耳其西部埃迪尔内省首府埃迪尔内，靠近土耳其与希腊和保加利亚的边界。1369—1453年，它曾是奥斯曼土耳其帝国首都。

② 此处指库曼人（Cumans）。库曼人为斯基泰人（Scythians）的一支，在13世纪东地中海世界比较有影响力。他们曾受雇于多方势力，并在很大程度上成为战争取胜的关键。如在1205年的亚德里亚堡战役中，相较于拉丁军队而言，他们轻装上阵且更为灵活，保加利亚君主便是在他们的帮助下大获全胜。参见 George Akropolites, *The History*, pp. 139-141, 13。

③ 今马里查（Maritsa）河，发源于保加利亚西南部，全长约480公里，在流经土耳其、希腊边境后最终注入爱琴海。

治的弟弟首席护卫安德罗尼库斯则被任命为军队总司令，皇宫侍卫长约翰·安格洛斯被封为首席将军（*protostrator*）。这三个可怜的人可以说是不值一文，在幼稚的消遣及铙钹的歌声和乐曲中长大，荷马的诗句“口齿不清，脚步敏捷，舞技一流”十分适合他们。他还晋升卡利阿尼特斯（Karyanites）为首席护卫。在这些幼稚的游戏中，我也不情愿地被忒弥斯[①]（Themis）俘获，并且是被迫的。我本不该如此，但也同那些游戏者一起成了不幸的玩物，因为皇帝也更改了我的名字，[②]他不允许阿克罗颇利塔斯被没有任何称呼地喊叫。

事情就这样发生了。我之所以十分详细地叙述是为了澄清后面的事情。皇帝为了这些事情在兰普萨库斯停留了一段时间，在庆祝完耶稣基督的节日，即圣诞节以及主显日（Lights，Epiphany）不久后，[③]他便到达了尼姆法雍。

8.第 84 节[④]

本节提到 1260—1261 年冬米哈伊尔八世前往尼姆法雍，并在此地派阿克罗颇利塔斯出使保加利亚，而后者在执行完外交任务后又回到了尼姆法雍，这说明政府官员也常跟随皇帝居住在此地。此外，据本节内容可知，米哈伊尔八世过完冬后要前往附近的科利邹麦尼（Klyzomene），这便为了解尼姆法雍周边的自然地理条件提供了重要信息。

正文：

跨过赫勒斯滂后，皇帝（米哈伊尔八世）到达了佩盖地区并驻扎在那里。[⑤] 因为夏秋都已过去，他离开那些地方后到达尼姆法雍，这是皇帝们被

---

① 古希腊神话人物，泰坦神之一，象征法律和正义。

② 阿克罗颇利塔斯此时被塞奥多利二世封为首席大臣（Megas Logothetes）。参见 R. Macrides, *George Akropolites*, *The History*, p. 300, n.14。

③ 这里提到的圣诞节和主显日的确切时间是在 1255 年 12 月 25 日和 1256 年 1 月 6 日。参见 R. Macrides, *George Akropolites*, *The History*, p. 300, n. 14。

④ George Akropolites, *The History*, pp. 369-371, 84.

⑤ 相较于阿克罗颇利塔斯，帕西米尔斯对米哈伊尔八世夺权过程的记载更为详细，参见 George Pachymeres, *Book One and Book Two of the Historia*, pp. 17-38, 43-51, 63, 82。

逐出君士坦丁堡后消遣的惯常去处。他派我出使保加利亚君主君士坦丁[①]。我前去同这位君主待了一段时间,那时基督的节日即圣诞节和施洗日到来了。在基督施洗日,保加利亚君主会举行特别隆重的庆祝仪式,君士坦丁也让我跟他们在一起观看了这些仪式。

执行完任务后,我离开了特尔诺沃,前往皇帝那里,那时皇帝正在尼姆法雍。皇帝在那里过冬,并在春季来临庆祝完复活节后离开尼姆法雍。在弗莱比亚(Phlebia)待了许多天后,他前往一个事实上被称为科利邹麦尼的地方并驻扎在那里,因为离开尼姆法雍后皇帝们也习惯在那里度过春天的大部分时光。这里整个都是平原,可为很多马匹提供充足的牧草。它也被河流浇灌,周围还有很多村庄和城市,可以提供充足的生活必需品。

皇帝正在那里时,首席大贵族托尼克斯(Tornikes)从尼西亚城前来,他那关于前牧首阿森尼乌斯的报告使皇帝很烦恼。现今牧首职位空缺,从以弗所主教成为牧首的尼基弗鲁斯在任上不到一年便离开了人世。塞奥多利二世曾推选阿森尼乌斯为牧首。此人在语言和行为上都极为木讷。无论是他的教育还是他的本性,都没有什么值得称颂的。另外,他的性格还让人讨厌。他行事执拗,极易心生仇恨,也很难跟人做朋友。他还常怀有恶意,这恶意如影随形。在皇帝统治初期,他赞同所有人的所作所为,并对皇帝怀有好感。但在为皇帝加冕后,他迅即大变,对皇帝不满,还成了萨迪斯的安德罗尼库斯和塞萨洛尼基的曼努埃尔的同党,后者也被称作奥普萨拉斯[②](Opsaras)。就在皇帝准备攻打君士坦丁堡并在该城附近驻扎时,费拉德尔菲亚的伊奥尼吉奥斯(Ioannikios)给萨迪斯都主教穿上了修士的长袍。这位都主教常因前往自己的故乡帕夫拉高尼亚而使皇帝厌烦。皇帝完全知晓此人狡猾,不允许他到那些地方,因为他的目的是煽动帕夫拉

① 即君士坦丁·提奇(Constantin Tih,1257—1277年在位)。他本是一位保加利亚贵族,因阿森(Asen)王室的男性继承人在争夺王位的残酷竞争中灭绝,他才获得了登基为王的机会。为了取得尼西亚皇帝对其政权的支持,他娶了塞奥多利二世的大女儿伊琳尼。在米哈伊尔八世篡夺了伊琳尼的弟弟即约翰四世的皇位并对约翰四世施加迫害后,他便在伊琳尼的鼓动下与米哈伊尔八世为敌。关于君士坦丁·提奇与伊琳尼的婚事安排,参见George Akropolites, *The History*, pp. 334-336, 73。

② 意为“爱鱼的”。因为曼努埃尔喜爱鱼,他幼时的伙伴便给他起了这一绰号。参见R. Macrides, George Akropolites, *The History*, p. 374, n. 11。

高尼亚人反对皇帝。皇帝十分正确地告诫他：“你是被授予萨迪斯而不是帕夫拉高尼亚都主教一职，你应该满足于居住在萨迪斯地区，留在那里照看你的信众。”因此，意识到皇帝的意愿不可更改时，他无法做任何事情，只好选择了修道生活。而塞萨洛尼基的都主教曼努埃尔不情愿地离开了尼西亚城，居住在附近地区。牧首阿森尼乌斯也离开了，居住在一座小修道院中。他开始隐居，这便使他的离职生效，尽管不是以书面的形式。

结果是所有的主教在兰普萨库斯会面，经过全体投票和皇帝的命令，以弗所主教尼基弗鲁斯升任牧首。在言谈举止上，他最为纯洁和谦和，认识他的人都喜欢他。但是，如我之前所说，他担任牧首不足一年便去世。随后，首席大贵族托尼克斯（他同阿森尼乌斯交好，但我不知道他们有多好）迫使皇帝恢复阿森尼乌斯的牧首一职，他还描述了阿森尼乌斯施展的很多神迹和预兆。尽管一些有能力的人试图阻止此事，但它还是发生了。皇帝的善良和善行使他同意了首席大贵族的建议，并在阿森尼乌斯以书面形式声明自己将正确地思考和行事后再次使其成为牧首。

第三章　尼西亚帝国以尼姆法雍为"陪都"的原因

13世纪，尼西亚皇帝们择取尼姆法雍为"陪都"，首先与该地的自然地理条件有直接关系。但原因并不仅局限于此，实际上以尼姆法雍为"陪都"还是尼西亚皇帝们在东地中海世界复杂多元的政治环境中求生存、稳政权和谋发展的必然之举。

一、尼姆法雍的自然地理条件

在《历史》中，阿克罗颇利塔斯多次提及尼西亚皇帝们前往尼姆法雍的一个重要原因是过冬。因而，以尼姆法雍为"陪都"首先与该地冬季较为舒适的气候条件有关。

尼姆法雍临近小亚细亚西部的爱琴海沿岸地区，属典型的地中海气候。虽夏季炎热干燥，但冬季温和多雨，因而皇帝们在尼姆法雍过冬较为舒适惬意。至少从约翰三世开始，前往尼姆法雍过冬已成为惯例。他们一般会在尼姆法雍过冬，并在春天到来时离开。[①] 除非特殊情况，如塞奥多利二世曾在冬季的1月下旬和2月初待在尼西亚城，可能是为庆祝2月1日的圣特里丰节，[②]尼西亚皇

① George Akropolites, *The History*, p. 245, 47.

② D. Angelov, *The Byzantine Hellene: The Life of Emperor Theodore Laskaris and Byzantium in the Thirteenth Century*, pp. 100-101.

帝一般都在冬天来临时赶回小亚细亚过冬。1246 年，在攻下塞萨洛尼基并做出妥善的军事安排后，"约翰三世加快了步伐"。于是，他回到了小亚细亚并前往尼姆法雍过冬。[①]而米哈伊尔八世在 1260 年从欧洲跨过赫勒斯滂回到佩盖城时，因为夏季和秋季都已过去，他也离开该城前往尼姆法雍，并在 1261 年春庆祝完复活节后才离开。[②] 在《历史》中，阿克罗颇利塔斯明确提到约翰三世在尼姆法雍度过 1241—1242 年、1242—1243 年与 1246—1247 年的冬天。[③] 此外，塞奥多利二世还给出了约翰三世 1253—1254 年冬也在尼姆法雍的信息。[④] 而塞奥多利二世和米哈伊尔八世则分别在 1255—1256 年冬与 1260—1261 年冬居住在尼姆法雍。[⑤] 阿克罗颇利塔斯因此评价称，"这里是皇帝们被逐出君士坦丁堡后消遣的惯常去处"[⑥]。

同样，还应注意，除气候因素外，尼姆法雍地处平原地带，土壤肥沃、水源充足，这便为农业发展提供了良好的自然条件。在写给米哈伊尔八世的《宫廷演说词》中，侯罗博洛斯便称赞了尼姆法雍的皇宫、适宜的气候、草地以及这一地区流淌的泉水。[⑦] 如前文所述，尼姆法雍皇宫外有大片农地，而尼姆法雍所在区域也是尼西亚帝国重要的农业区之一，这便为皇帝们在此地过冬提供了重要的物质基础。尼西亚皇帝们频繁前往尼姆法雍过冬，一般也会带着皇室家眷、宫廷官员和神职人员等。更重要的是，他们常在冬天结束后由尼姆法雍发起西

---

① George Akropolites, *The History*, pp. 241-242, 46; p. 245, 47.

② George Akropolites, *The History*, pp. 369-371, 84.

③ George Akropolites, *The History*, pp. 220-221, 41; p. 245, 47.

④ 1253 年深秋，约翰三世从巴尔干地区回到了小亚细亚。他在前往尼姆法雍过冬的路上遇到了皇子塞奥多利。参见 D. Angelov, *The Byzantine Hellene: The Life of Emperor Theodore Laskaris and Byzantium in the Thirteenth Century*, p. 293, n. 70; pp. 334, 352-353。

⑤ George Akropolites, *The History*, pp. 297-298, 60; pp. 300-301, 61; pp. 369-371, 84. 在尼姆法雍期间塞奥多利二世曾致信教皇亚历山大四世（Alexander Ⅳ，1254—1261 年在位），希望结束教会纷争，参见 D. Angelov, *The Byzantine Hellene: The Life of Emperor Theodore Laskaris and Byzantium in the Thirteenth Century*, p. 376。

⑥ George Akropolites, *The History*, pp. 369-371, 84.

⑦ 参见 S. Çağaptay, "How Western Is It? The Palace at Nymphaion and Its Architectural Setting", p. 361。关于迈安德河谷地带发展农业的条件，参见 P. Thonemann, *The Meander Valley: A Historical Geography from Antiquity to Byzantium*, Cambridge: Cambridge University Press, 2011, pp. 180-183。

征，或在西征后回到尼姆法雍过冬，[①]因而军队很有可能也随皇帝驻留此地。同时，尼西亚皇帝们也曾由尼姆法雍前往东部边界视察。[②] 在这种情况下，他们必定率领精兵强将，并且军队的规模可能也不会太小。这说明尼姆法雍不单是为皇帝同样也要为皇帝的这些随从人员提供生活物资。因而，尼姆法雍地区的农业便为此提供了重要的物质支撑，这也成为他们选择前往该地过冬的一个重要原因。时至今日，尽管今凯末尔帕夏（尼姆法雍）有较强的工业基础，但其东部和南部仍旧以农业为主，农业仍旧在其经济生活中占有重要地位。

此外，阿克罗颇利塔斯也提到尼西亚皇帝们习惯于在冬末离开尼姆法雍后，在附近的科利邹麦尼平原[③]建立皇家营地，度过春天的大部分时光。这里地处平原，而且有河流浇灌，因而可为马匹提供丰润而充足的牧草，是牧养马匹的理想之地。加上周围也有很多村庄和城市，还可以保证充足的生活必需品供应。[④] 因而在尼姆法雍度过漫长的冬天后，尼西亚皇帝们可以就近秣马厉兵，这便为军队顺利出征和有效作战提供了必要的后勤保障。

最后，尼西亚皇帝们之所以频繁前往尼姆法雍过冬，也与该城作为交通要冲的地理位置有关。尼姆法雍地处尼西亚帝国交通路线网的中心，不仅有道路与以弗所、士麦拿、麦格尼西亚、萨迪斯、费拉德尔菲亚等重要城市相通，还有道路通向尼西亚皇帝离开小亚细亚西征的重要出发点，即佩盖和兰普萨库斯。尼西亚皇帝们前往这些地区的惯常路线是，先由尼姆法雍前往帕加蒙或亚拉米顿[⑤]（Atramyttion），或是前往卡拉莫斯，再经它们到达兰普萨库斯，[⑥]若有必要，他们也可由此地再前往佩盖。[⑦] 因而，便利的交通既能保证尼西亚皇帝以尼姆

---

① George Akropolites, *The History*, pp. 215-216, 40; pp. 220-221, 41; pp. 297-298, 60; pp. 300-301, 61; pp. 369-371, 84. George Pachymeres, *Book One and Book Two of the Historia*, pp. 61-63.

② George Akropolites, *The History*, pp. 277-278, 53.

③ George Akropolites, *The History*, pp. 369-371, 84. 该地可能位于赫尔莫斯河支流科里欧斯（Kryos，今土耳其 Nif）河河谷，参见 D. Angelov, *The Byzantine Hellene: The Life of Emperor Theodore Laskaris and Byzantium in the Thirteenth Century*, p. 44。

④ George Akropolites, *The History*, pp. 369-371, 84.

⑤ 今土耳其巴勒克埃西尔（Balıkesir）省埃德雷米特（Edremit）。——译者注

⑥ M. Angold, *A Byzantine Government in Exile: Government and Society under the Laskarids of Nicaea, 1204-1261*, p. 112.

⑦ George Akropolites, *The History*, pp. 220-221, 41. 1242 年，约翰三世在尼姆法雍过完冬后，前往兰普萨库斯，冬天再次来临时他率军来到佩盖，可能是试图进攻君士坦丁堡。

法雍为中心管控其他城市和东部边界，保证政权的安全与稳定，也有助于他们顺利发起西征。

通过以上分析可知，尼姆法雍较为优越的自然地理条件使该地成为尼西亚皇帝们惯常的过冬去处，这是它成为“陪都”的前提和基础。但也应看到，阿克罗颇利塔斯的相关论述似乎还暗示，尼姆法雍具有优于首都尼西亚城的过冬条件。但据目前官方气象资料显示，今土耳其凯末尔帕夏(尼姆法雍)与伊兹尼克(尼西亚城)都属地中海气候，这两地的冬季温差远小于元代大都和上都的温差。尽管尼西亚帝国的首都和“陪都”与今伊兹尼克和凯末尔帕夏在时间上相距约800年，气温肯定会有所变化，但两城之间的温差应该变化不大。这说明尼姆法雍的过冬条件并非十分优于尼西亚城，过冬胜地只是尼西亚皇帝们以尼姆法雍为“陪都”的浅层次原因。他们之所以选择长途跋涉、舟车劳顿，带着大量随从和辎重频繁前往尼姆法雍，更重要的原因则在于此地有助于政权的稳固和发展。

二、尼西亚帝国立足小亚细亚、纵深发展的政治规划

“战乱时期是陪都制度发展的黄金时期，越是混乱的局势，越能造就多都制度的产生。”[①]尼西亚帝国的“陪都”也与失序的东地中海世界时局有重要关系，这也是尼西亚帝国针对新挑战做出的积极回应。立国之初，面临拉丁帝国东进和塞尔柱苏丹国西侵这两大威胁，尼西亚皇帝立足小亚细亚以谋求纵深发展。而在逐渐拓展腹地，扩大战略伸缩空间的同时，另寻更能加强腹地管理、统摄全局的政治中心便成为实现这一政治规划的必然要求。为了更好理解尼西亚帝国立足小亚细亚、纵深发展的政治规划，有必要先对拉丁帝国东进和塞尔柱苏丹国西侵做一详细分析。

(一)拉丁帝国东进

按照十字军与威尼斯人达成的分赃协议，拜占庭的亚洲领土部分基本归拉

---

① 丁海斌：《论中国古代的多京制》，《社会科学战线》2015年第8期。

丁皇帝鲍德温所有。[①] 甫一立国，鲍德温一世便对小亚细亚积极用兵，以加强对这一地区的实际控制。[②] 这对尚未在此地站稳脚跟的塞奥多利·拉斯卡利斯造成了直接而紧迫的威胁。

1204 年秋，鲍德温一世将尼西亚城分给了布卢瓦的路易[③](Louis of Blois，1172—1205)。[④] 于是，从 1204 年 11 月开始，拉丁军队兵分三路进军小亚细亚。其中，路易并未亲征尼西亚城，而是派出了臣属于他的布雷克的骑士彼得[⑤](Peter of Bracieux)。[⑥] 彼得先率军停靠在佩盖港口，并立即开始加强这一地区的防御工事，而且将此地作为其征服尼西亚城的基地。[⑦] 同年 12 月 6 日，他率军在普玛奈农[⑧](Poimanenon)附近与塞奥多利一世交战，后者兵败并失去了普玛奈农、劳帕丁和阿波罗尼亚斯[⑨](Appolonias)等要塞。[⑩] 另一支拉丁军队由鲍德温一世的弟弟亨利率领。他也于 1204 年 11 月前往小亚细亚，并在转年于亚拉米顿重创塞奥多利·拉斯卡利斯的兄长君士坦丁率领的尼西亚军队。[⑪] 第三

---

① 从尼西亚城经普鲁萨远到阿比多斯[Abydos，位于恰纳卡莱(Çanakkale 附近)]的地区都没有出现在分赃协议中，可能它们已被塞奥多利·拉斯卡利斯控制。关于没有出现在分赃协议中的一些重要城市，参见 D. Korobeinikov, *Byzantium and the Turks in the Thirteenth Century*, pp. 128-129。

② Niketas Choniatēs, *O City of Byzantium*, *Annals of Niketas Choniatēs*, pp. 330-331; Geoffrey of Villehardouin, “The Conquest of Constantinople”, pp. 108-112.

③ 布卢瓦的路易为法王路易七世(Louis Ⅶ，1137—1180 年在位)的外孙。1205 年，他跟随鲍德温一世和威尼斯总督丹多洛(Enrico Dandolo，1192—1205 年在位)出征亚德里亚堡。兵败后，他被杀，鲍德温一世被俘，只有丹德洛幸运地逃走了。参见 Geoffrey of Villehardouin, “The Conquest of Constantinople”, pp. 119-124; Niketas Choniatēs, *O City of Byzantium*, *Annals of Niketas Choniatēs*, pp. 337-339。

④ Geoffrey of Villehardouin, “The Conquest of Constantinople”, p. 108.

⑤ 布雷克的彼得在扎拉[Zara，今克罗地亚扎达尔(Iadar)]加入第四次东征的十字军。攻取君士坦丁堡后，他成为布鲁瓦路易的附庸，曾在小亚细亚和巴尔干地区率军作战，大约在 1210 年去世。

⑥ A. Gardner, *The Lascarids of Nicaea*, *the Story of an Empire in Exile*, p. 64.

⑦ Geoffrey of Villehardouin, “The Conquest of Constantinople”, p. 108; Niketas Choniatēs, *O City of Byzantium*, *Annals of Niketas Choniatēs*, p. 330.

⑧ 普玛奈农位于小亚细亚西北部。H. 玛古利亚斯(H. Magoulias)认为它可能位于阿芙尼提斯(Aphniti，也写作 Artynia)湖和格林尼库斯(Granikos)河以东。参见 H. Magoulias, *O City of Byzantium*, *Annals of Niketas Choniatēs*, p. 408, n. 1638。

⑨ 阿波罗尼亚斯位于今土耳其哈米迪耶(Hamidiye)和杜阿拉(Dualar)之间。

⑩ Geoffrey of Villehardouin, “The Conquest of Constantinople”, p. 111; Niketas Choniatēs, *O City of Byzantium*, *Annals of Niketas Choniatēs*, pp. 330-331.

⑪ Geoffrey of Villehardouin, “The Conquest of Constantinople”, pp. 111-112; Niketas Choniatēs, *O City of Byzantium*, *Annals of Niketas Choniatēs*, pp. 330-331. 塞奥多利·拉斯卡利斯之所以缺席此次作战，很可能是因为他此时正在塞尔柱苏丹国与再次登基的苏丹凯霍斯劳一世商谈，并最终签署了一份军事条约。参见 D. Korobeinikov, *Byzantium and the Turks in the Thirteenth Century*, pp. 54-55。

支拉丁军队则兵不血刃地夺取了尼科米底亚，并以此为基地同拜占庭人开战。[①]在这三支拉丁军队中，最具威胁的是第一支。它很快东进劳帕丁，并从那里前去攻打普鲁萨。此城若被攻破，通往尼西亚城的门户便被打开，首都将有失陷之虞。[②] 在拉丁军队包围普鲁萨后，普鲁萨人拒绝投降，并依靠其城墙防御工事坚守。[③] 值得注意的是，拉丁帝国的三支兵力都是进攻尼西亚城附近地区，加上此时塞奥多利一世在军事上处于劣势，这便使尼西亚城处于高危之中。然而，1205 年 4 月拉丁军队在亚德里亚堡被保加利亚军队击败，[④]鲍德温一世也在被俘后遇害，这对新生的拉丁帝国造成沉重打击，并在很大程度上限制了其对拜占庭在小亚细亚旧有领土的征服计划。为了增兵支援欧洲战事，彼得和亨利率领的拉丁军队先后回撤。[⑤] 这解了普鲁萨之围，也使塞奥多利一世获得了极为宝贵的喘息之机。但拉丁帝国最强势也最有作为的皇帝亨利继位后，[⑥]他先是积极处理巴尔干事务，接着重启了对小亚细亚的进攻。[⑦] 1211 年 7 月他先是在佩盖，[⑧]之后又于同年 10 月 15 日在普鲁萨附近的林恩达库斯[⑨](Rhyndakos)河

---

① Geoffrey of Villehardouin, “The Conquest of Constantinople”, p. 110.

② D. Korobeinikov, *Byzantium and the Turks in the Thirteenth Century*, p. 54.

③ Niketas Choniatēs, *O City of Byzantium*, *Annals of Niketas Choniatēs*, p. 331.

④ George Akropolites, *The History*, pp. 139-141, 13. 阿克罗颇利塔斯提到保加利亚君主卡洛扬(Kalojan,1197—1207 年在位)俘获了鲍德温一世并将其杀害，之后他将鲍德温一世的头盖骨洗净，周围加上装饰用作酒杯。参见 George Akropolites, *The History*, pp. 139-141, 13。对此，候尼亚迪斯有不同记载，他提到被砍断小腿和小臂的鲍德温一世被扔到峡谷中自生自灭，并在三天后死去。参见 Niketas Choniatēs, *O City of Byzantium*, *Annals of Niketas Choniatēs*, p. 353。

⑤ Geoffrey of Villehardouin, “The Conquest of Constantinople”, p. 127; Niketas Choniatēs, *O City of Byzantium*, *Annals of Niketas Choniatēs*, p. 340.

⑥ 候尼亚迪斯提到，直到确认了鲍德温一世的死讯后，拉丁帝国才决定另立新帝。所以，在亚德里亚堡战役一年四个月后，亨利才于 1206 年 8 月登基。参见 Niketas Choniatēs, *O City of Byzantium*, *Annals of Niketas Choniatēs*, pp. 352-353。在 1206 年 9 月写给他兄弟的一封信中，亨利称他接到了确认鲍德温一世已死的信息。参见 R. Macrides, *George Akropolites*, *The History*, p. 142, n. 10。尽管鲍德温一世已经离世，但是西方仍有很多关于他还活着的传说。其中一则在 1225 年流传，称他不仅活着，还回到了佛兰德斯。详情可见 R. Wolff, “Baldwin of Flanders and Hainaut, First Latin Emperor of Constantinople: His Life, Death, and Resurrection, 1172-1225”, pp. 294-301。

⑦ 关于 1205 年亚德里亚堡战役后至 1211 年前塞奥多利一世与亨利之间的交手与讲和，参见 Geoffrey of Villehardouin, “The Conquest of Constantinople”, pp. 147-156。

⑧ D. Korobeinikov, *Byzantium and the Turks in the Thirteenth Century*, p. 150.

⑨ 今土耳其穆斯塔法凯末尔帕夏(Mustafakemalpaşa)河，因位于该国乌卢巴特湖附近的同名城市而得名，最终注入马尔马拉海。

岸击败尼西亚军队。[①] 1212年1月13日，亨利在写给朋友的信件中宣称，他对塞奥多利一世取得了绝对性胜利。信末，他还自信地写道：“从今天开始（1211年10月15日），塞奥多拉·拉斯卡利斯已完全失去了军队……直至突厥人边境的居民都臣服于我们的帝国，除了那些我们坚信明年夏天将在上帝的帮助下使其投降的要塞。”[②]亨利不仅传达了拉丁帝国已从1205年亚德里亚堡战役惨败中恢复过来的信息，同时也宣告将继续对尼西亚帝国进行战略进攻。

1212年1月，亨利继续在小亚细亚西北部行军，还深入尼姆法雍，并在附近安营扎寨。[③] 根据阿克罗颇利塔斯的记载，亨利一方面满足于自己的战绩，另一方面也因为拉丁军队没有长时间作战的耐力，于是他无心长久对峙，遂与塞奥多利一世签署停战协定。[④] 在此之后，亨利率军回到了帕加蒙。[⑤] 从双方最终签署的条约可知，它一方面厘定了双方的疆域界线，维持权力平衡和相对安全的边界关系，[⑥]这便在很大程度上缓解了亨利登基以来给尼西亚帝国造成的防守压力；另一方面也使拉丁帝国占领了小亚细亚的大部分区域，并且两个政权的新边界线还隔断了尼西亚南北疆域之间的联系。于是，尼西亚帝国的尼西亚城、普鲁萨和劳帕丁等为数不多的北部城市，便与以弗所、士麦拿、麦格尼西亚

---

① D. Korobeinikov, *Byzantium and the Turks in the Thirteenth Century*, p. 150.

② G. Prinzing, “Der Brief Kaiser Heinrichs von Konstantinopel vom 13. Januar 1212”, *Byzantion* 43 (1973), pp. 416-417. 转引自 M. Angold, *The Fourth Crusade: Event and Context*, Harlow: Pearson Longman, 2003, p. 120; D. Angelov, *The Byzantine Hellene: The Life of Emperor Theodore Laskaris and Byzantium in the Thirteenth Century*, p. 31。

③ George Akropolites, *The History*, pp. 148-149, 15; R. Macrides, *George Akropolites, The History*, pp. 87, 98.

④ George Akropolites, *The History*, pp. 148-149, 15. R. 玛库利德斯和D. 科洛本尼科夫都认为1212年签订的是停战协定或协议，真正的条约最终在1214年12月签署，参见 R. Macrides, *George Akropolites, The History*, p. 152, n. 12; D. Korobeinikov, *Byzantium and the Turks in the Thirteenth Century*, p. 151。关于条约，参见 A. Gardner, *The Lascarids of Nicaea, the Story of an Empire in Exile*, pp. 85-86; Filip Van Tricht, *The Latin Renovatio of Byzantium: The Empire of Constantinople (1204-1228)*, p. 353 and n. 8; D. Angelov, *The Byzantine Hellene: The Life of Emperor Theodore Laskaris and Byzantium in the Thirteenth Century*, p. 31。

⑤ 亨利在此于1212年1月13日写了两封信给教皇，这是关于他1211—1212年军事远征最主要的资料。参见 D. Korobeinikov, *Byzantium and the Turks in the Thirteenth Century*, p. 150, n. 252。

⑥ [南斯拉夫]乔治·奥斯特洛格尔斯基：《拜占廷帝国》，陈志强译，西宁：青海人民出版社，2006年，第366页。

以及尼姆法雍等南部城市阻隔开来。[①] 这很可能促使经常率军在帝国南部作战的塞奥多利一世深感另择一处政治中心的必要性。因而，拉丁帝国初期对小亚细亚的一系列军事行动还直接给尼西亚帝国首都尼西亚城带来很大的不安全性，使帝国面临较高的统治风险。

（二）鲁姆的塞尔柱苏丹国西侵

12 世纪末，拜占庭皇帝和塞尔柱苏丹建立了一种相对稳定但并非完全和平的共存模式。他们在抵御边界的土库曼人[②]（Turcoman）抢劫各自的城市和农业区方面有共同的利益，同时也因为两个政权之间有贸易往来，从而使边境地区较为安全，寻求庇护之人、冒险家和商人便可轻易穿越边境。[③] 如因争夺王位失利，塞尔柱苏丹国的王室成员便常逃亡拜占庭帝国避难，其中凯霍斯劳一世（Kaykhusraw I，1192—1196、1205—1211 年在位）的例子较为著名。在其兄长苏莱曼沙阿二世（Rukn ad-Din Suleiman Shah，1196—1204 年在位）率军进都夺取政权时，他选择出逃并于 1199 年或 1200 年前往君士坦丁堡寻求政治庇护。[④] 拜占庭皇帝阿莱克修斯三世热情接待了他并安排他在君士坦丁堡受洗，还成了他的教父。[⑤] 在 1204 年君士坦丁堡陷落前，他们一起从君士坦丁堡出逃。而在得知其兄苏莱曼沙阿二世去世的消息后，凯霍斯劳一世回国复位。[⑥]

---

① M. Angold, *A Byzantine Government in Exile: Government and Society under the Laskarids of Nicaea, 1204-1261*, p. 111; M. Angold, *Nicholas Mesarites: His Life and Works in Translation*, pp. 238-239.

② 关于“土库曼人”和“土厥人”，学界历来认识不一。在《13 世纪的拜占庭与突厥人》一书中，D. 科洛本尼科夫界定的“突厥人”是塞尔柱苏丹国讲突厥语的民族。他认为，13 世纪，“土库曼人”和“土突厥人”在某种程度上是可以互换的，两个术语的区别不在于他们的语言或族裔，而在于他们的栖息地。“突厥人”既有定居的，也有游牧的，但“土库曼人”几乎总是游牧的。在小亚细亚西部，“土库曼人”和“突厥人”共生共存。参见 D. Korobeinikov, *Byzantium and the Turks in the Thirteenth Century*, pp. 3-4。

③ 参见 D. Angelov, *The Byzantine Hellene: The Life of Emperor Theodore Laskaris and Byzantium in the Thirteenth Century*, p. 54。

④ 关于凯霍斯劳一世的第二次统治，详见 C. Cahen, *The Formation of Turkey: The Seljukid Sultanate of Rum, Eleventh to Fourteenth Century*, trans. and ed. by P. M. Holt, London: Longman, 2001, pp. 47-49。

⑤ 关于凯霍斯劳受洗背后的政治意涵，参见 D. Korobeinikov, *Byzantium and the Turks in the Thirteenth Century*, pp. 123-126。

⑥ George Akropolites, *The History*, pp. 123-124, 8.

尽管小亚细亚的多处割据势力拥有大量资源，却因兵力不足在很大程度上受制于塞尔柱苏丹国。[①] 塞奥多利·拉斯卡利斯亦是如此，他最初主要以外交手段谨慎地处理与塞尔柱苏丹的关系。据伊本·毕比[②](Ibn Bibi)记载，塞奥多利·拉斯卡利斯曾与苏丹苏莱曼沙阿二世签署和约，向这位苏丹交纳五年贡赋。之后，在1204年7月，他也与新苏丹基利杰·阿尔斯兰三世(‘Izz al-Dīn Kılıç Arslān Ⅲ，1204—1205年在位)签订了条约。但这两份条约只是暂时保证了尼西亚帝国东部边界的安全，[③]真正为塞奥多利一世提供军事支持的是凯霍斯劳一世。他在回塞尔柱苏丹国继承王位的路上曾被塞奥多利一世扣留，他们最终达成一项协议，其中最重要内容的是凯霍斯劳一世将给予塞奥多利一世军事支持。[④] 而在凯霍斯劳一世再次登基后，塞奥多利一世前去面见他，双方在1205年签署了一项军事条约。[⑤] 于是，在塞尔柱军队的支持下，塞奥多利一世很快收复了拉丁军队于1204—1205年占领的一些小亚细亚领土。[⑥] 苏丹的支持无疑是塞奥多利一世在小亚细亚立足的重要原因之一，因而在叙及这一时期的历史时阿克罗颇利塔斯便称凯霍斯劳一世为塞奥多利一世的“亲密伙伴”，并在这位皇帝处境艰难时与他和平共处。[⑦] 但应注意这位苏丹并非全然支持塞奥多利一世，他还支持自己的岳父玛乌罗邹麦斯[⑧](Manuel Maurozomes)争夺科

---

① D. Korobeinikov, *Byzantium and the Turks in the Thirteenth Century*, p. 53.

② 伊本·毕比生活于13世纪的塞尔柱苏丹国，他以波斯语书写了起自1192年止于1280年的历史，是研究塞尔柱苏丹国和尼西亚帝国历史的重要史料。

③ Korobeinikov, *Byzantium and the Turks in the Thirteenth Century*, pp. 129, 133-134.

④ Korobeinikov, *Byzantium and the Turks in the Thirteenth Century*, pp. 130, 136.

⑤ George Akropolites, *The History*, pp. 117-118, 6.

⑥ Korobeinikov, *Byzantium and the Turks in the Thirteenth Century*, p. 136.

⑦ George Akropolites, *The History*, pp. 118, 124.

⑧ 玛乌罗邹麦斯为曼努埃尔一世的一位私生女所生。在君士坦丁堡沦陷后，他与女婿凯霍斯鲁一世一同离开了君士坦丁堡。他们在经过尼西亚帝国时，都曾被塞奥多利扣留。凯霍斯鲁一世重新登基后，立即全力支持其野心勃勃的岳父玛乌罗邹麦斯，后者在突厥军队的帮助下劫掠了迈安德河谷，占据了科奈和劳迪吉亚要塞，参见 Nicetas Choniates, *O City of Byzantium: Annals of Niketas Choniatēs*, p. 343。关于玛乌罗邹麦斯的详细研究，参见 S. Yıldız, “Manuel Komnenos Mavrozomes and His Descendants at the Seljuk Court: The Formation of a Christian Seljuk-Komnenian Elite”, in S. Leder ed., *Crossroads between Latin Europe and the Near East: Corollaries of the Frankish Presence in the Eastern Mediterranean (12th-14th Centuries)*, Würzburg: Ergon Verlag, 2011, pp. 55-77。

奈[①](Chonai)、劳迪吉亚[②](Laodikea)等地。[③] 这两地是迈安德河支流莱库斯(Lykos)河[④]上的要塞，是进入迈安德河沿岸地区的关键，具有重要的战略地位。但为了减少树敌，塞奥多利一世1206年与苏丹签署了一项条约，他将科奈、劳迪吉亚以及迈安德河上游的土地割让给了玛乌罗邹麦斯。[⑤]

尽管塞奥多利一世积极以外交举措与塞尔柱苏丹交好，在巩固新生政权的同时也避免了两线作战，但这一时期塞尔柱苏丹国仍是小亚细亚局势的掌控者，也并未放弃西进。如凯霍斯劳一世在位期间曾积极拓展领土范围，他于1207年攻取了地中海沿岸的重镇安塔利亚[⑥](Attaleia)。[⑦] 同时，他不仅在小亚细亚西南沿海地区，而且也在黑海沿岸扩张势力。因而，塞尔柱苏丹国在东线对尼西亚政权的压迫之势仍旧严峻。加之尼西亚帝国不断在小亚细亚西北部收复失地，也势必会与西侵的塞尔柱苏丹国发生利益冲突，两国之间的战争便不可避免。大约在1210年，前皇帝阿莱克修斯三世的到来则成为这场战争的导火索。[⑧] 他从伊庇鲁斯来到安塔利亚，受到了苏丹凯霍斯劳一世的热烈欢迎。苏丹试图通过扶植阿莱克修斯三世将尼西亚帝国变成傀儡政权，进而实现占领整个小亚细亚的目标。[⑨] 于是，他先派使节前往尼西亚城，要求塞奥多利一世把领土还给其岳父。阿克罗颇利塔斯评价称，苏丹此举是“要颠覆、劫掠甚或是征服罗马人的整片领土”。[⑩] 接着，苏丹开始为战争做准备，他还于1211年同拉丁

---

① 今土耳其代尼兹利省的霍纳兹(Honaz)，距该省首府代尼兹利市约20公里。

② 今土耳其代尼兹利市。但D.科洛本尼科夫认为拜占庭时期的劳迪吉亚同现在的代尼兹利并不完全相同，详见D. Korobeinikov, *Byzantium and the Turks in the Thirteenth Century*, p. 222, n. 38。

③ D. Korobeinikov, *Byzantium and the Turks in the Thirteenth Century*, p. 137.

④ 又称弗里吉亚的莱库斯河(Lykos of Phrygia)，在特里波利斯以南不远处汇入迈安德河。

⑤ Niketas Choniatēs, *O City of Byzantium*, *Annals of Niketas Choniatēs*, p. 350.

⑥ 今土耳其西南海滨城市安塔利亚(Antalya)，也是该国地中海海岸最大的城市。在14世纪的伊本·白图泰笔下，“安塔利亚是最美丽的城市之一，城区极其辽阔，是各地中风光最美、人烟最密、安排最有次序的城市”。此外，“该地花园很多，水果可口”，还有“许多甘甜泉水，夏天十分清凉”。参见[摩洛哥]伊本·白图泰:《伊本·白图泰游记》，第164页。

⑦ D. Korobeinikov, *Byzantium and the Turks in the Thirteenth Century*, p. 147.

⑧ 关于阿莱克修斯三世从君士坦丁堡出逃后的流亡历程，参见George Akropolites, *The History*, p. 114-115, 5; pp. 123-124, 8; pp. 129-130, 9; Niketas Choniatēs, *O City of Byzantium*, *Annals of Niketas Choniatēs*, pp. 304, 308, 333, 339。

⑨ D. Korobeinikov, *Byzantium and the Turks in the Thirteenth Century*, p. 149.

⑩ George Akropolites, *The History*, pp. 129-130, 9.

皇帝亨利结盟,以期共同对付塞奥多利一世。[1] 面对这一形势,塞奥多利一世如临大敌。他发表了战前演说,并做了战争动员。在得到臣民的支持后,他决定率军背水一战。1211年,凯霍斯劳一世偕阿莱克修斯三世围攻迈安德河畔的关键城镇安条克。若是攻城成功,他将打开进入尼西亚帝国的门户。正如阿克罗颇利塔斯所言,“将没有什么可以阻挡苏丹征服整个罗马人的领土”。塞奥多利一世挥师前来应敌,最终与苏丹率领的军队兵戎相见。尽管苏丹在战争伊始占据优势,但危急时刻塞奥多利一世反败为胜,苏丹也在此次战役中被杀。[2] 这是尼西亚帝国初期最具影响力的一场战役,它在很大程度上提高了尼西亚帝国的政治威望和影响力。逃亡到凯阿斯(Keos)岛的前雅典大主教即尼基塔斯·侯尼亚迪斯的兄长米哈伊尔·侯尼亚迪斯(Michael Choniates,约1175年至1205年在位)曾专门致信塞奥多利一世表示祝贺,并表达了希望这位皇帝夺回君士坦丁堡的愿望。[3] 同时,这场战役还遏制了塞尔柱苏丹国的西进势头,并初步确定两国以因度斯[4](Indos)河为界的西南边界。但在这次战争中,尼西亚帝国也损失惨重。塞奥多利一世率领的包括800名拉丁雇佣军在内的2000名士兵几乎命丧疆场。[5] 在阿克罗颇利塔斯看来,正是由于这一原因,拉丁帝国皇帝亨利听说塞奥多利一世取得胜利后却评论道:“拉斯卡利斯被击败了,而不是胜利了。”[6]同时,尼西亚兵力的损失也使亨利看到了进军小亚细亚的契机,如前所述,他于1211—1212年在这一地区进行了多次较为成功的军事活动。

这次战役之后,尼西亚帝国竭力为夺取君士坦丁堡做准备,而塞尔柱苏丹

---

① D. Korobeinikov, *Byzantium and the Turks in the Thirteenth Century*, pp. 148-149.

② 关于凯霍斯劳一世被谁杀害,史家有不同的记载。其中,阿克罗颇利塔斯认为事发突然,即使那是些在场的人也不清楚是谁杀死了苏丹。参见 George Akropolites, *The History*, p. 131, 10。而侯尼亚迪斯、哥力高拉斯都认为是塞奥多利一世击杀苏丹。但伊本·毕比则将斩杀苏丹的功绩归于尼西亚军队中的一名法兰克士兵。以上三位史家的观点转引自 A. Gardner, *The Lascarids of Nicaea, the Story of an Empire in Exile*, pp. 82-83; J. Longdon, *Byzantium's Last Imperial Offensive in Asia Minor*, pp. 29-30; R. Macrides, *George Akropolites, The History*, p. 132, n. 6。

③ 参见 A. Vasiliev, *History of the Byzantine Empire*, 324-1453, vol. 2, p. 515;[美]A. A. 瓦西列夫:《拜占庭帝国史》,第783页。

④ 因度斯河为今土耳其达拉曼(Dalaman)河,在该国西南部卡里亚(Caria,Karya)岸边注入爱琴海。卡里亚是指安纳托利亚西部的一个地区,它从伊奥尼亚(Ionia)中部南至吕基亚(Lycia),东到弗里吉亚(Phrygia)。

⑤ George Akropolites, *The History*, pp. 129-130, 9; p. 131, 10.

⑥ George Akropolites, *The History*, pp. 148-149, 15.

国则需全力处理小亚细亚东部事务，故双方都意图维持边界稳定。[①] 塞奥多利一世不仅出资厚葬苏丹凯霍斯劳一世，积极修复与塞尔柱苏丹国的关系，[②]还与新继位的苏丹凯考斯一世(Kaykaus I，1211—1220 年在位)签订了一项条约。[③]他们的意图可能是联手共同对付特拉布宗帝国。最终在 1214 年，塞奥多利一世和苏丹凯考斯一世分别夺取了特拉布宗帝国黑海岸边的赫拉克利亚和重镇锡诺普[④](Sinope)。[⑤] 此后，尼西亚帝国与塞尔柱苏丹国确立了最终的边界，它从桑加里奥斯河右岸一直南到迈安德河河谷。[⑥] 具体而言，这条边界基本上由山脉和河流等自然地貌构成，沿着安纳托利亚高原边缘呈弧形延伸，东起黑海城市阿玛斯特里斯[⑦](Amastris)，南到注入爱琴海的因度斯河河口，长约 700 公里。[⑧] 尽管这条边界直至尼西亚帝国末期都鲜有变动，但边界并非无战事发生。实际上，塞奥多利一世的政治版图并不包括锡诺普、科奈、劳迪吉亚、安塔利亚等小亚细亚重镇。其中，根据凯霍斯劳一世被塞奥多利一世扣留时他们签署的协议，劳迪吉亚应归尼西亚帝国所有，但在 1207 年苏丹强行将它占领，该地的归属问题成为影响未来两国关系的重要因素。[⑨] 尽管目前少有资料记载 1215—1231 年尼西亚帝国同塞尔柱苏丹国再次爆发大规模战争，但两国在迈安

① D. Korobeinikov, *Byzantium and the Turks in the Thirteenth Century*, p. 112.

② 关于塞奥多利一世为与凯考斯一世交好而采取的具体措施，参见 C. Cahen, *Pre-Ottoman Turkey*, trans. by J. Jones-Williams, New York: Taplinger Pub. Company, 1968, pp. 120-122; R. Shukurov, “Trebizond and the Seljuks (1204-1299)”, in G. Leiser, ed., *Mésogeios. Revue trimestrielle d'études méditerranéennesp*, Paris, p. 88。

③ George Akropolites, *The History*, pp. 129-130, 9; p. 131, 10.

④ 锡诺普为黑海重要港口。在伊本・白图泰笔下，14 世纪的锡诺普是一座既美观又坚固的城市。除东面外，三面环海。城内的清真大寺是极其美丽的寺院之一。参见[摩洛哥]伊本・白图泰：《伊本・白图泰游记》，第 187 页。

⑤ D. Korobeinikov, *Byzantium and the Turks in the Thirteenth Century*, pp. 153-154. 关于尼西亚帝国获得赫拉克利亚，可参见 George Akropolites, *The History*, pp. 132-133, 11。

⑥ D. Korobeinikov, *Byzantium and the Turks in the Thirteenth Century*, p. 154. 关于尼西亚帝国的东部边界，可参见 M. Angold, *A Byzantine Government in Exile: Government and Society under the Laskarids of Nicaea*, 1204-1261, p. 98。

⑦ 今土耳其小城阿玛斯拉(Amasra)，位于该国巴尔滕(Bartin)省。因其拥有优良的海滩和优美的自然环境，备受游客青睐。

⑧ D. Angelov, *The Byzantine Hellene: The Life of Emperor Theodore Laskaris and Byzantium in the Thirteenth Century*, p. 53.

⑨ D. Korobeinikov, *Byzantium and the Turks in the Thirteenth Century*, pp. 154, 156.

德沿岸发生过小规模军事冲突。如根据13世纪阿尤布王朝(The Ayyubid Dynasty,1171—1250年)史家伊本·纳兹夫(Ibn Nazif al-Hamawi)的编年史和两份关于约翰三世的圣徒文本可以得知,1225—1231年塞奥多利一世曾在迈安德河谷等地带发动三次针对塞尔柱苏丹国的战争,双方最终签署了和平协议。① 综上所述,尽管塞尔柱苏丹国为尼西亚帝国初期谋求生存提供了必要的支持,但随着尼西亚帝国不断在小亚细亚开疆拓土,它势必与西侵的塞尔柱苏丹国产生核心利益的冲突。两国之间便相继爆发了1211年的较大规模战争,以及在1225—1231年的小规模军事冲突,这也说明塞尔柱苏丹国仍是尼西亚帝国稳定政权、巩固统治的重要威胁。

(三)立足小亚细亚、纵深发展的政治规划

尼西亚城虽然具有担当首都的名望和影响力,但是整个小亚细亚最为富硕的地区是小亚细亚西部沿海地带。并且自12世纪以来,这一地区便成为拜占庭帝国发展的重要支柱,其农业和商贸都较为发达。尼西亚帝国也极为重视这一地区,意欲将其作为帝国的腹地,为帝国生存和发展提供重要的资源和支持。塞奥多利一世在应对拉丁帝国和塞尔柱苏丹国入侵的同时,还积极清除小亚细亚西北部的地方割据势力,不断将疆域向西南推进,从而使尼西亚帝国获得了更广阔的生存空间。

自1180年曼努埃尔一世去世后,由于不满于中央政府的统治,小亚细亚的拜占庭行省便处于不稳定状态,此地居民常支持当地的叛乱者对抗中央政府。②

---

① D. Korobeinikov, *Byzantium and the Turks in the Thirteenth Century*, pp. 79, 156-159. 在阿克罗颇利塔斯为约翰三世创作的葬礼演说词中,他两次简短地提及了塞尔柱苏丹。在他笔下,苏丹看起来是好战的,但在皇帝面前表现出恐惧并保持沉默。参见 D. Thomas and A. Mallett, eds., *Christian-Muslim Relations. A Bibliographical History, vol. 4 (1200-1350)*, Leiden: Brill, 2012, p. 448。D. 安格洛夫提到1225年至1231年间双方关系恶化,围绕边境要塞的对抗以1232年的一项持久协议而告终。他还指出,牧首日耳曼努斯二世写于1228年的一封信中提及约翰三世同塞尔柱突厥人面对面作战。这也说明双方在这一时期存在战争或冲突。参见 D. Angelov, *The Byzantine Hellene: The Life of Emperor Theodore Laskaris and Byzantium in the Thirteenth Century*, pp. 54-55 and p. 255, n. 128。关于1215—1231年尼西亚帝国和塞尔柱苏丹国的军事冲突,详见 J. Langdon, *Byzantium's Last Imperial Offensive in Asia Minor*, New Rochelle, N.Y.: Aristide D. Caratzas, 1992, pp.1-85。

② 1180—1204年,拜占庭的小亚细亚领土发生约58次叛乱,参见 D. Angelov, *The Byzantine Hellene: The Life of Emperor Theodore Laskaris and Byzantium in the Thirteenth Century*, p. 240, n. 56。

伊萨克二世和阿莱克修斯三世统治时期，小亚细亚多地已获得很大程度的独立和自治。[①] 尤其是在1203年末1204年初，小亚细亚的许多城市和地区已被地方领主掌控。[②] 在这些割据势力中，一些在1204年前已经存在，也有一些是当地手握兵权之人趁君士坦丁堡陷落之际建立起来的。[③] 其中，较具代表性的是曼加法斯(Theodore Mangaphas)。他于1188年反叛，并获得了费拉德尔菲亚及其周边地区居民的忠诚。他自立为帝，还铸造了银币和铜币，[④]其脱离中央政府之心昭然若揭。而塞尔柱苏丹插手并支持割据者也使得局势更为复杂。如当曼加法斯于1193年被拜占庭军队击败后，他便逃亡塞尔柱苏丹国寻求庇护。[⑤] 在苏丹的支持下，他于1204年又恢复了在吕底亚和费拉德尔菲亚的统治。[⑥] 因而随着君士坦丁堡的陷落及拜占庭中央政府的垮台，小亚细亚各行省已存在的无政府状态加剧，[⑦]该地区也更加无序和混乱。尼西亚帝国要想立足小亚细亚实现纵深发展，势必要清除这些割据势力，以实现对小亚细亚的有效管理。

塞奥多利一世在两线与拉丁帝国和塞尔柱苏丹国进行较量的同时，还积极致力于清除地方割据势力。他先是通过战胜曼加法斯和萨巴斯[⑧](Sabbas Asidenos)，获得了费拉德尔菲亚、凯尔比阿农、整个迈安德河流域地区和奈奥卡斯特拉军区等，[⑨]其中归顺的曼加法斯便在1205年于春亚拉米顿与塞奥多利一世的弟弟君士坦丁并肩抗击拉丁人。[⑩] 而在处理萨巴斯问题时，塞奥多利一世更为灵活。他同萨巴斯联姻，还授予其首席大贵族(sebastokrator)的头衔，这一头

---

① D. Nicol, *The Despotate of Epiros*, pp. 8-9。

② D. Angelov, *The Byzantine Hellene: The Life of Emperor Theodore Laskaris and Byzantium in the Thirteenth Century*, p. 24.

③ George Akropolites, *The History*, p. 120.

④ Nicetas Choniates, *O City of Byzantium: Annals of Niketas Choniatēs*, pp. 119-120.

⑤ Nicetas Choniates, *O City of Byzantium: Annals of Niketas Choniatēs*, p. 220.

⑥ 参见 D. Korobeinikov, *Byzantium and the Turks in the Thirteenth Century*, p. 52, n. 86。

⑦ M. Angold, *A Byzantine Government in Exile: Government and Society under the Laskarids of Nicaea*, 1204-1261, p. 61.

⑧ 关于萨巴斯，参见 R. Macrides, *George Akropolites, The History*, pp. 122-123, n. 18。

⑨ George Akropolites, *The History*, p. 119-120, 7.

⑩ Niketas Choniatēs, *O City of Byzantium, Annals of Niketas Choniatēs*, p. 331; D. Angelov, *The Byzantine Hellene: The Life of Emperor Theodore Laskaris and Byzantium in the Thirteenth Century*, p. 26.

衔在此之前只授予皇室成员。另外,塞奥多利一世也将此头衔授予康托斯泰法努斯(Nikephoros Kontostephanos)。1204年以前此人的家族在迈安德河谷一带拥有广泛的地产。这说明塞奥多利一世使用了怀柔和拉拢的政策来对付当地的割据势力,以获取他们的忠诚。[1] 借此尼西亚帝国的疆域也拓展到了迈安德河谷地带,这里一直是小亚细亚最为富饶的地区之一。正是因为此,M. 安格德称塞奥多利一世的伟大成就在于结束了这些省份的无政府状态,并与突厥人恢复了合理稳定的边境。[2]

(四)"陪都"成为尼西亚帝国政治规划的必然选择

在抵御拉丁帝国东进和塞尔柱苏丹国西侵以及逐步清除地方割据势力的过程中,尼西亚帝国有效占领了小亚细亚西北部沿海的一些肥沃地带,这也将成为其赖以生存和发展的腹地,符合其经营腹地、纵深发展的政治规划。尼西亚帝国也逐渐构建起从麦格尼西亚经萨迪斯和费拉德尔菲亚到达特里波利斯的主要轴心区域。[3] 与此同时,这一新局势也给尼西亚城带来了挑战。在塞奥多利一世初到小亚细亚时,尼西亚城优越的地理位置和自然环境以及丰富的宗教文化资源无疑是其成为政权首都的首选。但随着拉丁帝国和塞尔柱苏丹国向小亚细亚扩张势力,该城尽管有较好的防御工事,但它作为首都的缺陷也逐步显现出来。首先,它偏处帝国狭窄的西北疆域,既靠近与塞尔柱苏丹国接壤的桑加里奥斯河,又与拉丁帝国首都君士坦丁堡一水之隔。尤其是在拉丁帝国强势扩张时,它与君士坦丁堡相近便成了一大劣势,这使它时常处于拉丁军队侵袭的危险中,如1204—1205年拉丁军队围绕尼西亚城而发起的密集进攻。因而,在塞尔柱苏丹国和拉丁帝国的两面挤压下,尼西亚城有腹背受敌之虞,存在明显的安全隐患。约翰三世登基后也意识到了尼西亚城的处境并相应地做出了重要调整,如将关系国家经济命脉的铸币厂和国库由尼西亚城迁往了内陆

---

[1] M. Angold, *A Byzantine Government in Exile: Government and Society under the Laskarids of Nicaea, 1204-1261*, p. 61.

[2] M. Angold, *A Byzantine Government in Exile: Government and Society under the Laskarids of Nicaea, 1204-1261*, p. 98.

[3] C. Foss, *Cities, Fortresses and Village of Byzantine Asia Minnor*, IV, p. 298.

更为安全的麦格尼西亚。[①]

除了安全方面的考虑，随着尼西亚帝国向小亚细亚西部沿海地区拓展领土，偏于西北一隅的尼西亚城也难以对帝国腹地进行有效管理，故在这一腹地寻找和培育另一政治中心便势在必行。从塞奥多利一世开始，尼姆法雍可能就已进入尼西亚皇帝政治筹划的视野之中。可能从1212年开始，塞奥多利一世便居住在帝国南部的士麦拿和尼姆法雍附近。他也曾多次率军在尼姆法雍所在的色雷斯松军区作战，如1213年和1216年因他驻留在这一军区，牧首选举延期。M.亨迪由此认为在这位皇帝统治时期，尼姆法雍所在地区已成为其统治的一个中心。[②] 因而，尼姆法雍地处帝国疆域的核心区域，再加上如前所述它与帝国腹地内的士麦拿、萨迪斯、以弗所、麦格尼西亚以及费拉德尔菲亚等大城市都有道路相通，这便为皇帝前往这些城市以及视察边界提供了便利。此外，它还靠近帝国国库的所在地麦格尼西亚，皇帝在此也可密切监管国库。[③] 因而，以尼姆法雍为“陪都”不仅可以改善首都独立支撑的困局，减少尼西亚皇帝的统治风险，还可加强对小亚细亚腹地的有效控制。因而，这在扩大战略空间的同时，还能促进政权的巩固和发展。

---

① George Pachymeres, *Book One and Book Two of the Historia*, p. 31; M. Hendy, *Coinage and Money in the Byzantine Empire* 1081-1261, pp. 231-235. 这家铸币厂曾铸造银币和铜币，也可能铸造金币。目前难以确定国库的具体位置，它可能位于麦格尼西亚上城要塞中。参见 N. Cassidy, *A Translation and Historical Commentary of Book One and Book Two of the Historia of Geōrgios Pachymerēs*, p. 161. 而在1225年后，塞萨洛尼基也有单独的铸币厂，但在该城1247年被约翰三世占领后，伊庇鲁斯专制君主国在阿尔塔另建了铸币厂。参见 D. Nicol, *The Despotate of Epiros*, p. 204。

② M. Hendy, *Studies in the Byzantine Monetary Economy*, *c*. *300-1450*, pp. 444-445.

③ 根据帕西米尔斯的记载，麦格尼西亚的国库由瓦兰吉亚人（Varangians）看管，参见 N. Cassidy, A Translation and Historical Commentary of Book One and Book Two of the Historia of Geòrgios Pachymerēs, pp. 32, 165-166。瓦奥达瑞泰人（Vardariots）和瓦兰吉亚人卫队于11世纪和12世纪在拜占庭军队中表现非常突出，因此尼西亚皇帝也雇用他们充当亲卫。其中，瓦奥达瑞泰人卫队负责维持皇帝军营的秩序，而瓦兰吉亚人卫队在护卫皇帝的同时还负责守卫麦格尼西亚的国库，参见 M. Angold, *A Byzantine Government in Exile*: *Government and Society under the Laskarids of Nicaea*, *1204-1261*, p. 187。关于瓦奥达瑞泰人卫队，还可参见 R. Macrides, *George Akropolites*, *The History*, p. 310, n. 20; M. Bartusis, *The Late Byzantine Army*, pp. 280-281。

三、尼西亚帝国构建东部战略防御体系

随着亨利皇帝去世，拉丁帝国势力日衰。尽管最初拉丁兵力还控制着小亚细亚西北部的部分地区，但其无力再对已日益扎稳根基的尼西亚帝国展开战略进攻，这便在很大程度上减轻了尼西亚帝国西线的防守压力。从13世纪20年代开始，约翰三世开展的一系列军事行动逐渐将拉丁势力逐出小亚细亚。[①] 而在巴尔干地区，拉丁帝国、保加利亚第二帝国和伊庇鲁斯专制君主国因相互牵制而深陷竞争的泥潭之中，基本上没有对尼西亚帝国的西部边界造成实质性威胁。但东部边界先是有塞尔柱苏丹国西侵的压力后又要应对蒙古西征军的到来，于是尼西亚帝国积极构建东部战略防御体系。而尼姆法雍成为“陪都”也与这一体系的构建密不可分，它还在很大程度上成了这一体系的重要基地，故选取尼姆法雍为“陪都”也是尼西亚帝国东部战略规划的必然之举。

因立足小亚细亚，尼西亚皇帝比以往更为重视东部边界防御。[②] 13世纪初期，塞尔柱苏丹国和尼西亚帝国无疑是小亚细亚地区最强大也是最具影响力的两个政权。在蒙古人进入这一区域之前，它们是决定小亚细亚政治局势的主要力量。自1211年安条克战役后，双方基本上形成了较为稳定的边界。但对于尼西亚帝国而言，它较易在桑加里奥斯河和迈安德河沿线的边界地带受到突厥人的进攻。同时，在两国边界地带生活的土库曼游牧部落也是尼西亚帝国要防范的不安定因素。他们之前便利用小亚细亚的割据状态劫掠迈安德河谷富饶的土地和城市，如在1198年的一次突袭中，5000名拜占庭人被俘虏。[③] 因而，这股势力也是尼西亚边界防御的对象。但是蒙古西征军的到来，给尼西亚帝国

① George Akropolites, *The History*, p. 171-173, 24.

② A. Peacock, “The Seljuk Sultanate of Rum and the Turkmen of the Byzantine Frontier, 1206-1279”, *Al-Masāq* 26/3 (2014), pp. 267-268.

③ Niketas Choniatēs, *O City of Byzantium, Annals of Niketas Choniatēs*, p. 272; M. Angold, *A Byzantine Government in Exile: Government and Society under the Laskarids of Nicaea, 1204-1261*, p. 97; S. Vryonis Jr., “The Byzantine Legacy and Ottoman Forms”, *DOP* 23/4 (1969-1970), p. 277.

东部边界防御带来了新挑战。[①]

(一)尼西亚帝国东部边界的新威胁:蒙古人

最早大约在1223年,塞尔柱苏丹凯库巴德一世(Kayqubad I,1220—1237年在位)通过难民得知蒙古人进入安纳托利亚。[②] 在与尼西亚帝国的小规模边界冲突后,1232年这位苏丹与尼西亚皇帝约翰三世签订了一项和平条约。[③] 但关于这一条约学界有不同认识。其中J. 朗顿认为,苏丹签订这一条约是因为他要确保西部边境无战事,才可专注于东部事务,并且为了应对蒙古大敌的挑战,他们还达成反蒙古军事同盟,其内容包括约翰三世应派军增援苏丹。[④] 但D. 科洛本尼科夫认为,在1232年前尼西亚帝国已经取得了一系列的军事胜利,约翰三世此时不太可能作为苏丹的附庸派兵,这显然对他并无好处。因而他们签订协议并非要建立反蒙古人的军事联盟,而是苏丹确保塞尔柱苏丹国的西部边界安定,并获得尼西亚帝国境内希腊人的忠诚。加之此时尼西亚帝国与在穆干平原[⑤](Mughan)一带驻扎的蒙古西征军之间有塞尔柱苏丹国作为缓冲,约翰三世并没有应对蒙古入侵的必要。[⑥]

尼西亚皇帝直接感受到蒙古人来袭的威胁是在1242年。这一年,蒙古西征军大将拜住(Baiju,? —1260)率军到达埃尔祖鲁姆[⑦](Erzurum)。由于该城基督徒和穆斯林居民拒绝投降,他们便大开杀戒、武力夺城。之后,虽然蒙古西征军回到了穆干平原的牧场,但这则消息却迅速传遍了小亚细亚。[⑧] 当时在佩

---

① 也有学者认为,蒙古西征军进入小亚细亚给尼西亚帝国带来了发展的新机遇,参见J. Giebfried, “The Mongol invasions and the Aegean World (1241-61)”, *Mediterranean Historical Review* 28 (2013), pp. 129-139。

② D. Korobeinikov, *Byzantium and the Turks in the Thirteenth Century*, pp. 171-172.

③ George Akropolites, *The History*, pp. 220-221, 41.

④ J. Langdon, *Byzantium's Last Imperial Offensive in Asia Minor*, pp. 65-66, n. 103.

⑤ 穆干平原位于伊朗西北部和阿塞拜疆南部之间,土壤非常肥沃。其三分之一位于伊朗境内,其余部分则属于阿塞拜疆。

⑥ D. Korobeinikov, *Byzantium and the Turks in the Thirteenth Century*, p. 176.

⑦ 埃尔祖鲁姆为今土耳其埃尔祖鲁姆省首府,是安纳托利亚高原东部的重要战略要地。

⑧ D. Angelov, *The Byzantine Hellene: The Life of Emperor Theodore Laskaris and Byzantium in the Thirteenth Century*, p. 93. 关于占领该城的时间,学者们有争论。不同于D.安格洛夫倾向于1242年初,D. 科洛本尼科夫认为是1242年底,参见D. Korobeinikov, *Byzantium and the Turks in the Thirteenth Century*, p. 10。

盖负责监国的皇子塞奥多利即刻致信围攻塞萨洛尼基的约翰三世。约翰三世知悉后，一方面严令那些知晓此事的人保守秘密，另一方面提议与该城统治者和谈，这便推迟了对这座城市的征服。在妥善处理塞萨洛尼基事务后，约翰三世便回师小亚细亚，应对东部边界的紧急情况。① 也正是从自此开始，蒙古西征军成为尼西亚帝国东部边界防御最重要的对象。

1243年，拜住再次率军回到塞尔柱苏丹国东部边界。凯霍斯劳二世此时做好了军事应对准备，决定抵抗。他聚集了一支庞大但不守纪律的同盟军和附庸，人数约有8万人。除尼西亚帝国外，小亚细亚几乎所有政权都加入了这一联盟。② 同年6月26日，苏丹与拜住率军在克塞山开战，但苏丹大败。③ 这是蒙古人深度卷入小亚细亚事务的开始，也开启了小亚细亚历史的新阶段。④ 自此，蒙古西征军成为这一地区政治局势的掌控者。与此同时，这次战败也削弱了塞尔柱苏丹国作为尼西亚帝国抵抗蒙古入侵缓冲地带的作用。如何对抗蒙古人成为尼西亚帝国同塞尔柱苏丹国外交关系的重要内容，也是尼西亚帝国东部防御的关键。

战后，苏丹凯霍斯劳二世仓皇出逃。他在1243年底来到安塔利亚，并由此遣使约翰三世。最终，双方在边境城市特里波利斯会面。⑤ 面对蒙古人的来袭，约翰三世的紧要任务是确保东部边境的安全。他也意识到了塞尔柱苏丹国对于防御蒙古人入侵的“盾牌”作用，唇亡齿寒。于是，他与苏丹缔结了对抗蒙古人的防御条约。⑥ 因而克塞山战役后不仅尼西亚帝国和塞尔柱苏丹国成为战略

---

① George Akropolites, *The History*, pp. 215-216, 40.

② 根据西方资料中关于约翰三世承诺在必要时为苏丹提供400名士兵的信息和伊本·毕比对苏丹军队中有2000名拉丁士兵和来自尼西亚帝国的1000名拜占庭士兵的记载，D. 安格洛夫认为尼西亚军队参加了这场战役。参见 D. Angelov, *The Byzantine Hellene: The Life of Emperor Theodore Laskaris and Byzantium in the Thirteenth Century*, p. 94; p. 274, n. 38。但是，D. 科洛本尼科夫根据塞奥多利二世写给约翰三世的一篇颂词推断尼西亚军队并未参战，参见 D. Korobeinikov, *Byzantium and the Turks in the Thirteenth Century*, pp. 178-179。

③ George Akropolites, *The History*, pp. 220-221, 41; R. Grousset, *The Empire of the Steppes: A History of Central Asia*, New Brunswick, N. J.: Rutgers University Press, 1970, pp. 261-263. 关于克塞山战役的其他影响，参见 R. Shukurov, “Trebizond and the Seljuks (1204-1299)”, *Mésogeios* 25/26 (2005), p. 113。

④ R. Shukurov, “Trebizond and the Seljuks (1204-1299)”, p. 113.

⑤ George Akropolites, *The History*, pp. 220-221, 41.

⑥ George Akropolites, *The History*, pp. 220-221, 41.

伙伴，而且尼西亚帝国也将东部边界防御列入重要议程。

(二)塞尔柱苏丹国权力之争：尼西亚帝国与蒙古汗国的较量

在谋求与尼西亚皇帝联手抗击蒙古人的同时，苏丹凯霍斯劳二世也积极与蒙古西征军和解。1243 年末或 1244 年初，塞尔柱苏丹国成了蒙古汗国的附庸并向其缴纳贡赋，这便在很大程度上使其与尼西亚帝国的联盟失效。[①] 新继位的凯考斯二世[②](Izz al-Dīn Kay-Kāwūs Ⅱ，1246—1261 年在位)因其母亲有希腊血统，加上自己迎娶了一位尼西亚贵族的女儿，因而他与尼西亚皇帝保持着密切联系。[③] 此时，随着小亚细亚的诸多政权相继臣服于蒙古，尼西亚帝国便成为唯一有能力支持塞尔柱苏丹国的政权。而在贵由汗(1246—1248 年在位)的加冕期(1246 年 7 月 22—8 月 24 日)，尼西亚帝国是小亚细亚唯一没有前去恭贺的政权。因而，蒙古人便采取了两项反对尼西亚帝国的措施，一是对塞尔柱苏丹国分而治之，支持亲尼西亚的凯考斯二世的对手基利杰・阿尔斯兰四世(Kilij Arslan Ⅳ，1248—1254、1256—1265 年在位)，这便致使塞尔柱苏丹国陷入了长期的权力纷争之中。二是向教皇英诺森四世(Innocent Ⅳ，1243—1254 年在位)提议建立军事联盟。1247 年，英诺森四世的使节访问拜住，而拜住的使节也在 1248 年出使英诺森四世。[④] 据巴黎的马修[⑤](Matthew of Paris，约 1200

---

① D. Korobeinikov, *Byzantium and the Turks in the Thirteenth Century*, p. 180.

② 关于苏丹凯考斯二世，参见 C. Cahen, “Kaykāūs' s ‘Izz al-dīn,” in B. Lewis et al., eds., *The Encyclopaedia of Islam*, V, Leiden-London: Brill, 1978, pp. 813-815。关于这位苏丹统治期间塞尔柱苏丹国复杂的国内形势，参见 C. Cahen, *Pre-Ottoman Turkey*, pp. 269-279; C. Cahen, *The Formation of Turkey: The Seljukid Sultanate of Rum, Eleventh to Fourteenth Century*, pp. 175-191。

③ D. Korobeinikov, *Byzantium and the Turks in the Thirteenth Century*, p. 204, n. 238; J. Giebfried, “The Mongol Invasions and the Aegean World (1241-61)”, *Mediterranean Historical Review* 28 (2013), p. 134.

④ D. Korobeinikov, *Byzantium and the Turks in the Thirteenth Century*, pp. 184-185. 关于教皇使节拜见拜住以及拜住遣使教皇的详细情况，参见[瑞典]多桑：《蒙古史》上册，冯承钧译，北京：商务印书馆，2015 年，第 289—292 页。

⑤ 巴黎的马修是一名英国本笃会修士，也是一名编年史家。他著述颇多，其编年史著作具有一定的史料价值。

年至1259年)称,蒙古人此举是想邀请教皇一起发动反对尼西亚皇帝的军事战争。① 作为回应,尼西亚皇帝约翰三世与苏丹凯考斯二世结盟,同时提议在1248年初开始与教皇协商东西教会联合。② 1249年,凯考斯二世与基利杰·阿尔斯兰四世之间爆发了军事冲突,并最终达成了一项协议。根据该协议,凯考斯二世将统治塞尔柱苏丹国在小亚细亚中部的领土,基利杰·阿尔斯兰四世则控制其更靠近蒙古的东部地区。③ 因而,在这一阶段尽管蒙古西征军没有采取进一步的军事行动,但其与尼西亚皇帝都深度参与了塞尔柱苏丹国的权力之争。而这场权力之争也极大地削弱了塞尔柱苏丹国,使它更无力与近在咫尺的蒙古西征军相抗衡,其作为尼西亚帝国抵御蒙古入侵的“盾牌”作用便进一步弱化,因而尼西亚帝国的东部边界仍存在很大的安全隐患。

(三)尼西亚皇帝遣使蒙古大汗以期化解危机

1248年贵由汗去世后,因争夺大可汗位,蒙古统治阶层多方争夺大可汗位,这便牵制了蒙古西征军在小亚细亚的军事活动。但蒙哥(1251—1259年在位)继位后做出了新的军事部署,他任命其弟旭烈兀④为远征军总指挥,启动新一轮西征计划。⑤ 在这次西征中,旭烈兀最重要的任务之一是消灭巴格达的阿拔斯王朝(Abbasid Dynasty,750—1258年)。因尼西亚帝国并未臣服于蒙古大汗,旭烈兀此行的目的可能也包括使尼西亚帝国臣服。按照蒙古人的习惯,他们在开战前先向对方派出使节。这便是1251年尼西亚帝国境内首次出现蒙古使节

① D. Korobeinikov, *Byzantium and the Turks in the Thirteenth Century*, p. 183; G. Guzman, "Simon of Saint Quentin and the Dominican Mission to the Mongol Baiju: A Reappraisal", *Speculum*, 46 (1971), pp. 232-249; D. Angelov, *The Byzantine Hellene: The Life of Emperor Theodore Laskaris and Byzantium in the Thirteenth Century*, p. 95. 但A. 瓦西列夫认为马修的记载“可能并不属实,但这说明约翰三世的政治影响和他的重要性已经被广泛地承认和赞许,乃至成为教宗与蒙古使者之间谈判的话题——至少在西方作者笔下。”参见[美]A. A.瓦西列夫:《拜占庭帝国史》,第808—809页。

② D. Korobeinikov, *Byzantium and the Turks in the Thirteenth Century*, p. 185.

③ D. Angelov, *The Byzantine Hellene: The Life of Emperor Theodore Laskaris and Byzantium in the Thirteenth Century*, p. 94.

④ 旭烈兀是成吉思汗(1206—1227年在位)之子拖雷(1193—1232)第六子,同时也是蒙哥和忽必烈(1260—1294年在位)的弟弟。他建立了伊尔汗国(Ikhanate,1256—1335年),1256—1265年在位。

⑤ 关于这次西征,参见R. Amitai-Preiss, *Mongols and Mamluks: The Mamluk-Īlkhānid War, 1260-1281*, Cambridge: Cambridge University Press, 1995, pp. 11-25。

的背景。[1] 自此,尼西亚帝国开始直接与蒙古汗国联系。

关于尼西亚帝国与蒙古汗国之间使节来往的时间,学界有不少争议。[2] 目前来看,应该将哈拉和林与尼西亚帝国之间的距离考虑在内。因为路途遥远,使节来往两地通常需要一年时间。若蒙古汗国于1251年派出使节的话,使节应该在1252年底抵达尼西亚帝国。[3] 关于蒙古汗国与尼西亚帝国互派使节的最重要信息来自13世纪法国圣方济各会会士鲁布鲁克的威廉(William of Rubruk)。他奉法王路易九世(Louis Ⅸ,1226—1270年在位)之命出使蒙古,于1253年12月27日到达蒙哥的宫廷,并在哈拉和林待到1254年7月10日。[4] 之后他翔实地记载了自己的蒙古之行,其中便有关于蒙古汗国与尼西亚帝国关系的一些重要资料。他称在哈拉和林遇到了一位精通多种语言的阿拉伯人,此人可能是在1251年底由蒙哥派往尼西亚帝国的使节。[5] 据说约翰三世惧怕蒙古人入侵,于是给予这位使节丰厚的赏赐以作斡旋。在此人的建议下,皇帝遣使前往哈拉和林缓和事端,以争取时间。[6] 尼西亚使节应该在一年后也就是1253年底抵达哈拉和林,并可能于1254年1月4日前见到了鲁布鲁克的威廉。[7] 他们还着力强调了约翰三世和路易九世之间的和平关系,以淡化基督教世界的分歧。[8] 尼西亚使节此行主要目的是转移蒙古西征军入侵的威胁,以

---

① D. Korobeinikov, *Byzantium and the Turks in the Thirteenth Century*, p. 189. 日本学者村田光司提到蒙哥登基后派使节前来告知尼西亚皇帝,而皇帝并不了解蒙哥的真实动机,于是在使节的建议下遣使蒙哥。参见 K. Murata, “The Mongols' Approach to Anatolia and the Last Campaign of Emperor John Ⅲ Vatatzes”, *Greek, Roman, Byzantine Studies* 55 (2015), p. 486。

② 关于这一问题的讨论,参见 J. Langdon, “Byzantium's Initial Encounter with the Chinggisid: An Introduction to the Byzantino-Mongolica”, *Viator* 29 (1998), pp. 129-132; N. Cassidy, *A Translation and Historical Commentary of Book One and Book Two of the Historia of Geōrgios Pachymerēs*, pp. 291-293; D. Angelov, *The Byzantine Hellene: The Life of Emperor Theodore Laskaris and Byzantium in the Thirteenth Century*, pp. 133-134。

③ D. Korobeinikov, *Byzantium and the Turks in the Thirteenth Century*, p. 189.

④ 关于具体时间,参见 D. Korobeinikov, *Byzantium and the Turks in the Thirteenth Century*, p. 189 and n. 129。

⑤ 参见《柏朗嘉宾蒙古行纪 鲁布鲁克东行纪》,耿昇、何高济译,北京:中华书局,1985年,第295页。D. 安格洛夫曾对这位阿拉伯人的身份做过详细的分析,参见 D. Angelov, *The Byzantine Hellene: The Life of Emperor Theodore Laskaris and Byzantium in the Thirteenth Century*, p. 134。

⑥ 参见《柏朗嘉宾蒙古行纪 鲁布鲁克东行纪》,第295页。

⑦ D. Korobeinikov, *Byzantium and the Turks in the Thirteenth Century*, p. 189, n. 129.

⑧ 参见《柏朗嘉宾蒙古行纪 鲁布鲁克东行纪》,第262页。

避免战争。[1] 遗憾的是，关于尼西亚帝国使节如何在哈拉和林表达诉求，如何说服蒙哥不对尼西亚帝国发起进攻，我们一无所知。也许使节得到了来自蒙哥不会进攻尼西亚帝国的答复。[2]

(四)阿萨克雷战役引发尼西亚帝国边界新危机

尽管约翰三世的遣使举措可能发挥了作用，但在旭烈兀到来后蒙古西征军对尼西亚边界的威胁不减反增。碍于金帐汗国(Golden Horde，1242—1502年)可汗拔都[3]的阻挠，1253年和1254年旭烈兀都只能屯兵于阿姆河右岸。据斯库塔瑞奥提斯记载，面对蒙古人的威胁，约翰三世在1254年专程从尼姆法雍前往尼西亚城，视察该城为攻防战事和提升安全所做的准备。[4] 1255年拔都去世后，旭烈兀才于转年跨过阿姆河开始实施军事计划。1256年7月，他命令拜住离开穆干平原，以保证自己军队有充足的粮草供应。拜住只好前往塞尔柱苏丹国寻找新牧场。他于1256年8月到达埃尔祖鲁姆，再由此前往埃尔津詹。拜住致信凯考斯二世，敦促他给蒙古军队一部分冬季牧场。但苏丹断然拒绝，战争不可避免。1256年10月14日，双方在阿克萨雷开战。[5] 战败后，苏丹逃往尼西亚帝国避难。值得注意的是，苏丹的军队中出现了拜占庭旗帜。关于这些旗帜的来源或者说尼西亚帝国是否派兵参战，学者们也有不同的认识。据D.科洛本尼科夫研究，战场上的拜占庭旗帜可能来自当时从尼西亚帝国逃来的米哈伊尔·帕列奥列格。[6] 帕西米尔斯称，米哈伊尔·帕列奥列格被与其相熟的宫

---

① D. Angelov, “Theodore Ⅱ Laskaris on the Sultanate of Rum and the Flight of ‘Izz al-Dīn Kay Kāwūs Ⅱ”, pp. 29-30; D. Angelov, *The Byzantine Hellene: The Life of Emperor Theodore Laskaris and Byzantium in the Thirteenth Century*, p. 134. D.安格洛夫认为因当时约翰三世正在巴尔干地区，出使蒙古的使节应该是由皇子塞奥多利派出的。

② K. Murata, “The Mongols' Approach to Anatolia and the Last Campaign of Emperor John Ⅲ Vatatzes”, p. 487.

③ 拔都为成吉思汗之子术赤(约1182年至1227年)的次子，是金帐汗国即钦察汗国的真正奠基者，约1205年至1255年在位。

④ D. Angelov, *The Byzantine Hellene: The Life of Emperor Theodore Laskaris and Byzantium in the Thirteenth Century*, pp. 147, 353; K. Murata, “The Mongols' Approach to Anatolia and the Last Campaign of Emperor John Ⅲ Vatatzes”, p. 487.

⑤ George Akropolites, *The History*, pp. 315-316, 65.

⑥ D. Korobeinikov, *Byzantium and the Turks in the Thirteenth Century*, p. 194.

廷官员科蒂斯(Kotys)警告,后者称塞奥多利二世怀疑他不忠,并有可能将他监禁。得知此消息后,米哈伊尔·帕列奥列格逃往塞尔柱苏丹国避难。[①] 苏丹比较赏识他,让他率领苏丹军中的拜占庭士兵作战,[②]此时他可能擅自使用了拜占庭旗帜。D. 科洛本尼科夫继续分析,称由于时间所限,塞奥多利二世来不及派出军队支援苏丹。实际上,也很难确定塞奥多利二世是否有派兵打算,因为主动参战肯定会得罪蒙古人,引火烧身。尽管尼西亚军队没有参战,但战场上拜占庭旗帜的出现无疑向蒙古人传达了尼西亚帝国与塞尔柱苏丹国是军事同盟的信息,这便使塞奥多利二世和尼西亚帝国都面临蒙古军队进攻的威胁。加上塞奥多利二世还为溃败的苏丹凯考斯二世提供了避难所,[③]这又给蒙古人进攻尼西亚帝国提供了理由。[④] 因而在阿萨克雷战役后,尼西亚帝国东部边界的蒙古入侵压力变得更为直接和紧迫。

(五)尼西亚皇帝接待蒙古使团

1257年1—4月苏丹凯考斯二世停留尼西亚帝国期间,蒙古人始终威胁着尼西亚帝国的东部边境。与此同时,苏丹还设法同蒙古人建立联系。因正准备进攻巴格达,旭烈兀需要保持小亚细亚局势平静。同时,避免同尼西亚帝国开启战端,也使他可以将拜住的军队集中用于消灭阿拔斯政权的战事。[⑤] 基于此,旭烈兀派使团前去尼西亚帝国面见塞奥多利二世和凯考斯二世,传达允许苏丹

---

① 在此之前,米哈伊尔·帕列奥列格也曾被怀疑不忠。1253年秋,他因被指控犯有叛国罪而受到审判。阿克罗颇利塔斯详细描述了审判的经过,并为米哈伊尔·帕列奥列格做了精彩的无罪辩护,详见 George Akropolites, *The History*, pp. 259-263, 50。但帕西米利斯有不同记载,参见 George Pachymeres, *Book One and Book Two of the Historia*, pp. 6-8。关于这一问题的讨论,详见 S. Georgieva, “Bulgarian-Byzantine Marital Diplomacy from 1185 to 1280”, pp. 440-441。最终,米哈伊尔被判无罪,在对约翰三世宣誓效忠并奉旨与约翰三世的侄女塞奥多拉成婚后被派往小亚细亚地区。参见 R. Macrides, *George Akropolites, The History*, p. 51; K. Murata, “The Mongols' Approach to Anatolia and the Last Campaign of Emperor John Ⅲ Vatatzes”, p. 478。1256年战败后,他逃亡卡斯特蒙[Kastamon,今土耳其卡斯塔莫努(Kastamonu)]。1257年,经科尼亚都主教从中调解,米哈伊尔·帕列奥列格修复了与塞奥多利二世的关系。在获得皇帝的安全保证后,他返回了尼西亚帝国。参见 George Pachymeres, *Book One and Book Two of the Historia*, p. 9。

② George Akropolites, *The History*, pp. 325-326, 69.

③ George Akropolites, *The History*, pp. 325-326, 69.

④ D. Korobeinikov, *Byzantium and the Turks in the Thirteenth Century*, p. 194.

⑤ D. Korobeinikov, *Byzantium and the Turks in the Thirteenth Century*, p. 199.

回国的信息。

而就在得知蒙古使团将要到来的消息后,塞奥多利二世便开始实施精明的外交策略。因为蒙古使节前往尼西亚帝国必先经过塞尔柱苏丹国,根据帕西米尔斯的记载,塞奥多利二世先派出使节前往该国,散布尼西亚军队不可战胜的消息。并且为了保证这些使节无后顾之忧,他还承诺若他们在完成任务时若遭遇不幸会保证他们的家眷衣食无忧。① 而当蒙古使节到达尼西亚帝国东部边界时,他派出向导前去为他们引路。向导按照精心策划的路线,带领蒙古使节走过狭窄的通道,并解释说帝国境内大抵如此。塞奥多利二世还在驻地安排了大量全副武装的士兵,意在使旅途劳累的使节感受到帝国军队的威严。此外,塞奥多利二世对接待仪式也做了精心设计,使其既庄严又华丽。在接见蒙古使节时,他手执宝剑,坐在高高的御座上。他的面前有帘子遮挡,当帘子打开时,他只是寥寥数语,便给人以震慑之感。他还让达官显贵身穿华服,循环出现在接待仪式上,使蒙古使节眼花缭乱。② 塞奥多利二世巧妙地运用了拜占庭外交中的传统手法,其目的是让蒙古使节惊叹帝国的兵力及帝国的威严,从而回国后给出不出兵的建议。但只有帕西米尔斯对此留有记载,他也将其视作尼西亚皇帝处理东部事务的一项重要成就,但在没有其他史料提供佐证的前提下,还是应谨慎对待这次外交活动。

之后,为了避免激怒蒙古人从而给东部边界造成巨大的防守压力,塞奥多利二世及其谋臣都不支持给予苏丹永久庇护。最终,塞奥多利二世派400名兵士护送苏丹在1257年5月1日回国,苏丹则割让劳迪吉亚等四座要塞作为回报。③ 同时,借处理塞尔柱苏丹国与蒙古事宜的时机,尼西亚帝国与新立国的伊尔汗国也开始直接联系。塞奥多利二世也与旭烈兀签署了和平条约,④并且为

---

① George Pachymeres, *Book One and Book Two of the Historia*, p. 66; N. Cassidy, *A Translation and Historical Commentary of Book One and Book Two of the Historia of Geōrgios Pachymerēs*, p. 294.

② George Pachymeres, *Book One and Book Two of the Historia*, pp. 66-67.

③ George Akropolites, *The History*, pp. 325-326, 69. R. Macrides, *George Akropolites, The History*, p. 300, n. 14。塞奥多利二世还将此视作帝国复兴的开始,参见 D. Angelov, "Theodore II Laskaris on the Sultanate of Rum and the Flight of 'Izz al-Dīn Kay Kāwūs Ⅱ", p. 43。

④ D. Korobeinikov, *Byzantium and the Turks in the Thirteenth Century*, p. 198.

保证东部边界的安全，他还试图同旭烈兀联姻，但这一联姻计划在1265年才达成。[①] 因而，直至尼西亚帝国历史结束，蒙古西征军依旧威胁帝国东部边界的安全。

总体而言，尼西亚帝国扎根于小亚细亚西北部，其与塞尔柱苏丹国的边界是否稳定与安全，直接关乎帝国的安危。尽管在1211年安条克战役后尼西亚帝国与塞尔柱苏丹国之间基本上保持了边界的稳定，但因后者已逐步占据整个小亚细亚内陆地区，并在小亚细亚南部和黑海地区扩张势力，其仍是尼西亚帝国不可轻视的敌手。如前所述，双方曾发生数次小规模军事冲突，故而尼西亚帝国东部边界防御仍不容忽视。直到塞尔柱苏丹国在1243年和1256年两次被蒙古西征军击败后，它才不再对尼西亚帝国东部边界造成压力。在写给父亲的颂词中，塞奥多利二世曾明确地指出塞尔柱苏丹国不再是安纳托利亚的统治力量，因为它受到蒙古人的打压。[②] 与此同时，塞尔柱突厥国也开始失去了其充当尼西亚帝国抵御蒙古人入侵的“盾牌”这一客观作用。故而，蒙古人入侵逐渐取代塞尔柱苏丹国西进，这使尼西亚皇帝们如临大敌，也更为重视东部边界。尽管约翰三世和塞奥多利二世积极采取外交措施应对蒙古人的入侵，但蒙古人对其东部边界造成的威胁和压力一直持续到尼西亚帝国终结。因而，13世纪尼西亚帝国东部边界防御的主要特点是先防塞尔柱突厥人，后防蒙古人。当然，还应看到生活在塞尔柱苏丹国和尼西亚帝国边界的游牧的土库曼人，他们也是尼西亚帝国防御的对象之一。这些人逐渐地脱离了塞尔柱苏丹国中央政权的控制，开始效忠于自己部落的首领。因而，无论是防塞尔柱突厥人、蒙古人还是游牧的土库曼人，构建东部战略防御体系必然成为尼西亚帝国东部政策的重要内容。

---

① 1265年，米哈伊尔八世将其年仅七八岁的女儿玛利亚嫁给旭烈兀。但当玛利亚到达伊儿汗国时，因旭烈兀已经去世，她便转嫁给旭烈兀的长子和继承人阿八哈（Abaqa，1265—1282年在位）。阿八哈统治时期，伊儿汗国同拜占庭帝国一直保持着相对友好的关系。参见M. Ramos，“Maria Paleologina and the Il-Khanate of Persia. A Byzantine Princess in an Empire Between Islam and Christendom”，*Imago Temporis. Medium Aevum*，Ⅺ（2017），pp. 217-231。

② D. Angelov，*The Byzantine Hellene*：*The Life of Emperor Theodore Laskaris and Byzantium in the Thirteenth Century*，p. 56.

(六)尼西亚帝国构建东部战略防御体系

除了上述的利用外交手段维护东部边界安全,尼西亚皇帝还在充分考虑东部战略生态的基础上,积极构建东部战略防御体系。学者们经常提及尼西亚皇帝利用三种力量加强边界防御,分别是位于边界城镇或城堡的行省守卫或军区士兵;定居于帝国边界的突厥人或游牧的库曼人;边民①(Akritai,山区居民)。② 除此以外,尼姆法雍成为“陪都”也是构建这一体系的必然要求,它还在很大程度上对此起了积极的推动作用。

尼西亚帝国延续了科穆宁王朝的传统,即建造防御工事对抗边境游牧的突厥人。③ 现有的考古证据和文献表明,要塞的建造和维护是尼西亚帝国的一项系统政策。④ 因尼西亚城地处边界,常处于外敌入侵的危险之中,为了拱卫该城,尼西亚皇帝在它周围建造了多处要塞,使它处于要塞的环绕之中。塞奥多利一世在位时还曾自北向南加强了对黑海岸边的赫拉克利亚、桑加里奥斯河以及西南边境奥林匹斯(Olympos)山⑤的管理和防御。⑥ 这在很大程度上完善了尼西亚帝国的北部防御。继位的约翰三世继续提升尼西亚城城墙的防御能力,⑦与此同时,他也非常重视帝国南部的防御,他使费拉德尔菲亚处于玛吉底

---

① 边民即“边境武士”(ἀκρίτης,复数形式为ἀκρίται)。在小亚细亚的东方前线上,拜占庭人与阿拉伯人几乎不间断的战争导致了“边境武士”的出现。拜占庭时期,边境武士用于指代帝国边防线上的保护者,他们有时相对于中央政府保持一定的独立性。参见[美]A. A. 瓦西列夫:《拜占庭帝国史》,第 878—879 页。

② D. Korobeinikov, “How ‘Byzantine’ Were the Early Ottomans? Bithynia in ca. 1290-1450”, in I. V. Zaitsev, S. F. Oreshkova, eds., Osmanskii mir i osmanistika, Moscow, 2010, p. 231; D. Korobeinikov, *Byzantium and the Turks in the Thirteenth Century*, p. 236; M. Bartusis, *Land and Privilege in Byzantium: The Institution of Pronoia*, Cambridge, New York: Cambridge University Press, 2012. pp. 226-227, 278.

③ D. Korobeinikov, *Byzantium and the Turks in the Thirteenth Century*, p. 78. 详见 C. Foss, *Cities, Fortresses and Villages of Byzantine Asia Minor*, V, pp. 145-152。

④ D. Angelov, *The Byzantine Hellene: The Life of Emperor Theodore Laskaris and Byzantium in the Thirteenth Century*, p. 31.

⑤ 今土耳其塔赫塔勒(Tahtalı)山,位于该国安塔利亚(Antalya)省。为陶鲁斯(Taurus)山脉的西部支脉,海拔约 2366 米,现属于土耳其贝达格拉里(Beydağlari)海岸国家公园的一部分。

⑥ M. Angold, *A Byzantine Government in Exile: Government and Society under the Laskarids of Nicaea, 1204-1261*, pp. 98-99.

⑦ C. Foss, *Nicaea: A Byzantine Capital and its Praises*, p. 95.

亚、塔布拉[1](Tabala)和特里波利斯等要塞的拱卫之下。1207 年后劳迪吉亚被塞尔柱突厥人占领，特里波利斯的重要性大大增强。约翰三世便着重加强该地的防御工事，还增加了该地的戍守力量，并保证谷物供应，使其成为捍卫边界安全的重要壁垒。[2] 除了依靠边界要塞里的防御力量，尼西亚皇帝们还利用边民担纲防卫。尼西亚帝国的边民多居住在桑加里奥斯河和迈安德河上游附近的高地，这些地区常面临土库曼游牧部落入侵的巨大威胁。如阿克罗颇利塔斯便提到这些人仇恨拜占庭人，也乐于劫掠拜占庭人。米哈伊尔·帕列奥列格于 1256 年在逃亡塞尔柱苏丹国的途中就曾遭到他们的侵袭，以致失去了大量的随从和金银细软。[3] 而边民与这些劫掠的游牧民族共生共存，成为阻挡他们入侵尼西亚帝国的首条防线。如阿克罗颇利塔斯提到费拉德尔菲亚地区的边民多擅长用箭作战，具有极为丰富的实战经验。而且因是为保护家园而战，所以他们在战斗中非常勇敢，战斗力也强。[4] 为使他们成为有效的防御力量，尼西亚皇帝还对他们实行免税政策[5]，以提升他们的生活水平，坚定他们防御边界的信心。此外，尼西亚皇帝特别是约翰三世还实行移民实边的政策。库曼人原本生活在多瑙河和里海之间的东欧草原，但 1237 年蒙古人西征在很大程度上促使大批库曼人跨过多瑙河前往马其顿地区。尼西亚军队在征服这一地区的过程中，将其中一部分库曼人迁移至帝国东部边界。[6] 哥力高拉斯提到约翰三世把

---

① 今土耳其布加兹(Burgaz)村，位于马尼萨省城镇库拉(Kula)东北，参见 G. Cohen, *The Hellenistic Settlements in Europe, the Islands, and Asia Minor*, Berkeley, Los Angeles: University of California Press, p. 238。

② C. Foss, *Cities, Fortresses and Village of Byzantine Asia Minnor*, Ⅵ, p. 300; D. Korobeinikov, *Byzantium and the Turks in the Thirteenth Century*, pp. 218-219; R. Macrides, *George Akropolites, The History*, p. 222, n. 9.

③ George Akropolites, *The History*, pp. 277-78, 53.

④ George Akropolites, *The History*, pp. 315-316, 65.

⑤ George Pachymeres, *Book One and Book Two of the Historia*, pp. 3-4. 可能早在塞奥多利一世统治时期便已实行免税政策。免税仅是指免除土地税，贸易税仍旧征收。如果边民迁移到其他地区居住，他们将不再免税。参见 N. Cassidy, *A Translation and Historical Commentary of Book One and Book Two of the Historia of Geōrgios Pachymerēs*, p. 92。

⑥ George Akropolites, *The History*, pp. 199, 35; pp. 215-216, 40.

他们安置于迈安德河谷以及弗里吉亚[①](Phrygia)的边界地区。[②] 而在为约翰三世创作的演说词中，塞奥多利二世也称其父曾把库曼人安置在帝国东部以抵抗塞尔柱苏丹国军队的西进。[③] 因而，约翰三世此举意在扩充尼西亚帝国的军事资源，增强东部边界防御能力。

（七）尼姆法雍：东部战略防御体系的重要一环

除了依赖于这三种防御力量外，还不能忽视“陪都”尼姆法雍的价值。而尼姆法雍之所以成为“陪都”也与尼西亚帝国构建东部战略防御体系有直接关系。首先，首都尼西亚城地处帝国西北角，难以统摄东部漫长边界的防御力量。尼西亚帝国东部的防御主要着力于两个方向，一是帕夫拉高尼亚—桑加里奥斯河地区，一是迈安德河流域尤其是河谷地带。其中，迈安德河沿岸是尼西亚帝国最为富庶的区域之一，也最容易受到攻击，是战事多发之地。约翰三世统治期间，尼西亚帝国与塞尔柱苏丹国曾在这一区域进行军事较量。[④] 因而这一地区的防务是重中之重，远在西北的尼西亚城对此自然鞭长莫及。为保证东部边界的安全与稳定，便需另设一政治中心即“陪都”，从而为东部战略防御体系的构建提供重要支撑。

其次，尼姆法雍是尼西亚皇帝的过冬居所，又是精锐部队的集中地，符合帝

---

① M. 安格德提到，在尼西亚帝国的语境中，弗里吉亚指的是萨迪斯和费拉德尔菲亚以北和以东的边境地区。参见 M. Angold, *A Byzantine Government in Exile: Government and Society under the Laskarids of Nicaea, 1204-1261*, p. 105。

② 转引自 D. Angelov, *The Byzantine Hellene: The Life of Emperor Theodore Laskaris and Byzantium in the Thirteenth Century*, p. 275, n. 55。

③ M. Bartusis, “On the Problem of Smallholding Soldiers in Late Byzantium”, *DOP* 44 (1990), p. 12; M. Bartusis, *The Late Byzantine Army*, p. 26; R. Macrides, *George Akropolites, The History*, p. 217, n. 5. 关于尼西亚军队中的库曼人，参见 M. Bartusis, *The Late Byzantine Army*, pp. 26-27; J. Langdon, *Byzantium's Last Imperial Offensive in Asia Minor*, pp. 19-21。约翰三世用“礼物和各种慷慨争取到了一支善战的库曼人军队”。参见 George Akropolites, *The History*, p. 215。1258 年，库曼人构成了一支独立且备受尊重的外国雇佣军，并且可以说希腊语。13 世纪下半叶，他们居住在士麦拿附近的一个独立社区。参见 D. Angelov, “Theodore Ⅱ Laskaris on the Sultanate of Rum and the Flight of ‘Izz al-Dīn Kay Kāwūs Ⅱ”, pp. 30-31。关于库曼人的来源及其在尼西亚帝国的情况，还可参见 R. Shukurov, *The Byzantine Turks, 1204-1461*, Leiden: Brill, 2016, pp. 90-92; D. Korobeinikov, *Byzantium and the Turks in the Thirteenth Century*, pp. 77-78。

④ D. Korobeinikov, *Byzantium and the Turks in the Thirteenth Century*, pp. 79, 159, 219, 244.

国构建东部战略防御体系的要求。尼西亚皇帝常率兵前往尼姆法雍过冬，实际上这既是为保证帝国大后方也就是腹地的稳定，也是为保证东部边界的安全。据阿克罗颇利塔斯所载，约翰三世在西征期间得知蒙古人强势进入小亚细亚的消息后迅速做出了撤兵的决定。回到小亚细亚后，正值隆冬季节，他便先前往尼姆法雍过冬。① 这可能说明，尼姆法雍已经成为皇帝排兵布阵和战略决策的重要基地。约翰三世统治期间，尼西亚帝国通过与塞尔柱苏丹国的军事较量，借机获得了对费拉德尔菲亚—特里波利斯—劳迪吉亚—安条克这一军事道路系统的管控。② 这些地区都位于尼西亚帝国边界，加上从尼姆法雍直通费拉德尔菲亚的道路较为通畅③，这便利于尼西亚皇帝们密控边界局势。他们也多次由尼姆法雍出发，在精干护卫的陪同下率军前去视察东部边界，并且在此基础上形成了巡视边界的习惯。这对于加强东部防御也有重要意义。因费拉德尔菲亚是尼西亚帝国的东部前哨，也是帝国持续占有小亚细亚西部的关键，④所以除非有其他的外交安排或政治活动，尼西亚皇帝们多由尼姆法雍出发率兵前往费拉德尔菲亚。其中，因米哈伊尔八世在麦格尼西亚称帝，他便从那里启程亲赴费拉德尔菲亚。⑤ 而在加冕后他还从尼姆法雍派出了自己同父异母的兄弟君士坦丁前去帕夫拉高尼亚及周边地区，视察那里的城市、军队和要塞。⑥ 除此之外，1243 年约翰三世很可能是从尼姆法雍出发前往费拉德尔菲亚，再由此前往特里波利斯与塞尔柱苏丹会面。会面结束后，他又回到了费拉德尔菲亚。⑦ 约翰三世很有可能趁此机会视察了该地的防务。而塞奥多利二世于尼姆法雍登基后，直接由此地出发前往费拉德尔菲亚巡视东部防线，并与苏丹凯考斯二世

① George Akropolites, *The History*, pp. 215-216, 40; pp. 220-221, 41.

② J. Longdon, *Byzantium's Last Imperial Offensive in Asia Minor*, p. 31.

③ M. 安格德在其书中给出了尼西亚帝国的疆域图，其中还包括围绕尼姆法雍的道路网，参见 M. Angold, *A Byzantine Government in Exile: Government and Society under the Laskarids of Nicaea, 1204-1261*, map 1。

④ N. Cassidy, *A Translation and Historical Commentary of Book One and Book Two of the Historia of Georgios Pachymerēs*, p. 89.

⑤ George Pachymeres, *Book One and Book Two of the Historia*, pp. 47-48.

⑥ George Akropolites, *The History*, pp. 346-347, 77; R. Macrides, *George Akropolites, The History*, p. 350, n. 13.

⑦ George Akrppolites, The History, pp. 220-221, 41.

重续他们的前任君主签订的和平条约。① 然而，还应注意，尼西亚皇帝之所以巡视东部边界不排除边界地区出现不稳因素的可能。因而尼西亚皇帝必定率精锐之师前去，这不仅可以在很大程度上展示军威、震慑敌人，而且也可增强边界防御力量的信心和决心，从而增强东部战略防御体系的防御能力。因此，“陪都”尼姆法雍既是构建东部战略防御体系的必然要求，也是这一体系的重要一环，对于边界的稳定与安全有重要意义。

① George Akropolites, *The History*, pp. 277-278, 53; R. Macrides, *George Akropolites*, *The History*, p. 279, n. 6.

第四章　尼西亚帝国以尼姆法雍为“陪都”的意义

在流亡的背景下，尼西亚帝国以尼姆法雍为“陪都”是对1204年以后东地中海世界的政治局势做出的有力回应，在很大程度上保证了东部边界和帝国的安全。这便为经济发展创造了至关重要的稳定环境，从而促进了政权的振兴。与此同时，尼西亚皇帝们也常由“陪都”尼姆法雍发动西征，或是在西征归来后前往尼姆法雍。尼姆法雍便成为他们谋划西征事宜、筹备物资补给的重要基地，积极推动了帝国西征计划的顺利实施。因而，“陪都”尼姆法雍不仅稳固了尼西亚帝国在小亚细亚的统治，还为其西征乃至最终完成收复君士坦丁堡的政治使命提供了重要保障。此外，还应注意，尼西亚帝国的“陪都”之举也是晚期拜占庭人于衰亡中以经营小亚细亚为机，探索救亡之举的积极尝试，这也为我们思考拜占庭末代王朝帕列奥列格王朝的衰亡问题提供了一些新思路。

一、“陪都”尼姆法雍与尼西亚帝国的经济

小亚细亚地区自古便充当了欧洲的安全屏障，它使欧洲避免直接暴露于波斯人和阿拉伯人等族群的进攻之下。因而，“从建立之始，拜占庭帝国一直是欧

洲反对不虔诚的东方以及北方蛮族的保护人"。[①] 在其千余年历史中，拜占庭帝国绝大多数时间都是横跨亚欧大陆。可以说，拜占庭帝国的半壁江山都在小亚细亚。[②] 拜占庭皇帝大多重视其亚洲领土的边境防御，以拱卫首都君士坦丁堡和欧洲领土。同时，小亚细亚不仅是拜占庭人抵御帝国东部敌人入侵的屏障，而且也为帝国的发展提供了丰富的资源。尤其是小亚细亚西部沿海有肥沃的沿海平原和河谷地带，这里历来是拜占庭帝国最富饶也是人口最多的地区之一，并逐渐形成了重要的农业和商贸中心，是谷物生产、手工加工及贸易的集合地。[③]

流亡时期，尼西亚帝国在抗击拉丁帝国、塞尔柱苏丹国以及边界土库曼游牧部落等势力的过程中，逐渐找到了解决尼西亚城偏处一隅，难以实现对广阔的腹地进行有效管理以及难以管控东部边界的方法，也逐渐摆脱了资源集中于首都所带来的风险。它以尼姆法雍为"陪都"形成了新的政治中心，同时也以尼姆法雍为"陪都"构建起东部战略防御体系。总体而言，尽管有塞尔柱苏丹国和蒙古西征军等造成的巨大防守压力，但在长达半个多世纪的时间里，尼西亚帝国在很大程度上遏制了塞尔柱苏丹国在小亚细亚地区的扩张。除 1211 年安条克战役外，帝国与塞尔柱苏丹国基本上避免了大规模的军事冲突和武装对抗，使东部边界基本处于可控且较为稳定的状态。这也说明尼西亚帝国以"陪都"尼姆法雍为中心构建的东部战略防御体系是卓有成效的。而东部边界的安全不仅有利于帝国的稳固和文化教育的发展，更重要的是也为经济发展创造了至关重要的条件。尼西亚帝国时期，小亚细亚西北部地区的经济逐渐发展、繁荣起来。

(一)尼西亚帝国的农业和畜牧业

小亚细亚西北部地区河流较为密集，其北部有桑加里奥斯河、林恩达库斯

---

① S. Runciman, *A History of the Crusade*, Vol. 3, Cambridge: Cambridge University Press, 1954, p. 130.

② 陈志强:《拜占庭帝国通史》,第 349 页。

③ [英]西里尔·曼戈主编:《牛津拜占庭史》,陈志强、武朋译,北京:北京师范大学出版社,2015 年,第 344 页。

河和麦凯斯托斯河，南部有凯科斯[①]（Kaikos）、赫尔莫斯、凯斯特罗斯河和迈安德河等，它们不仅形成了多块肥沃的冲积平原和河谷地带，还为这一地区提供了充足的水源，这便为农业有序发展提供了良好的自然条件。根据现代学者估计，1242年，尼西亚帝国（包括色雷斯前哨）有30%—50%的土地适于农业生产。[②] 这说明尼西亚帝国耕地资源丰富，农业也是帝国经济的重要组成部分。塞奥多利二世对小亚细亚西北部的土地状况深有感触，他曾赞美凯斯特罗斯河谷以及士麦拿和萨迪斯周围肥沃的土地。[③] 作为尼西亚帝国最富饶的地区之一，迈安德河谷也受到了帕西米尔斯的关注，他称之为"第二个巴勒斯坦"。[④] 在尼西亚城所在的比提尼亚地区，特别是尼西亚帝国南部赫尔莫斯河、凯斯特罗斯河和迈安德河谷这些重要的农业区，农业也都繁荣起来。[⑤] 其中，在士麦拿，农业还得到了较高水平的发展。该城附近麦玛尼奥麦诺斯[⑥]（Memaniomenos）的沿海平原水源充足、土壤肥沃，成为帝国著名的谷物种植中心。[⑦] 塞奥多利二世常住在农村附近，据他观察，这时农村种植的作物除了谷物，最常见的还有水果、葡萄、豆类和橄榄等。而且在沿海地区，他看到"橄榄树的叶子比沙粒还多"。在写给美索普塔米特斯（Mesopotamites）的信件中，他也提到了他的同时代人都羡慕小亚细亚有肥沃的土地、果实累累的树木和大量的葡萄园。[⑧] 因而，通过塞奥多利二世的记载，我们可以看到尼西亚帝国农业呈现出一派欣欣向荣之景。

---

① 今土耳其巴克凯（Bakırçay）河，流经该国西部，最终注入爱琴海的埃德雷米特湾（Edremit Gulf）。

② 转引自 D. Angelov, *The Byzantine Hellene: The Life of Emperor Theodore Laskaris and Byzantium in the Thirteenth Century*, p. 247, n. 17。

③ M. Angold, *A Byzantine Government in Exile: Government and Society under the Laskarids of Nicaea, 1204-1261*, p. 102.

④ 转引自 D. Korobeinikov, "How 'Byzantine' Were the Early Ottomans? Bithynia in ca. 1290-1450", p. 217; D. Korobeinikov, *Byzantium and the Turks in the Thirteenth Century*, p. 219。

⑤ D. Angelov, *The Byzantine Hellene: The Life of Emperor Theodore Laskaris and Byzantium in the Thirteenth Century*, p. 41.

⑥ 今土耳其梅内门（Menemen），位于该国伊兹密尔省。坐落在由盖迪兹河冲击而成的平原上，该平原一直延伸到海边。时至今日，梅内门的经济仍然在很大程度上依赖农业和畜牧业。

⑦ M. Angold, *A Byzantine Government in Exile: Government and Society under the Laskarids of Nicaea, 1204-1261*, p. 103.

⑧ D. Angelov, *The Byzantine Hellene: The Life of Emperor Theodore Laskaris and Byzantium in the Thirteenth Century*, p. 41.

此外，也应注意，尼西亚帝国农业的发展还与皇帝们的支持密不可分[①]，这也展示了他们对小亚细亚的深度经略。如约翰三世极为重视也积极鼓励农业生产。他那广阔的皇家地产上不仅种有农作物，还饲养马、羊、牛、骆驼、猪和鸡等动物。[②] 据哥力高拉斯所载，约翰三世还常在皇家地产上躬身示范，并卖掉了他饲养的母鸡下的蛋，为皇后购买了一顶王冠。[③] 约翰三世此举意在向其臣民展示如何通过勤勉劳动来增加财富。同时，约翰三世还特别关注皇家地产的经营，他为此专门挑选了知识渊博的地产管理人员。他们一方面可以提供生产指导意见，另一方面也能监督皇室地产的运营。这些地产不仅能定期为皇室和宫廷提供充足的食物和葡萄酒，还具有培育和传播农业专门知识的附加功能。由于约翰三世对于农业的重视和倡导，布莱米迪斯甚至抱怨说，在他的时代农业科学比哲学更有价值。[④] 尽管史料中没有给出皇家地产的具体信息，但从约翰三世统治期间尼姆法雍逐渐成为尼西亚帝国的政治中心，以及尼姆法雍皇宫外有大片农地可以满足宫内的食物需求等可以推断，尼姆法雍也有约翰三世的皇家地产。因而，尼姆法雍便成为尼西亚帝国农业发展的重要示范。围绕尼姆法雍还形成了尼西亚帝国重要的农业区之一，拜占庭著名经济史家 M. 亨迪对此给予了很高评价，他认为正是这一地区欣欣向荣的农业为帝国的经济发展提供了强大助力。[⑤]

此外，环境稳定带来的人口自然增长加上拉丁征服导致的难民潮使小亚细亚西部人口出现了增长态势，这也为农业发展和农村繁荣提供了重要条件。流亡时期，尼西亚帝国在小亚细亚北部不仅重建也新建了一些村庄。这些村子里种有橄榄树和葡萄树，还有新磨坊。农业和农村发展带来的直接后果便是尼西

① A. 拉伊欧(A. Laiou)评价称，13世纪小亚细亚的繁荣在很大程度上要归功于拉斯卡利斯王朝皇帝们的经济政策，他们积极推动农业和畜牧业发展。参见 A. Laiou，"The Agrarian Economy，Thirteenth-Fifteenth Centuries"，in A. Laiou et al.，eds.，*The Economic History of Byzantium from the Seventh Through the Fifteenth Century*，p. 320。

② D. Angelov，*The Byzantine Hellene：The Life of Emperor Theodore Laskaris and Byzantium in the Thirteenth Century*，p. 41.

③ R. Macrides，*George Akropolites，The History*，p. 57.

④ D. Angelov，*The Byzantine Hellene：The Life of Emperor Theodore Laskaris and Byzantium in the Thirteenth Century*，p. 104.

⑤ M. Hendy，*Coinage and Money in the Byzantine Empire 1081-1261*，p. 320.

亚帝国物资充足，其农村和城市都储存有大量玉米。[1] 除了平原，尼西亚帝国境内的希皮鲁斯山和伊达山[2](Ida)等也为饲养牲畜提供了良机，这也是农民经济收入的来源之一。[3] 于是，“短期内，所有的仓库都堆满了各种水果；道路、街道、牲畜栏和围场挤满了牲畜和禽类”[4]，这很好地说明农村地区出现了经济复兴与繁荣。

与此同时，尼西亚帝国的畜牧业也得到了很大程度的发展。边民们一般拥有庞大的牧群，如在迈安德河谷一带便出现了大量被饲养的羊群和牛群。为了保持牧场的可持续发展，牧民们还实行休牧措施，在春天时把羊群赶出公共牧场。据 M. 安格德考证，在这一时期的修道院文件中，经常出现征收牧草税(*ennomion*)的要求，因而牧业具有了重要性。值得注意的是，牧草税不仅对牧养的动物征收，也对蜜蜂和奶制品征收，这也说明这些物品都成了重要的消费品。[5]

总体而言，尼西亚帝国农业和畜牧业的发展和繁荣在很大程度上满足了本国所需，这可以从哥力高拉斯关于塞尔柱突厥人进入尼西亚帝国购买生活物资的记载看出。1243 年蒙古人的入侵不仅给塞尔柱突厥人带来了恐慌，还使他们陷入了饥荒。于是，他们涌进尼西亚帝国高价购买谷物、肉类和其他食物，如此一来，金银珠宝、贵重纺织品以及其他奢侈品大量流入[6]，大大充实了尼西亚帝国国库。塞奥多利二世还曾就此称赞了自己的父亲约翰三世，认为他从那些塞尔柱突厥人手里获得了财富。[7] 因而，尼西亚帝国农牧业的发展在使帝国在粮食、橄榄油和畜产品等方面实现自给自足的同时，也使帝国能从与塞尔柱苏丹

---

① 参见 M. Angold, *A Byzantine Government in Exile: Government and Society under the Laskarids of Nicaea, 1204-1261*, p. 103。

② 今土耳其西北部卡兹(Kaz)山，海拔约 1770 米，其西北 20 公里处是特洛伊(Troy)古城遗址。

③ D. Angelov, *The Byzantine Hellene: The Life of Emperor Theodore Laskaris and Byzantium in the Thirteenth Century*, p. 41.

④ 转引自[美]A. A. 瓦西列夫：《拜占庭帝国史》，第 832 页。

⑤ M. Angold, *A Byzantine Government in Exile: Government and Society under the Laskarids of Nicaea, 1204-1261*, pp. 102-103.

⑥ A. Laiou, "Byzantine Trade with Christians and Muslims and the Crusades", in A. Laiou and R. Mottahedeh, eds., *The Crusades from the Perspective of Byzantium and the Muslim World*, Washington, D. C.: Dumbarton Oaks Research Library and Collection, 2001, p. 189.

⑦ D. Angelov, *The Byzantine Hellene: The Life of Emperor Theodore Laskaris and Byzantium in the Thirteenth Century*, p. 96.

国的贸易中获利，这便在很大程度上促进了尼西亚时期小亚细亚经济的繁荣，[①]为帝国的生存和发展奠定了坚实的经济基础。

（二）尼西亚帝国的制造业和贸易

除了农牧业，尼西亚帝国的制造业也逐渐发展起来。在一些城市和城镇中都有相关的制造业，这主要是为了满足当地居民的消费需求。如边界的费拉德尔菲亚除了行政和军事职能，还是尼西亚帝国重要的制造中心。它的制革业非常有名，并成了它的一张名片。如塞奥多利二世曾在赞美尼西亚城以哲学著称时提到，这“就像音乐属于科林斯，纺织属于塞萨利，制革属于费拉德尔菲亚”[②]。在制革业发展的基础上，该城还成了周边地区的商贸中心。[③] 同时，在尼西亚帝国还有国家主导的珍贵纺织品制造业，这可能主要是为了满足皇室成员和宫廷官员的需求。[④] 有学者认为，君士坦丁堡陷落后拜占庭帝国的丝绸制造业转移到了尼西亚城。[⑤] 而在 1261 年收复君士坦丁堡后，它也没有即刻迁移回去，因为直到 1290 年拜占庭宫廷还从尼西亚城运来丝绸。[⑥] 此外，主要服务于国家的武器制造业也依旧存在。如为夺取君士坦丁堡，米哈伊尔八世为武器制造商提供了充足的材料和资金，让他们制造一些必要的武器，特别是箭和弹弓等。[⑦] 帕西米尔斯也提到，约翰三世在为蒙古人入侵做准备时，将弓、箭、盾

---

① A. Laiou and C. Morrisson, *The Byzantine Economy*, Cambridge: Cambridge University Press, 2007, p. 171. 关于尼西亚帝国经济状况的研究，详见 M. Angold, *A Byzantine Government in Exile: Government and Society under the Laskarids of Nicaea, 1204-1261*, pp. 97-143。

② 转引自 A. Vacalopoulos, *Origins of the Greek Nation, the Byzantine Period*, 1204-1461, p. 39; A. Vasiliev, *History of the Byzantine Empire 324-1453*, 2nd English ed., rev., Oxford: Blackwell, 1952, p. 549; [美]A.A.瓦西列夫:《拜占庭帝国史》，第 836 页。。

③ M. Angold, *A Byzantine Government in Exile: Government and Society under the Laskarids of Nicaea, 1204-1261*, pp. 109-110.

④ A. Laiou and C. Morrisson, *The Byzantine Economy*, p. 127.

⑤ D. Jacoby, *Byzantium, Latin Romania and the Mediterranean*, Aldershot: Routledge, 2001, no. XI, pp. 18-20.

⑥ 米陶基特斯在《尼西亚城》中称，在他那个时代来自尼西亚城的最精美的纺织品装饰着皇宫，参见 Theodore Metochites, “Νικαεύς”, pp. 190-193; K. Matschke, “The Late Byzantine Urban Economy, Thirteenth-Fifteenth Centuries”, in A. Laiou et al., eds, *The Economic History of Byzantium from the Seventh Through the Thirteenth Century*, p. 492。

⑦ K. Matschke, “The Late Byzantine Urban Economy, Thirteenth-Fifteenth Centuries”, p. 492.

牌、盔甲和投石机等兵器存放在城市的公共建筑中，并让铁匠制造更多兵器。同时，他还提到新婚丈夫被要求在婚约中列出他们的兵器。[①] 这或许也说明个人也能从这些武器制造商手里买到武器。

尼西亚帝国的对外贸易在一定程度上受到了约翰三世自给自足的经济政策的影响。[②] 为了实施这一政策，他颁布了禁奢令，强制臣民穿着用本国的布料制作的衣服，禁止奢侈品尤其是丝绸的进口和消费。约翰三世此举可能是为了防止财富流到外国丝绸贸易者手中。[③] M. 安格德详细分析了尼西亚帝国的黄金储备情况，他认为约翰三世此举是为了减少黄金外流。这一状况的好转也得益于蒙古人入侵小亚细亚后带来的尼西亚帝国和塞尔柱苏丹国之间更为密切的政治和商业联系。塞尔柱突厥人在购买尼西亚物资时多选择用黄金支付，这便在很大程度上缓解了尼西亚帝国黄金库存不足的问题，稳定了经济。[④]

尽管约翰三世原则上主张自给自足，以增强本国经济的独立性和抗压能力，但并非全面限制对外贸易。尼西亚帝国地处这一时期东地中海世界的两条主要贸易线上，其中一条由威尼斯人主导，经克里特岛和优卑亚(Euboea)岛到君士坦丁堡；另一条则由克里米亚通往锡诺普，然后穿越小亚细亚，到达塞尔柱苏丹国的首都科尼亚。这条路线还延伸至小亚细亚南部海岸的安塔利亚和阿拉尼亚[⑤](Alania)。而这些港口又与塞浦路斯、叙利亚和埃及的港口有直接联系。因而借助这两条贸易线，尼西亚帝国境内可较为容易地获得国外商品，如麦格尼西亚市场上便出售来自印度和埃及的货物。[⑥] 同时，尼西亚帝国也受益

---

① George Pachymeres, *Book One and Book Two of the Historia*, p. 66.

② 关于约翰三世实行这一政策的时间的讨论，参见 E. Mitsiou, "Ideology and Economy in the Politics of John Ⅲ Vatatzes (1221-1254)", p. 196。

③ 这可能也是为了抵制热那亚和卢卡(lucoa)之间以及塞尔柱苏丹国和拉丁帝国之间的合作，参见 E. Mitsiou, "Ideology and Economy in the Politics of John Ⅲ Vatatzes (1221-1254)", in Ayla Odekan et al., eds, *First International Byzantine Studies Symposium. Change in the Byzantine World in the Twelfth and Thirteenth Centuries*, Istanbul, 2010, pp. 199-200。

④ M. Angold, *A Byzantine Government in Exile: Government and Society under the Laskarids of Nicaea, 1204-1261*, pp. 119-120.

⑤ 今土耳其安塔利亚省阿拉尼亚(Alanya)，位于地中海沿岸，具有重要的战略地位。该城的地中海气候、自然景观和历史遗产为其发展旅游业提供了重要元素。时至今日，它仍是土耳其乃至世界有名的旅游胜地。

⑥ M. Angold, *A Byzantine Government in Exile: Government and Society under the Laskarids of Nicaea, 1204-1261*, p. 114.

于蒙古人成为黑海北部主导力量后带来的国际贸易的繁荣。塞奥多利二世在写给阿克罗颇利塔斯的信中描述了他一次晚宴中的珍品佳肴，有鱼子酱、腌金枪鱼卵、香肠和干鲟鱼等，还有来自开俄斯岛和莱斯博斯岛的美酒。其中，尼西亚宫廷可以轻易获得产自里海的鱼子酱和干鲟鱼在很大程度上得益于蒙古西征加强了黑海和里海之间的商业联系。① 这些物品便很可能由威尼斯人再从黑海岸边转运至尼西亚帝国。② 同时，尼西亚帝国与塞尔柱苏丹国之间的贸易也比较活跃。1253年或1254年，塞尔柱苏丹国在边界的劳迪吉亚附近修建了一条道路，其目的便可能是满足两国之间日益增多的交通需求。经此线通往尼西亚帝国的一些贸易可直接经由安塔利亚而不必再绕道科尼亚。③ 而在这些贸易线路上，尤其是在劳迪吉亚还建有客栈，它们不仅为过往商旅及其驮畜提供了休息之地，也是商品的交换买卖之地，有效地沟通了塞尔柱苏丹国、尼西亚帝国以及地中海的贸易。④ 因而，除了农牧业的发展充盈了国库，在贸易尤其是对外贸易中获得的黄金可能也是约翰三世和塞奥多利二世能够建立相当大的国库或金库的重要原因。⑤

在尼西亚帝国农牧业和贸易发展的基础上，士麦拿、以弗所、麦格尼西亚、萨迪斯等城市也兴盛起来。如塞奥多利二世提到以弗所街头上有货币兑换商、酒馆老板、皮革工人、渔民和屠夫等，这表明这座城市已成为重要的经济中心。⑥ 而麦格尼西亚也成为本土与国外商品的交汇之地，它在很大程度上还成了一座国际贸易城市。据斯库塔瑞奥提斯记载，该城大街上不仅能买到印度和埃及商品，可能还有专门售卖这些商品的商铺。⑦ 这些城市围绕“陪都”尼姆法雍形成

---

① D. Angelov, *The Byzantine Hellene: The Life of Emperor Theodore Laskaris and Byzantium in the Thirteenth Century*, p. 114; p. 284, n. 44.

② D. Jacoby, "The Economy of Latine Constantinople, 1204-1261", in A. Laiou, ed., *Urbs capta: The Fourth Crusade and Its Consequences*, Paris: Lethielleux, 2005, pp. 206-207.

③ M. Angold, *A Byzantine Government in Exile: Government and Society under the Laskarids of Nicaea, 1204-1261*, p. 116.

④ A. Peacock, "The Seljuk Sultanate of Rum and the Turkmen of the Byzantine Frontier, 1206-1279", p. 278.

⑤ George Pachymeres, *Book One and Book Two of the Historia*, p. 31.

⑥ D. Angelov, *The Byzantine Hellene: The Life of Emperor Theodore Laskaris and Byzantium in the Thirteenth Century*, pp. 48, 105.

⑦ C. Foss, *Nicaea: A Byzantine Capital and Its Praises*, p. 156.

了尼西亚帝国最重要的经济圈，也奠定了帝国繁荣的经济基础，[①]推动小亚细亚西北部地区出现了近两个世纪以来不曾出现的经济兴盛局面。

综上所述，尼西亚帝国以尼姆法雍为“陪都”加强了对腹地的管理，也有效地捍卫了边界安全，这便为帝国经济提供了和平稳定的环境，促进了帝国经济的发展与繁荣。[②] 帕西米尔斯称，尼西亚帝国国库富足。他提到约翰三世把积累的大量财富储存在麦格尼西亚的国库之中。[③] 而塞奥多利二世继续积聚财富，为了便利于开启对欧洲的战事，他还在斯卡曼德罗斯[④](Skamandros)河上游地区新建金库。[⑤] 而尼西亚帝国能够收复失地、光复故都也在很大程度上说明了帝国经济的发展和财富的增加。据粗略统计，阿克罗颇利塔斯在《历史》中提到尼西亚帝国同塞尔柱苏丹国、拉丁帝国、保加利亚第二帝国和伊庇鲁斯专制君主国之间约发生了 21 场战争。[⑥] 这意味着尼西亚帝国每 2.7 年便参加一场战争，战事十分频繁。而且在很多情况下，尼西亚皇帝都是率军队渡海前往巴尔干地区作战，他们在战争中也多依赖雇佣军，如在 1211 年的安条克战役中，塞奥多利一世的 2000 名士兵中，有 800 名是拉丁人。[⑦] 为了能争取到这支力量，塞奥多利一世支付了高于君士坦丁堡的拉丁帝国给出的薪金。[⑧] 在约翰

---

① M. Hendy, *Coinage and Money in the Byzantine Empire 1081-1261*, p. 320. 参见［美］A. A. 瓦西列夫：《拜占庭帝国史》，第 832 页。关于约翰三世统治期间尼西亚帝国农业发展的情况，详见 D. Geanakoplos, *Byzantium: Church Society and Civilization Seen through Contemporary Eyes*, pp. 248-250。

② 学者们基本认同这一时期尼西亚帝国经济趋于繁荣，参见 A. Laiou and C. Morrisson, *The Byzantine Economy*, p. 171; S. Vryonis, Jr., *The Decline of Medieval Hellenism in Asia Minor and the Process of Islamization from the Eleventh through the Fifteenth Century*, p. 244; J. Langdon, *Byzantium's Last Imperial Offensive in Asia Minor*, p. 65, n. 103; M. Angold, *A Byzantine Government in Exile: Government and Society under the Laskarids of Nicaea, 1204-1261*, pp. 103-107。

③ George Pachymeres, *Book One and Book Two of the Historia*, p. 31. Ch. 迪尔(Ch. Diehl)评价称，约翰三世留下了一个富有、强大而繁荣的尼西亚帝国。参见 N. H. 拜尼斯主编：《拜占庭：东罗马文明概论》，陈志强、郑玮、孙鹏译，郑州：大象出版社，2012 年，第 33 页。也有学者认为，约翰三世治下的尼西亚帝国比科穆宁王朝晚期和安格洛斯王朝治下拜占庭帝国的财政状况更健康。参见［南斯拉夫］乔治·奥斯特洛格尔斯基：《拜占廷帝国》，第 376 页。

④ 今土耳其卡拉门德雷斯(Karamenderes)河，流经该国恰纳卡莱省。据传，特洛伊战争便发生在该河下游。

⑤ George Pachymeres, *Book One and Book Two of the Historia*, p. 31.

⑥ 孙丽芳：《阿克罗颇利塔斯〈历史〉研究》，南开大学博士学位论文，2014 年，第 106—107 页。

⑦ George Akropolites, *The History*, pp. 129-130, 9.

⑧ R. Macrides, *George Akropolites, The History*, p. 130, n. 9.

三世和塞奥多利二世的军队中，还有库曼雇佣军。阿克罗颇利塔斯便提到约翰三世用“礼物和各种慷慨争取到了一支善战的库曼人军队”等。[①] 尽管尼西亚帝国战事频繁，但目前几乎没有发现尼西亚皇帝拖欠或克扣军饷以及由之引发的雇佣军哗变。唯一的例外是，帕西米尔斯提到1258年忠心于米哈伊尔·帕列奥列格的雇佣军决定谋杀辅政大臣穆扎伦的理由之一，便是此人在塞奥多利二世去世后克扣他们的军饷。[②] 如果确实如此，一直以诋毁和斥责穆扎伦为己任的阿克罗颇利塔斯必定不会放过对此事的记载，但他在《历史》中对此闭口不提，这可能说明上述理由不过是雇佣军为起事编造的借口。因而，从尼西亚皇帝大量使用雇佣军并能为他们提供充足的军饷，以及有能力发动多次远途战争来看，尼西亚帝国具有了较为坚实的经济基础。[③]

二、“陪都”尼姆法雍与尼西亚帝国的西征

流亡时期，尼西亚帝国内政外交的首要目标便是收复君士坦丁堡。[④] 从前述可知，尼西亚帝国以尼姆法雍为“陪都”，不仅确保了东部边界的安全，稳固了政权，还积极推动了经济的复苏与繁荣，这些都是西征的前提和基础。然而，更重要的是，“陪都”尼姆法雍还逐渐成为西征的基地，在很大程度上推进了帝国西征计划的顺利实施，为帝国最终收复君士坦丁堡提供了切实保障。

因尼西亚帝国地处小亚细亚，远离多方势力混战的巴尔干半岛，这在很大程度上为其稳固政权逐步收复小亚细亚失地提供了机会。尼西亚帝国在小亚细亚站稳脚跟后，便开始图谋进军巴尔干半岛。此时，伊庇鲁斯专制君主国、拉丁帝国以及保加利亚第二帝国是尼西亚帝国进军欧洲必然要面对的三股势力，也是其夺回君士坦丁堡、继承拜占庭帝国遗产的主要竞争者。但这三股势力竞争激烈，它们相互牵制、相互攻伐。如1205年拉丁人与保加利亚人的亚德里亚

---

① George Akropolites, *The History*, p. 215. 关于尼西亚军队使用雇佣军的情况，还可参见 George Akropolites, *The History*, p. 319, 66; pp. 360-361, 81。

② George Pachymeres, *Book One and Book Two of the Historia*, p. 24.

③ M. 安格德认为约翰三世能够维持一支舰队，这也显示出他在位期间尼西亚帝国财政状况良好。参见 M. Angold, “Byzantium in Exile”, p. 549。

④ J. Longdon, *Byzantium's Last Imperial Offensive in Asia Minor*, p. 5; p. 41, n. 1.

堡之战以及1230年伊庇鲁斯人与保加利亚人的科洛克尼察之战等，都在很大程度上削弱了拉丁帝国和伊庇鲁斯专制君主国，[①]这便为尼西亚帝国进军巴尔干减少了阻力。1216年亨利皇帝去世后，[②]拉丁帝国开始由战略进攻转向战略收缩，加上它在巴尔干地区受到第二保加利亚帝国和伊庇鲁斯政权的威胁，因而它无力再强势进攻尼西亚帝国，尼西亚帝国此时面临的主要问题便是如何将拉丁势力逐出小亚细亚。这也是他们图谋西征、进军巴尔干地区的前提。正是在这一过程中，“陪都”尼姆法雍逐渐与尼西亚军队西征离开小亚细亚的出发点和回到小亚细亚的落脚点紧密联系在一起。

（一）尼姆法雍连通佩盖和兰普萨库斯

尼西亚皇帝于拉丁帝国式微之际，不断在小亚细亚收复失地。如在1223/1224—1225年，约翰三世登基伊始便同拉丁军队在小亚细亚西北部展开较量，并有多次交手。其间，他率军在普玛奈农大胜拉丁军队。[③] 这是约翰三世继位以来取得的一场重要胜利，对他自身而言意义极为特殊。这场战争的背景是塞奥多利一世去世后，他的两位兄弟不满约翰三世以女婿的身份继承皇位。于是，他们逃到了拉丁帝国，继而在拉丁军队的支持下与约翰三世开战。[④] 因而，此次战役的胜利还证明了约翰三世堪当大任的能力，这对于他登基初期稳定政权、巩固统治有重要意义。同时，对于尼西亚帝国来说，这场战争也不容小觑。它极大地压制了小亚细亚的拉丁势力，为最终将之逐出这一地区打好了基础。牧首日耳曼努斯二世曾激动地将此比作古希腊人在马拉松战役和萨拉米斯海战中的胜利。[⑤] 因在历史上这两场战争都极大地鼓舞了古代希腊人同波斯人斗争的士气和决心，为最终取得希波战争的胜利奠定了基础，所以牧首之举也暗

---

① George Akropolites, *The History*, pp. 139-141, 13; pp. 178-179, 25.

② 亨利很可能是被他的妻子毒杀，参见 R. Macrides, *George Akropolites, The History*, p. 158, n. 1。阿克罗颇利塔斯曾称赞了亨利对拜占庭人的悲悯和仁慈，参见 George Akropolites, *The History*, p. 153, 16; 154-155, 17。A. 伽德纳称，对拉丁人来说，亨利的去世是一场灾难，可能对拜占庭人也是这样，他恩威并用的政策或许成功地弥合了拜占庭与西方拉丁世界之间的裂痕。参见 A. Gardner, *The Lascarids of Nicaea, the Story of an Empire in Exile*, p. 93。

③ George Akropolites, *The History*, p. 167, 22.

④ George Akropolites, *The History*, p. 167, 22.

⑤ M. Angold, “Byzantium in Exile”, pp. 561-562.

示了这一战役对提振尼西亚士气以及收复君士坦丁堡的推动作用。

更重要的是,普玛奈农战役后尼西亚帝国与拉丁帝国签署了一份条约,尼西亚帝国据此获得了佩盖。① 佩盖是马尔马拉海边的一座要塞,属于拉丁人在小亚细亚占领的第一批城市,具有重要的战略价值和意义。自此,佩盖便成了尼西亚皇帝率兵西征巴尔干的出发点和回到小亚细亚的落脚点。而“陪都”尼姆法雍至佩盖的道路也成为皇帝们携带辎重和部队前往西方的重要路线。此外,佩盖不仅是皇帝率军停驻的据点,还是他们在西方征战时委托儿子或心腹监国的驻地。如在1241年、1246年以及1252—1253年约翰三世西征期间,皇子塞奥多利就经常在佩盖停留。② 他一方面可以密切关注帝国后方事态,另一方面也可获得前方最新消息,与皇帝沟通国务和军情。正是1242年驻守在佩盖的塞奥多利二世得知蒙古人夺取了塞尔柱苏丹国重镇埃尔祖鲁姆的消息后派人火速告知了正在围攻塞萨洛尼基的约翰三世。③ 此外,在1252—1253年约翰三世西征期间,皇子塞奥多利因爱妻埃琳娜去世悲痛难抑,于是在尼姆法雍消沉度日。他那西征的父亲特地来信让他行使监国职责。在父亲的命令下,他从尼姆法雍动身前往赫勒斯滂沿岸。④ 同样,塞奥多利二世在登基后也延续了其父的传统。在发动保加利亚军事行动时,因儿子尚幼,他可能让好友乔治·穆扎伦驻守佩盖以行使监国之权。也很有可能是穆扎伦派人及时将米哈伊尔·帕列奥列格逃亡塞尔柱苏丹国,以及塞尔柱突厥军队在对阵蒙古人的战事

---

① George Akropolites, *The History*, pp. 171-173, 24. 关于这份条约签署的时间,参见 R. Macrides, *George Akropolites*, *The History*, p. 173, n. 1; D. Angelov, *The Byzantine Hellene*: *The Life of Emperor Theodore Laskaris and Byzantium in the Thirteenth Century*, p. 257, n. 17。

② George Akropolites, *The History*, pp. 215-216, 40; pp. 222-223, 42. D. Angelov, *The Byzantine Hellene*: *The Life of Emperor Theodore Laskaris and Byzantium in the Thirteenth Century*, pp. 92, 128.

③ George Akropolites, *The History*, pp. 215-216, 40.

④ D. Angelov, *The Byzantine Hellene*: *The Life of Emperor Theodore Laskaris and Byzantium in the Thirteenth Century*, pp. 129-130. 塞奥多利二世夫妇辅车相依、感情至深,这可从塞奥多利二世在埃琳娜去世后留下的著述中看出。详见 D. Angelov, “Theodore II Laskaris, Elena Asenina and Bulgaria”, in *Средновековният българин и “другите”. Сборник в чест на 60-годишнината на проф. дин Петър Ангелов*, pp. 294-297。塞奥多利二世称埃琳娜是“美德典范和人性法则赋予我的灵魂伴侣”,是“我的青春之花”和“我灵魂的春天”等。他还把他们的婚姻描述为“无与伦比的爱情纽带 ”。参见 D. Angelov, *The Byzantine Hellene*: *The Life of Emperor Theodore Laskaris and Byzantium in the Thirteenth Century*, pp. 74, 129。

中失利的消息告知停驻塞萨洛尼基的塞奥多利二世。[①] 于是,塞奥多利二世动身回到小亚细亚,以应对蒙古西征军给东部边界防御带来的新挑战。因而,随着尼西亚皇帝启动西征计划,佩盖便成为连接帝国东西部事务的关键环节。尼西亚皇帝可以通过驻守在此的儿子或心腹及时了解东部事务的新情况,并迅速对这些新情况做出研判,以保证政权的稳定和边界的安全。同时,他们也可将西方军情传达给自己的儿子或心腹以在必要时获得来自后方的支援。因而,夺取佩盖是约翰三世统治初期取得的重要成就之一。

与此同时,乘普玛奈农战役胜利之势,约翰三世还占领了驻防的阿基拉乌斯、帕加蒙、亚拉米顿、莱恩提阿纳、普玛奈农以及兰普萨库斯等城镇。[②] 在前述1214年亨利与塞奥多利一世的和约中,他们约定的领土界线是便是阿基拉乌斯,这意味着尼西亚帝国被分为南北两部。因而,夺回此地便彻底打破了这一局面。而获得兰普萨库斯的意义更为重大,此地成了尼西亚军队西征巴尔干的另一出发点。兰普萨库斯地处马尔马拉海岸,位于加里波利对岸,其港口侯尔科斯(Holkos)是尼西亚军队从小亚细亚西北部跨过赫勒斯滂前往欧洲的主要港口之一。因而占有此地不仅可扰乱其他势力经赫勒斯滂的获利颇丰的海上交通线,还将危及君士坦丁堡的重要补给线。[③] 此后,尼西亚帝国很快在兰普萨库斯建立起海军基地和造船厂,这便为其军队渡海西征或收复爱琴海岛屿提供了重要保障。阿克罗颇利塔斯称约翰三世建造了一些三列桨战舰,并把它们部署在侯尔科斯。这位皇帝曾利用这些战舰进行海战,洗劫和摧毁了赫勒斯滂沿岸被拉丁人占领的一些地区。[④] 尼姆法雍与兰普萨库斯相隔250公里,两城之

---

① George Akropolites, *The History*, pp. 312-313, 64; pp. 315-316, 65.

② George Akropolites, *The History*, p. 167, 22; D. Angelov, *The Byzantine Hellene: The Life of Emperor Theodore Laskaris and Byzantium in the Thirteenth Century*, p. 59. 关于在被尼西亚帝国占领前兰普萨库斯的归属问题和相关情况,参见 D. Jacoby, *Byzantium, Latin Romania and the Mediterranean*, *VI*, pp. 164-182。

③ George Akropolites, *The History*, p. 167, 22; D. Angelov, *The Byzantine Hellene: The Life of Emperor Theodore Laskaris and Byzantium in the Thirteenth Century*, p. 57.

④ George Akropolites, *The History*, p. 167, 22. 此外,约翰三世之举也可能是为了诱捕从西方前往君士坦丁堡而经过赫勒斯滂的船只。参见 D. Jacoby, *Byzantium, Latin Romania and the Mediterranean*, VI, pp. 165-166。

间往来需要数天时间。[①] 从尼姆法雍出发，可以通过帕加蒙和亚拉米顿或卡拉莫斯到达兰普萨库斯，M. 安格德也因此认为尼姆法雍便利于尼西亚皇帝发动西征。[②] 同时，还应注意，兰普萨库斯也常成为尼西亚皇帝西征归来封赏重臣的地点，如塞奥多利二世在1255年冬完成第一阶段的保加利亚军事行动后便在兰普萨库斯擢升了包括阿克罗颇利塔斯在内的数位官员。[③] 而在1259年米哈伊尔的弟弟约翰率领尼西亚军队于佩拉格尼亚[④](Pelagonia)大败由伊庇鲁斯专制君主国、摩里亚公国和西西里王国(1130—1836)军队组成的联军后，[⑤]1260年1月米哈伊尔八世从欧洲回到小亚细亚后也是在兰普萨库斯对这次战役中的功臣加以封赏。[⑥] 而皇帝们在做出这些行赏安排后，再动身回到尼姆法雍。因而，通过兰普萨库斯尼姆法雍便与西征紧密联系在一起。

(二)尼姆法雍：尼西亚帝国西征的基地

约翰三世于13世纪20年代进行的一系列军事征服不仅在很大程度上将拉丁势力逐出了小亚细亚，还使尼西亚帝国将疆域扩大到赫勒斯滂的欧洲岸边。尼西亚帝国也借机夺回了爱琴海东海岸的一些重要岛屿，如莱斯沃斯岛(Lesbos)、希俄斯岛(Chios)、萨摩斯岛(Samos)、伊卡利亚岛(Ikaria)和科斯岛(Cos)等。[⑦] 自此，尼西亚帝国的疆域也不再局限于小亚细亚半岛。尼西亚军队也开始跨过赫勒斯滂，正式介入色雷斯、马其顿地区事务。鉴于佩盖和兰普萨

---

① N. Cassidy, *A Translation and Historical Commentary of Book One and Book Two of the Historia of Geōrgios Pachymerēs*, p. 248.

② M. Angold, *A Byzantine Government in Exile: Government and Society under the Laskarids of Nicaea, 1204-1261*, p. 112.

③ George Akropolites, *The History*, pp. 297-298, 60.

④ 今北马其顿共和国第二大城市比托拉(Bitola)，是该国西南部的行政、文化、商业和教育中心。

⑤ George Akropolites, *The History*, pp. 356-357, 80; pp. 360-361, 81. 尼西亚军队首先凭借计谋瓦解了联军共同作战的信心，最终依靠军队卓越的作战能力取胜。参见D. Geanakoplos, "Greco-Latin Relations on the Eve of the Byzantine Restoration: The Battle of Pelagonia-1259", *DOP* 7 (1953), pp. 101-135。

⑥ George Akropolites, *The History*, pp. 365-366, 82.

⑦ 参见D. Angelov, *The Byzantine Hellene: The Life of Emperor Theodore Laskaris and Byzantium in the Thirteenth Century*, p. 59。

库斯的重要战略地位，拉丁帝国皇帝布里埃纳的约翰①（John of Brienne，1231—1237年在位）在即位之初曾试图夺回它们。根据阿克罗颇利塔斯的记载，约翰三世此时虽然没有率领"实力强劲的充足军队"，但采取了合理的战术，使拉丁皇帝此行收获甚微。② 这便在很大程度上确保了处于战略大后方的"陪都"尼姆法雍与西征军队离开和回到小亚细亚的出发点和落脚点之间的联动。

尽管这一时期巴尔干半岛诸势力为争夺君士坦丁堡或抢占拜占庭领土展开了激烈竞争，但它们相互之间也常有合作。③ 如尼西亚帝国便曾与第二保加利亚联盟共同对付拉丁人。在1230年的科洛克尼察战役后，保加利亚成为巴尔干地区的头号强国。为了夺取君士坦丁堡，约翰三世可能于1232年下半叶遣使约翰二世·阿森④（John Ⅱ Asen，1218—1241年在位），提议建立军事联盟，同时还提出联姻计划。⑤ 约翰三世抵达兰普萨库斯，并由此占领了对岸的加里波利。⑥ 这样，尼西亚军队在从兰普萨库斯渡海后便在对岸的欧洲获得了落脚点。因而，尼姆法雍、兰普萨库斯、加利波里三地便有效连接在一起。尼西亚帝国由此也打通了从尼姆法雍前往欧洲的通道，为西征的顺利实施提供了保障。1235年，约翰三世便从兰普萨库斯经加利波里前往巴尔干地区与约翰二世·阿森联手攻击拉丁人，并合力围攻君士坦丁堡。⑦ 但时任拉丁帝国皇帝布

---

① 约翰的妻子是伊莎贝拉（Isabella I of Jerusalem，1190—1205年在位）和蒙特法拉特的康拉德（Conrad of Montferrat，1190—1192年为耶路撒冷国王）的女儿玛丽，他也借此成为耶路撒冷的名誉国王。1229年，约翰当选为拉丁帝国皇帝。阿克罗颇利塔斯称他在武力和身高方面都超过很多同时代人，还对他当选拉丁皇帝的原因做出了解释，参见 George Akropolites，*The History*，pp. 184-185，27。关于约翰的详细研究，参见 G. Perry，*John of Brienne：King of Jerusalem，Emperor of Constantinople，c. 1175-1237*，Cambridge：Cambridge University Press，2013。

② George Akropolites，*The History*，pp. 184-185，27；p. 187，28；p. 190，30.

③ S. Georgieva，"Bulgarian-Byzantine Marital Diplomacy from 1185 to 1280"，p. 433.

④ 约翰二世·阿森是保加利亚第二帝国历史上最有名也是最有作为的君主之一。1230年，他率军在科洛克尼察大败伊庇鲁斯军队，从而使保加利亚成为当时巴尔干地区最强势的政权。在这次战役后发布的文件和发行的钱币上，他自称"保加利亚人和希腊人的沙皇"，其政治野心昭然若揭。参见 Hendy，*Coinage and Money in the Byzantine Empire 1081-1261*，pp. 296-297；R.Macrides，*George Akropolites，The History*，p. 3182，n.15。

⑤ 为确保联盟，保加利亚约翰二世·阿森的女儿埃琳娜与约翰三世的儿子即未来的皇帝塞奥多利二世订立婚约。因尚未到婚配年龄，埃琳娜和塞奥多利二世由后者的母亲于尼西亚宫廷养育。参见 George Akropolites，*The History*，pp. 191，31；pp. 194-195，33。

⑥ George Akropolites，*The History*，pp. 194-195，33.

⑦ George Akropolites，*The History*，pp. 194-195，33.

里埃纳的约翰率领一支戍守部队击退了他们，尼西亚舰队也被前来支援的威尼斯舰队击败。[①] 在威尼斯舰队离开后，尼西亚和保加利亚联军再次进攻君士坦丁堡，并一直持续到1236年春。但因拉丁军队获得了摩里亚、威尼斯、热那亚以及比萨的支援，尼西亚和保加利亚联军最终溃退。[②] 虽然攻取君士坦丁堡无果，且与保加利亚的联盟随后解散，[③]但尼西亚帝国在此期间采取了一系列收复失地的军事行动，这使其占领了赫勒斯滂的欧洲海岸以及从基索斯[④](Kissos)一直延伸到希伯鲁斯河的色雷斯地区。[⑤] 这便为其逐步收复色雷斯和马其顿的失地提供了重要基地。而夺取君士坦丁堡计划的失败，加上保加利亚君主的去世，[⑥]也使约翰三世逐渐调整战略。他暂缓了夺取君士坦丁堡的军事进程，而是先征服马其顿和色雷斯的其他领土。

1241年以后的尼西亚帝国西征史更清晰地显示，尼姆法雍至佩盖或兰普萨库斯的路线成为尼西亚皇帝发动西征的必经路线。尼西亚皇帝在大多数情况下都是先从尼姆法雍前往上述佩盖或兰普萨库斯，而在西征结束后再由其中一地返回尼姆法雍。目前所知，唯一的例外是塞奥多利二世因急于在出征保加利亚前被牧首加冕，所以在尼姆法雍登基后，他先去视察费拉德尔菲亚的边界防务，接着去尼西亚城完成了加冕仪式。由于事态紧急，他可能直接从尼西亚城

① 参见 M. Angold, *The Fourth Crusade: Event and Context*, p. 226；[英]乔纳森·赖利-史密斯：《十字军史》，欧阳敏译，北京：商务印书馆，2016年，第291—292页。

② A. Madgearu, *The Asanids: The Political and Military History of the Second Bulgarian Empire (1185-1280)*, Leiden, Boston: Brill, p. 216.

③ M. 巴图西斯认为，在围攻君士坦丁堡时，约翰三世的舰队没能阻挡住威尼斯人为该城补充供给，这可能是尼西亚帝国与保加利亚第二帝国决裂的原因之一。参见 M. Bartusis, *The Late Byzantine Army*, p. 24; J. Longdon, "The Forgotten Byzantino-Bulgarian Assault and Siege of Constantinople, 1235-36, and the Breakup of the Entente Cordiale between John Ⅲ Ducas and John Asen Ⅱ in 1236 as Back-ground to the Genesis of the Hohenstaufen-Vatatzes Alliance of 1242," in *Byzantina kai Metabyzantina* 4 (1985), pp. 105-135。但双方决裂的根本原因可能与巴尔干地区政治格局的变化有关，约翰二世·阿森逐渐意识到实力日益增长的尼西亚帝国远比虚弱的拉丁帝国更难对付。参见 A. Papayianni, "The Papacy and the Fourth Crusade in the Correspondence of the Nicaean Emperors with the Popes", in M. Balard, ed., *La Papauté et les croisades*, 2nd edition, New York: Routledge, 2016, p. 181。

④ 今土耳其凯尚(Keşan)，位于该国埃迪尔内省，靠近土耳其与希腊边界。

⑤ George Akropolites, *The History*, pp. 194-195, 33。

⑥ George Akropolites, *The History*, pp. 210-211, 39. 尽管阿克罗颇利塔斯指责了约翰二世·阿森背信弃义的行为，但总体而言，他在《历史》中对于这位保加利亚君主的评价较为正面，称赞他对拜占庭人存有怜悯之心，所以不仅赢得了保加利亚人的崇敬，而且也深受拜占庭人和其他民族的敬服。参见 George Akropolites, *The History*, pp. 178-179, 25。

出发西征。[①] 而在连通佩盖和兰普萨库斯并实现与这些地区联动的同时，“陪都”尼姆法雍还成为尼西亚皇帝谋划西征和发动西征的基地。如1242年约翰三世率海陆军开始西征塞萨洛尼基，他将伊庇鲁斯专制君主困于城中，形势对他极为有利。若不是蒙古西征军占领埃尔祖鲁姆的消息传来，塞萨洛尼基可能已被攻下。他与城内的专制君主和解，使后者放弃了皇帝头衔并宣誓臣服。[②] 回到小亚细亚后，约翰三世前往尼姆法雍过冬。并且很可能在此，他对下一步的西征计划做出了周密的部署和安排，因为冬天一结束他便率军前往兰普萨库斯和佩盖，开启了新一轮的西征。[③] 但因受制于那一年的严寒，他最终无法西征，只好又回到尼姆法雍过冬。[④] 在此，一方面他积极谋划下一步的西征行动，同时也利用尼姆法雍的资源休养兵马。同年，他在与塞尔柱苏丹签署条约并确保东部无战事后再启西征。约翰三世的这次西征取得了较为丰硕的战果，他收复了马其顿地区的一些城镇，并划定了尼西亚帝国与保加利亚第二帝国在这一地区的领土边界。[⑤] 最为重要的是他还夺得了拜占庭帝国第二大城市塞萨洛尼基，并任命总督对之进行管理，从而加强了对这座城市的管控。[⑥] 无疑，约翰三世的这些征服活动沉重打击了保加利亚第二帝国、伊庇鲁斯专制君主国和拉丁帝国，为其最终成功收复君士坦丁堡奠定了基础。与约翰三世一样，塞奥多利二世也常在西征时往返于尼姆法雍与佩盖或兰普萨库斯之间。如在完成第一次保加利亚军事行动后，他先回到兰普萨库斯，后前往尼姆法雍过冬。[⑦] 通过阿克罗颇利塔斯的《历史》得知，1256年春塞奥多利二世很可能在尼姆法雍征募了

---

① George Akropolites, *The History*, pp. 277-278, 53; pp. 281, 54. 在《历史》中，阿克罗颇利塔斯提到约翰三世在1253年底结束西征回到小亚细亚后，先是前往尼西亚城，再前往尼姆法雍。但是，R. 玛库利德斯根据斯库塔瑞奥提斯的记载认为，这一表述是错误的，实际上皇帝先去尼姆法雍过冬，之后才前往尼西亚城做必要的防御安排，以防蒙古人入侵。参见 R. Macrides, *George Akropolites*, *The History*, p. 272, n. 1。

② George Akropolites, *The History*, pp. 215-216, 40.

③ George Akropolites, *The History*, pp. 220-221, 41. 约翰三世此时可能意欲进攻君士坦丁堡，参见 R. Macrides, *George Akropolites*, *The History*, p. 221。

④ George Akropolites, *The History*, pp. 220-221, 41.

⑤ George Akropolites, *The History*, pp. 225-227, 43; pp. 230-232, 44.

⑥ George Akropolites, *The History*, pp. 235-238, 45; pp. 241-242, 46.

⑦ George Akropolites, *The History*, pp. 297-298, 60; pp. 300-301, 61.

一支军队，其比之前约翰三世集结的任何一次西征军规模都大。[①] 因而，尼姆法雍还是尼西亚皇帝征集西征兵员的根据地，为西征提供了有力支撑。同时，也应注意，尼姆法雍还靠近麦格尼西亚国库。据此可以推断尼姆法雍成为西征基地也与其可便捷地为西征提供经济支持有很大关系，富足的国库无疑是西征取得成功的关键因素。

由上可知，约翰三世和塞奥多利二世以尼姆法雍为基地进行的西征极大地拓展了帝国的政治版图。而在尼西亚帝国末期，即米哈伊尔八世统治的最后两年，他为收复君士坦丁堡所做的一切准备和安排也都是围绕尼姆法雍展开的，尼姆法雍也的确在很大程度上推进了尼西亚帝国收复故土、光复故都这一政治目标的实现。1259年，米哈伊尔八世在尼西亚城加冕后迅速来到尼姆法雍。他还在此接见了来自塞尔柱苏丹国和拉丁帝国的使节。在一番讨论后，米哈伊尔八世同意与拉丁帝国签订和约。但在从使节口中得知君士坦丁堡的事态时，他遂决定不与他们签署正式和约，而是选择静观其变。[②] 米哈伊尔八世之所以如此安排，在很大程度上是为日后进攻君士坦丁堡留下余地。[③] 在处理完这两起外交事件后，米哈伊尔八世便率军奔赴兰普萨库斯，并由此进军欧洲。尽管1259年佩拉格尼亚战役的胜利为他收复君士坦丁堡扫清了障碍，但转年他以围攻加拉塔进而攻取君士坦丁堡的计划却遭遇了失败。[④]

回到尼姆法雍后，米哈伊尔八世为最终收复君士坦丁堡做出了妥善的安

---

① George Akropolites, *The History*, pp. 300-301, 61.

② George Pachymeres, *Book One and Book Two of the Historia*, p. 51. 帕西米尔斯给出了他们会面的详细记载，他称米哈伊尔八世友好地接待了使节，并称将会以"黄金敕令"的方式保证他们未来能够获得在君士坦丁堡想要的东西。但在阿克罗颇利塔斯笔下，米哈伊尔八世则是用卓越的口才和思辨，坚定地回击了拉丁使节的领土要求。他进而要求获取君士坦丁堡的拉丁帝国的贸易税和铸币厂收入的一半，否则将发起战争。参见 George Akropolites, *The History*, pp. 351-352, 78。N. 卡西迪认为，这些使节可能是希腊人而非拉丁人。米哈伊尔八世友善待之，可能是一种政治宣传。其目的是提升自己在君士坦丁堡希腊人心中的好感，为征服君士坦丁堡铺路。同时，米哈伊尔八世在"黄金敕令"中之所以奖赏他们，也可能是由于他们为他提供了来自君士坦丁堡的情报。参见 N. Cassidy, *A Translation and Historical Commentary of Book One and Book Two of the Historia of Geōrgios Pachymerēs*, p. 227。

③ 在尝试围攻加拉塔失败后，1260年4—8月尼西亚帝国与拉丁帝国签署了为期一年的停战协定。参见 N. Cassidy, *A Translation and Historical Commentary of Book One and Book Two of the Historia of Geōrgios Pachymerēs*, p. 361。

④ George Pachymeres, *Book One and Book Two of the Historia*, pp. 60-61; George Akropolites, *The History*, pp. 369-371, 84.

排。他先是从该地派阿克罗颇利塔斯出使保加利亚。这是他登基以来首次向保加利亚遣使，其目的可能是维持与保加利亚的稳定关系，从而减少收复君士坦丁堡的阻力。[①] 阿克罗颇利塔斯在完成这次任务后，又回到尼姆法雍同皇帝会合。米哈伊尔八世还在尼姆法雍制订了新一轮的军事计划。因而在尼姆法雍过冬后，他前往附近平原，使军队获得了有效补给。之后，他还派出了大将军斯特拉特勾普鲁斯（Alexios Stragtegouplos）前去处理保加利亚事务。[②] 此时，君士坦丁堡的拉丁军队正在外攻打达弗努西亚岛[③]（Daphnousia），城内并未设防且守备空虚，因而得知此情况的尼西亚军队便在该城居民帮助下从城墙上的缺口进入城里，结束了拉丁帝国的统治。[④] 时隔57年后拜占庭人夺回了君士坦丁堡，末代王朝帕列奥列格王朝也由此开始了其在该城长达192年的统治。

关于攻取君士坦丁堡是无意之举还是早有准备，学界多有争论，这也关系到尼姆法雍在其中发挥的作用。根据阿克罗颇利塔斯的记载，这支军队在途经君士坦丁堡时，奉命骚扰城里的拉丁人，以使他们感到恐慌。加上这位史家之后将成功占领君士坦丁堡视为在上帝的旨意下突然发生的事件，[⑤]这便在很大程度上使夺取君士坦丁堡成为意料之外的幸运之得。M. 巴图西斯便以此为基础，认为攻夺君士坦丁堡并不在米哈伊尔八世的计划之中。首先，他称斯特拉特勾普鲁斯率领的尼西亚军队只有800人，这一规模显然并不能胜任夺取君士坦丁堡的任务。其次，不同于1260年围攻加拉塔的战事，米哈伊尔八世并未亲自率军前往。他继而指出，夺取君士坦丁堡的政治意义如此重大，这位皇帝理应不会轻易放弃任何可能拿下君士坦丁堡，并在第一时间进城的机会。因而，

---

① R. Macride, *George Akropolites, The History*, pp. 371-372, n. 2.

② George Akropolites, *The History*, pp. 369-371, 84; pp. 375-376, 85. 据帕西米尔斯记载，米哈伊尔八世还派出了另一支军队由其弟专制君主约翰率领，前去处理伊庇鲁斯事务，参见 George Pachymeres, Book One and Book Two of the Historia, pp. 67-68。关于这一问题的详细讨论，参见 N. Cassidy, *A Translation and Historical Commentary of Book One and Book Two of the Historia of Geōrgios Pachymerēs*, pp. 67-68; pp. 297-299。

③ 今土耳其凯弗肯岛（Kefken Island）。

④ George Akropolites, *The History*, pp. 375-376, 85; George Pachymeres, *Book One and Book Two of the Historia*, pp. 69-73. 阿克罗颇利塔斯和帕西米尔斯关于尼西亚军队攻取君士坦丁堡有不同看法，关于他们之间的比较，参见 D. Geanakoplos, *Emperor Michael Palaeologus and the West*, pp. 104-109。

⑤ George Akropolites, *The History*, pp. 375-376, 85.

此次夺取君士坦丁堡的行动实属偶然。[1] 然而，N. 卡西迪认为，除了阿克罗颇利塔斯的《历史》，再未有其他史料提及大将军此行与保加利亚事务有关。此时，尼西亚帝国和保加利亚基本处于和平状态，因而无须派出军队前去震慑。另外，斯特拉特勾普鲁斯在君士坦丁堡周边地区的活动，再加上在收复该城后，他派去告知米哈伊尔八世这一消息的使节可以准确地找到皇帝在小亚细亚的驻扎地点等都表明，米哈伊尔八世对此事有周密安排。实际上，他让斯特拉特勾普鲁斯前去侦察君士坦丁堡的情况，并同这一地区的支持者接触，从而为尼西亚大军的到来做好准备。[2] 这也进一步说明，米哈伊尔八世在尼姆法雍过冬期间详细谋划了夺取君士坦丁堡的计划。

总而言之，“陪都”尼姆法雍不仅是尼西亚皇帝的过冬之所、稳定政权以及维护东部边界安全的关键，它还是尼西亚皇帝谋划西征事务的重要基地。尼姆法雍与尼西亚军队离开小亚细亚或回到小亚细亚的出发点和落脚点有便利的道路相通，尼西亚皇帝便多由尼姆法雍出发前往这些地点开始远征，并且也多在远征后由这些地点返回尼姆法雍，因而尼姆法雍也是他们发动西征的重要谋划地和中枢，与帝国的西征事业紧密相关。加上尼西亚皇帝还从尼姆法雍出发处理东部边界事务，因而作为西征基地同时又是统摄腹地、震慑边界之关键的“陪都”尼姆法雍，便将东西部事务有机地联结在一起，使它们相互促进、相得益彰。于是，在“陪都”尼姆法雍的有力支撑下，尼西亚皇帝不仅收复了以塞萨洛尼基为代表的马其顿和色雷斯大片地区，还最终实现了收复了君士坦丁堡这一最高政治目标。

三、晚期拜占庭帝国命运与小亚细亚安危

在东地中海世界多元而复杂的政治格局下，“陪都”举措无疑是尼西亚帝国能够在小亚细亚生存、发展并实现战略反击的重要因素。仔细分析还能发现，

---

① M. Bartusis, *The Late Byzantine Army*, p. 40; D. Geanakoplos, *Emperor Michael Palaeologus and the West*, pp. 97-104.

② N. Cassidy, *A Translation and Historical Commentary of Book One and Book Two of the Historia of Geōrgios Pachymerēs*, pp. 301-304.

这一举措实际上也是尼西亚皇帝们为应对1204年以后的“大变局”而做出的积极回应。拉丁人占领君士坦丁堡以及多方势力染指拜占庭帝国的旧有领土，使得拜占庭帝国实体在很大程度上不复存在。新成立的尼西亚帝国作为一个流亡政权，不仅面临多个外敌的来袭，还要处理前朝遗留的地方势力的割据问题。总体而言，尼西亚帝国对于小亚细亚的经略是富有成效的，单从它结束了这一地区的分离趋势来看，它对小亚细亚的整合和管理要好于安格洛斯王朝，甚至是科穆宁王朝晚期。鉴于流亡时期东地中海世界无序多变的政治局势，尼西亚帝国的“陪都”举措便很好地解决了首都的安全隐患、腹地的有效管理、边界的防御以及西征的实施等问题，这些都对成功收复君士坦丁堡起了积极的推动作用。同时，还应看到，尼西亚帝国不仅是13世纪东地中海世界的一个流亡政权，更是拜占庭千余年历史的重要组成部分。其以尼姆法雍为“陪都”是晚期拜占庭人应对危机的明智举措，也为我们正确看待处理帝国命运与小亚细亚安危问题提供了有效例证。

自拜占庭帝国建立以来，小亚细亚便是其心脏地带。其西部的沿海地带不仅是拜占庭帝国的粮仓和商贸要地，同时也是其抵挡东方游牧民族进入欧洲核心区域的重要缓冲区。因而，小亚细亚地区防御与拜占庭帝国的命运有直接关系。在11世纪中期马其顿王朝(The Macedonian Dynasty，867—1081年)达到鼎盛后，拜占庭帝国的东部领土包括了小亚细亚、亚美尼亚、幼发拉底河上游以及部分叙利亚的区域，大抵相当于今土耳其的亚洲领土。[①] 但随着1071年曼兹克特[②](Manzikert)沦陷，以及1176年密列奥塞法隆[③](Myriokephalon)战役的失利，拜占庭在小亚细亚的整体防御几近崩溃，塞尔柱突厥人也逐步在小亚细亚站稳脚跟并确立了对小亚细亚大部分地区的统治，紧逼半岛西部的沿海区域。

流亡时期，尼西亚皇帝们极为重视东部边界，他们积极构建起以“陪都”尼

---

① C. Foss, *Cities, Fortresses and Villages of Byzantine Asia Minor*, V, p. 145.

② 今土耳其东部城市马拉兹吉尔特(Malazgirt)，位于该国穆什(Muş)省。对于拜占庭帝国而言，曼兹克特战役的失败无疑是一场灾难。这使拜占庭帝国在小亚细亚边境的军队基本被摧毁，拜占庭帝国也因此再无力抵抗突厥人的侵袭。

③ 密列奥塞法隆战役的失败使拜占庭帝国自曼兹克特战役以来百年间恢复的军事力量遭遇重创，从而毁灭了拜占庭帝国将突厥人赶出小亚细亚的希望。

姆法雍为中心的东部战略防御体系，维护了东部边界的安全。帕西米尔斯便将此视作尼西亚帝国取得的最重要成就之一。[①] 也有学者认为，流亡时期拜占庭东部边疆确实比10世纪盛时以来受到了更有效的保护。[②] 此外，尼西亚皇帝也始终将东部边界事务视作重中之重。尽管西征是他们收复失地、光复旧都的重要途径，但东部边界稳定才是西征的前提。在出征前，他们先要确认东部边界是否安定，如塞奥多利二世在开始第一次保加利亚军事行动前便从尼姆法雍率军前往费拉德尔菲亚，并由此派出使节前往塞尔柱苏丹国，重续两政权之前的和约。在确保边界稳定后，他才开始西征。[③] 而在第二次保加利亚军事行动前，他在尼姆法雍过冬时派出使节前往塞尔柱苏丹国，一探东部事态。[④] 从尼西亚皇帝在西征期间收到东部不稳的消息时的反应，也可看出他们对于东部边界的重视。如在1242年约翰三世围攻塞萨洛尼基和1257年塞奥多利二世第二次对保加利亚采取军事行动时，他们都是在得知东部局势有变时火速回师。[⑤] 而约翰三世在1243年与塞尔柱苏丹签署联合抗击蒙古人的条约，并确定蒙古人没有进一步的军事行动后才发动了新一轮西征。[⑥] 因而，尼西亚皇帝十分清楚坚守小亚细亚对于政权稳固的重要意义。也得益于他们对东部边界的重视与防御，小亚细亚的拜占庭人度过了一段相对和平和繁荣的时光。但在13世纪末14世纪初，新一轮的突厥入侵却导致尼西亚帝国时期稳定的东部边界陷入混乱。[⑦]

自1261年开始，尼西亚流亡政权的历史结束，拜占庭帝国进入了末代王朝

---

① George Pachymeres, *Book One and Book Two of the Historia*, pp. 3-4.

② D. Nicol, *The Last Centuries of Byzantium*, 1261-1453, pp. 24-25. C. 富斯也认为尼西亚拉斯卡利斯王朝的边界防卫比科穆宁王朝成功，参见 C. Foss, *Cities, Fortresses and Villages of Byzantine Asia Minor*, Aldershot: Variorum, 1996, V, p. 146。

③ George Akropolites, *The History*, pp. 277-278, 53; R. Macrides, *George Akropolites, The History*, p. 279, n. 4.

④ 除阿克罗颇利塔斯提到塞奥多利二世曾两次遣使凯考斯二世外，哥力高拉斯还提到塞奥多利二世曾于1254年末或1255年初遣使凯考斯二世，其目的可能是支持这位苏丹对抗他的弟弟基利杰·阿尔斯兰四世。参见 D. Korobeinikov, *Byzantium and the Turks in the Thirteenth Century*, p. 191。

⑤ George Akropolites, *The History*, pp. 215-216, 40; pp. 220-221, 41; pp. 315-316, 65; pp. 319, 66; pp. 325-326, 69.

⑥ George Akropolites, *The History*, pp. 220-221, 41; pp. 222-223, 42.

⑦ D. Angelov, *The Byzantine Hellene: The Life of Emperor Theodore Laskaris and Byzantium in the Thirteenth Century*, p. 222.

即帕列奥列格王朝统治时期。从科穆宁王朝晚期尤其是曼努埃尔一世去世后，拜占庭帝国便已显现出明显的衰落之势。[①] 而1204年君士坦丁堡的陷落，更是对拜占庭帝国的政治、经济、军事、文化等造成了全方位的打击。但在拜占庭晚期衰亡的大背景下，尼西亚帝国最终在东地中海世界的激烈竞争中胜出，夺回了君士坦丁堡。这说明晚期的拜占庭帝国并非一衰到底，其拥有自救的能力，并从内部实现了救亡。尽管在13世纪上半叶尼西亚帝国是东地中海世界最有影响力的政权之一，拥有2/3的巴尔干半岛和近一半的小亚细亚，但在13世纪下半叶回到君士坦丁堡后却逐步沦为巴尔干地区的一个二等小国。[②] 在开局良好的情况下，帕列奥列格王朝治下的拜占庭帝国为何逐步走向了衰亡？从尼西亚帝国的历史中思索这一问题的答案或许有所裨益。

实际上，尼西亚帝国"陪都"之举背后的根本思想是坚守小亚细亚和经略小亚细亚。这才是这一流亡政权能够在东地中海世界生存和发展并最终完成收复君士坦丁堡的政治使命的重要原因之一。[③] 而末代王朝的灭亡也与小亚细亚的失陷有直接关系。失去小亚细亚不仅意味着拜占庭帝国失去了其欧洲领土尤其是首都君士坦丁堡的安全屏障，更意味着帝国失去了小亚细亚的宝贵资源。而恰是这些资源在拜占庭帝国的过往历史中发挥了重要作用，在很大程度上推动了帝国的发展与繁荣。

（一）帕列奥列格王朝初期的东部政策

夺回君士坦丁堡对于拜占庭人具有不言而喻的重要意义。在《历史》中，阿克罗颇利塔斯便难掩内心的喜悦之情。他在描述米哈伊尔八世进入君士坦丁堡的仪式时提到："那时，罗马人狂欢，并由衷地感受到巨大的喜悦。"[④]但与此不

---

① ［南斯拉夫］乔治·奥斯特洛格尔斯基：《拜占廷帝国》，第326页。

② D. Korobeinikov, *Byzantium and the Turks in the Thirteenth Century*, p. 1.

③ M. 安格德也称，小亚细亚各省提供了大量的资源，这使尼西亚皇帝能够完成对欧洲的征服，并最终收复君士坦丁堡。参见 M. Angold, *A Byzantine Government in Exile: Government and Society under the Laskarids of Nicaea, 1204-1261*, p. 97。

④ George Akropolites, *The History*, pp. 383-384, 88.

同的是文人塞纳车利姆[1](Michael Sennacherim)在尼科米底亚听闻收复君士坦丁堡这一消息时的反应,他先是不敢相信以为是谣言,在确认属实后却感慨道:“我听到了什么啊!这件事竟然发生在我们的时代?我们犯了什么罪非得目睹这样的灾难?以后没人能期望什么好事,因为罗马人又进入了这座城市!”[2]但因收复旧都的短暂荣耀随后被来自西方与日俱增的威胁所压制,再加上国内连续的动乱以及小亚细亚核心腹地的丢失,塞纳车利姆对帝国命运的担心、忧虑和预测是准确的。[3] 在1261年回到君士坦丁堡后,米哈伊尔八世的当务之急是恢复拜占庭帝国在巴尔干半岛的权力,并抵御来自以安茹的查理(Charles of Anjou,1266—1285年在位)[4]为首的拉丁帝国复辟势力的威胁。从君士坦丁堡出逃后,鲍德温二世便到西方四处游说,希望获得西方势力的支持以夺回君士坦丁堡。为了达成这一目的,1267年他在维特波(Viterbo)与西西里和那不勒斯国王安茹的查理以及摩里亚大公威廉签订条约,结成了以复辟拉丁帝国为主要目标的反拜占庭同盟。之后,塞尔维亚人、保加利亚人以及威尼斯人等也加入这一同盟,直接危及帕列奥列格王朝的存亡。[5] 为了应对这一危机,米哈伊尔八世必须集中兵力用于巴尔干地区,因而王朝初期面临的紧迫局势在客观上削弱了小亚细亚地区的防御力量。A. 瓦西列夫对此评价称,米哈伊尔八世将主要精力转向了西方,并竭力同安茹的查理周旋,“这实际上决定了光复后拜占庭帝国的命运。东方的边界有点被忽视了,拜占庭政府有时似乎忘记了那里的致命危险”。[6]

---

① 从塞奥多利二世写给费拉努普卢斯(Andronicus Phrangopoulos)和塞纳车利姆的信件可知,他们分别在尼西亚城圣特里丰修道院的国家学校教授语法、诗歌和修辞。塞纳车利姆还曾评注《荷马史诗》,参见 R. Browning, “Homer in Byzantium”, *Viator* 6 (1975), p. 29。关于塞纳车利姆在帕列奥列格王朝的任职情况,参见 M. Angold, *A Byzantine Government in Exile: Government and Society under the Laskarids of Nicaea, 1204-1261*, pp. 160, 180。

② George Pachymeres, *Book One and Book Two of the Historia*, p. 73.

③ C. Foss, *Nicaea: A Byzantine Capital and its Praises*, p. 76.

④ 安茹的查理是法王路易八世(Louis Ⅷ the Lion, 1223—1226年在位)的幼子、法王路易九世(Louis Ⅸ, 1226—1270年在位)的弟弟。

⑤ D. Nicol, *The Last Centuries of Byzantium, 1261-1453*, pp. 50-52, 67-68. 关于米哈伊尔八世同查理的周旋,以及最终于1282年利用“西西里晚祷”事件(The Sicilian Vespers)使查理的计划垮台,详见 D. Geanakoplos, *Emperor Michael Palaeologus and the West*, pp. 189-367; S. Runciman, *The Sicilian Vespers*, Cambridge: Cambridge University Press, 1958.

⑥ [美]A. A. 瓦西列夫:《拜占庭帝国史》,第914—915页。

同时，随着帝国战略重心西移，小亚细亚地区的力量制衡也发生了重要变化。[①] 尼西亚帝国的首都尼西亚城和“陪都”尼姆法雍便都失去了曾经的重要地位。[②] 尽管尼西亚城有良好的防御工事，但与君士坦丁堡那堪称中世纪城墙典范的防御工事相比却不可同日而语。在近千年的历史中，拜占庭帝国也基本上没有其他城市能与其首都具有相同甚至超越首都的政治影响力。加之在暂时保有小亚细亚西部沿海地区的情况下君士坦丁堡也基本上没有尼西亚城所面临的入侵压力和安全隐患，因而帕列奥列格王朝最初并没有在小亚细亚保持另一处政治中心的必要。所以，不论是尼西亚城还是尼姆法雍都失去了昔日。

米哈伊尔八世在1261年入主君士坦丁堡后刺瞎并囚禁了小皇帝约翰四世，[③]这给小亚细亚局势带来了很多不稳定因素。尼西亚城附近居民对米哈伊尔八世之举极为不满，1262年城内发生了严重叛乱。[④] 而在三年后，尼西亚城又陷入了蒙古入侵这一谣言带来的恐慌中。当时有人称蒙古人突袭尼西亚城，已攻破城墙，正在屠杀路人。惊慌失措的尼西亚城居民要么藏在新墓地，要么躲在房屋间隙中，以躲避这场灾难。[⑤] 一则谣言便能引发城内骚乱，也说明了尼西亚城时局不稳。与此同时，因帕列奥列格王朝的皇帝们也不再定期前去尼姆法雍，该城也就不再具有其在流亡时期的政治中心地位。随之，尼姆法雍对于腹地管理以及对于东部边界防御所起的作用也逐渐消失。尽管帕列奥列格王朝也曾试图将尼姆法雍作为维护东部边界的基地，如安德罗尼库斯二世便率军

---

① [美]拉尔斯·布朗沃思:《拜占庭帝国》，吴斯雅译，北京：中信出版社，2016年，第308页。

② 有学者指出，帕列奥列格初期的皇帝们也延续了在首都之外其他地方居住的习惯，他们在塞萨洛尼基和狄底莫泰孔也度过了很长时间，也曾在亚德里亚堡短期居住。参见K. Matschke, “The Late Byzantine Urban Economy, Thirteenth-Fifteenth Centuries”, p. 464。

③ N. Cassidy, A Translation and Historical Commentary of Book One and Book Two of the Historia of Geōrgios Pachymerēs, p. 350; M. Angold, *A Byzantine Government in Exile: Government and Society under the Laskarids of Nicaea, 1204-1261*, p. 92.

④ N. Cassidy, A Translation and Historical Commentary of Book One and Book Two of the Historia of Geōrgios Pachymerēs, p. 255. 关于借约翰四世之名起事的三次反叛，参见D. Angelov, *The Byzantine Hellene: The Life of Emperor Theodore Laskaris and Byzantium in the Thirteenth Century*, p. 222; p. 318, n. 28。

⑤ C. Foss, *Nicaea: A Byzantine Capital and its Praises*, pp. 76-78; D. Angelov, *The Byzantine Hellene: The Life of Emperor Theodore Laskaris and Byzantium in the Thirteenth Century*, p. 95. 这场恐慌过后，米哈伊尔八世还特地致信尼西亚城居民，指责他们懦弱胆小。参见D. Korobeinikov, *Byzantium and the Turks in the Thirteenth Century*, p. 218。

在此驻留，[①]但此城再未能发挥对小亚细亚经略和防御的价值和意义。

不仅是尼西亚城和尼姆法雍等这些流亡时期的关键城市相继失去了地位，东部边界防御也被削弱。帕西米尔斯较为肯定尼西亚皇帝们的东部政策，即在东部边界修筑要塞堡垒并对边民免税。同时，他们还允许边民占有在边界冲突中获得的战利品。他由此认为这些政策是尼西亚帝国同塞尔柱苏丹国成功保持均衡关系的主要原因。[②] 其中，边民被允许占有战利品可能是对其敌手行为的积极回应。尼西亚帝国东部边界的突厥游牧部落尚未建立任何形式的中央政权，塞尔柱苏丹国亦不能对之进行有效管理。因而，他们可获得所有的战利品并不需要交税。于是，尼西亚皇帝们也采取了不对边民斩获的战利品征税的措施。[③] 边民可通过夜晚突袭和白天劫掠敌人的土地而占有大量战利品，他们越是衣食无忧，便越能勇敢地同敌人作战。[④] 因而，尼西亚皇帝的东部边界政策一方面使边民没有理由放弃土地，另一方面也能阻止他们加入因战利品而获得大量收入的敌军，他们便成为维护边界安全的有效力量。[⑤] 但在帕西米尔斯看来，由于米哈伊尔八世实行了新政策，将边民的收入收归国有，并只给他们发放固定薪金，这便削弱与打击了他们抵御外敌入侵的能力和积极性。最终，他们有的被杀，有的投降，还有一些选择了逃亡。加上东部边界的防御力量也常被抽调到帝国的西部战场，他便认为这些因素使东部防线几近崩溃。[⑥] 很显然，以帕西米尔斯之见，米哈伊尔八世的政策逐步削弱了东部边民的经济实力，也弱化了边民的备战和防御能力。加上他们常被派去充实欧洲战场的作战力量，这便逐步瓦解了尼西亚时期构筑的东部防御体系，直接导致了小亚细亚的边界危机。后世学者在论述相关问题时，也多以帕西米尔斯的记载为依据，认为米哈伊尔八世的东部政策尤其是对小亚细亚的忽视是东部战略防御体系逐渐崩塌的重要原因。如奥斯特洛夫斯基认为边界防御力量被抽调到西部前线，这便削

---

① A. Laiou, *Constantinople Latins: The Foreign Policy of Andronicus II, 1282-1328*, Cambridge, Mass.: Harvard University Press, 1972, pp. 25, 79.

② George Pachymeres, *Book One and Book Two of the Historia*, pp. 3-4.

③ S. Kyriakidis, "The Division of Booty in Late Byzantium(1204-1453)", Academia edition, p. 19.

④ George Pachymeres, *Book One and Book Two of the Historia*, pp. 3-4.

⑤ S. Kyriakidis, "The Division of Booty in Late Byzantium(1204-1453)", Academia edition, p. 19.

⑥ George Pachymeres, *Book One and Book Two of the Historia*, pp. 4-6.

弱了东部地区的边防力量。[①] C. 富斯也认为米哈伊尔八世抽调戍守东部边界的边民前往巴尔干地区，是在收复君士坦丁堡一年内尼西亚城附近常发生叛乱的重要原因之一。[②] 他也指出，作为玛吉底亚边界抵抗突厥人持续进攻的有效防御力量，该地的弓箭手曾被派去参加1263年和1269年伯罗奔尼撒的军事活动，这也导致他们的土地很快被突厥人占领。[③] A. 拉伊奥还认为米哈伊尔八世之后为惩罚小亚细亚那些支持约翰四世和牧首阿森尼乌斯的势力[④]而对他们征收重税，使得他们不堪重负。一些帕夫拉高尼亚人甚至加入了突厥人的队伍，从而削弱了小亚细亚防务。[⑤] D. 尼科尔总结称："毫无疑问，米哈伊尔八世拯救了支离破碎的帝国，但由于忽视了东部省份，这最终被证明是对拜占庭世界更为致命的打击。"[⑥]

然而，也有学者指出了帕西米尔斯记载的局限性，如D. 安格洛夫认为应该谨慎对待帕西米尔斯的记载，这位史家理想化了尼西亚皇帝们，并以此来挫败他们那能力较弱的继任者。[⑦] 米哈伊尔八世篡位并迫害小皇帝约翰四世，这一事件在很大程度上使史家们对拉斯卡利斯王朝和帕列奥列格王朝的认识出现了严重偏差。不同于阿克罗颇利塔斯较为明显的亲帕列奥列格王朝、贬拉斯卡利斯王朝的写作风格，[⑧]帕西米尔斯总体而言更为支持和同情拉斯卡利斯王朝，

---

① [南斯拉夫]乔治·奥斯特洛格尔斯基：《拜占廷帝国》，第416页。

② C. Foss, *Nicaea: A Byzantine Capital and its Praises*, pp. 76-77.

③ C. Foss, *Cities, Fortresses and Villages of Byzantine Asia Minor*, Ⅵ, p. 302.

④ 阿森尼乌斯不满于米哈伊尔八世独掌权力、迫害约翰四世，于是开除了米哈伊尔八世的教籍，而米哈伊尔八世却另找理由废黜了牧首，于是两人的对战公开化。牧首周围集结了大批追随者，他们支持牧首反对皇帝，于是形成了阿森尼乌斯派（1265—1310）。阿森尼乌斯派也积极抵制米哈伊尔八世的东西教会联合政策，对帕列奥列格王朝初期政治产生了重要影响。直至1310年，阿森尼乌斯派同意再次加入教会，这场纷争才逐渐告一段落。参见D. Nicol, *The Last Centuries of Byzantium, 1261-1453*, pp. 44-46; D. Angelov, *Imperial Ideology and Political Thought in Byzantium (1204-1330)*, pp. 368-369。

⑤ 参见A. Laiou, *Constantinople and the Latins: The Foreign Policy of Andronicus Ⅱ, 1282-1328*, p. 21。

⑥ D. Nicol, *The Reluctant Emperor: A Biography of John Cantacuzene, Byzantine Emperor and Monk, c. 1295-1383*, Cambridge, New York: Cambridge University Press, 1996, p. 12.

⑦ D. Angelov, *The Byzantine Hellene: The Life of Emperor Theodore Laskaris and Byzantium in the Thirteenth Century*, p. 10.

⑧ 阿克罗颇利塔斯的《历史》带有明显的亲米哈伊尔八世、贬尼西亚皇帝的政治倾向，原因主要在于这位史家写作于帕列奥列格王朝初期，加上他与米哈伊尔八世有亲戚关系，也曾于1259年被米哈伊尔八世的军队从阿尔塔救出，并在帕列奥列格王朝被委以重任，所以其政治倾向不可避免。

所以其政治立场必须考虑在内。[①] D. 科洛本尼科夫也对帕西米尔斯的记载持怀疑态度，他在其著作中专辟一章来分析米哈伊尔八世与小亚细亚边界危机的关系。他认为帕列奥列格王朝面临与尼西亚帝国不同的东部边界形势，这是米哈伊尔八世采取不同的东部政策的重要背景。此时，在帝国的东部边界地区已经形成庞大的突厥游牧部落联盟，并对小亚细亚领土安全造成了前所未有的威胁，在此情况下仅靠之前的边界防御力量难以应对这一局面，因而需要一支规模更大、兵力更强的军队。同时，在边境地区，边民实际上也很难保住自己的土地收入，支付薪水便成为资助军队和边境驻军最可靠的方式。[②] 因而米哈伊尔八世的改革将尼西亚时期的边界防御力量变成了机动部队。他还将军权握在手中，以便于随时把军队用于小亚细亚或巴尔干半岛的军事行动。[③] 加上米哈伊尔八世也曾沿袭尼西亚皇帝们亲自或委派亲信巡视边界的习惯，如他曾派自己的弟弟君士坦丁前去视察帕夫拉高尼亚边界。[④] 他也曾亲自前往费拉德尔菲亚，以确保东部边界稳定。[⑤] 他在位期间，拜占庭军队也与突厥人多次交手，并且只损失了从劳迪吉亚到迈安德河的安条克之间河左岸的小部分领土，也基本上捍卫了桑加里奥斯河边界的安全。因而，D. 科洛本尼科夫便认为米哈伊尔八世的新政策对于应对这一时期东部边界地带形成的庞大的突厥游牧部落联盟十分有效。[⑥] 在这位学者看来，米哈伊尔八世尽管将主要精力用于处理西方事务，但在主观上并未放弃小亚细亚边防。

同时，他也指出尽管米哈伊尔八世并非小亚细亚失守的罪魁祸首，但面临西方反拜占庭同盟的挑战，他在1267年至1280年间将兵力用于巴尔干而没有在小亚细亚没有发动任何积极的军事行动，这便为东部边界突厥势力的发展提

---

① 不同于阿克罗颇利塔斯，帕西米尔斯对拉斯卡利斯王朝的皇帝们尤其是塞奥多利二世多有赞誉。帕西米尔斯称塞奥多利二世有着同其父亲一样敏锐的观察力，他宽宏大量也慷慨大方。他还具有较高的文化水平，有着卓越的写作能力。详见 George Pachymeres, *Book One and Book Two of the Historia*, pp. 15-16。

② D. Korobeinikov, *Byzantium and the Turks in the Thirteenth Century*, p. 268.

③ D. Korobeinikov, *Byzantium and the Turks in the Thirteenth Century*, p. 240.

④ George Akropolites, *The History*, pp. 346-347, 77.

⑤ George Pachymeres, *Book One and Book Two of the Historia*, pp. 47-48.

⑥ D. Korobeinikov, *Byzantium and the Turks in the Thirteenth Century*, pp. 245-251. 关于尼西亚帝国和塞尔柱苏丹国边界的突厥游牧民族及其政权的逐渐形成，亦可参见 A. Peacock, “The Seljuk Sultanate of Rum and the Turkmen of the Byzantine Frontier, 1206-1279”, pp. 267-287。

供了契机。其次，他也未能处理好与其在小亚细亚的对手即牧首阿森尼乌斯和约翰四世的支持者之间的关系。他们不但引发了社会的动荡，有时还成了突厥人入侵的帮手，这便是一支突厥人得以占领麦索提亚（Mesothinia）这一战略要地的重要原因。[①] 但相比之下，继位的安德罗尼库斯二世[②]（Andronicus Ⅱ Palaeologus，1281—1328 年在位）则在更大程度上加速了小亚细亚边界的失守。A. 拉伊奥认为安德罗尼库斯二世不同于米哈伊尔八世偏西方，而是更加注重小亚细亚。[③] 他曾现身小亚细亚以恢复当地居民的士气，也曾带领军队和金钱前往小亚细亚，还通过沿边界重建要塞、城镇和村庄来确保这一地区的安全。[④] 但 D. 科洛本尼科夫认为，在 1284—1295 年这一关键时期，安德罗尼库斯二世并没有利用特拉勒斯[⑤]（Tralles）沦陷以及塞尔柱突厥境内反蒙古人的动乱采取任何重要的军事行动。同时，他也称安德罗尼库斯二世没有认识到东部边界局势的新变化，其在边界重建要塞、用金钱和士兵来保证戍守的策略既是短视的，也是无效的。[⑥] 除了 1283 年至 1284 年冬沿着桑加里奥斯河的那次远征外，这位皇帝在位期间并未对东部边界防御做出更多贡献。[⑦]

此外，安德罗尼库斯二世的两项举措也在很大程度上削弱了东部边界的防御。1293 年 3 月，多疑的安德罗尼科斯二世因忌惮自己的弟弟君士坦丁在贵族和军队中太受欢迎，加上后者颇受他们的父亲米哈伊尔八世的喜爱，并差点因之成为皇位继承人，于是他在尼姆法雍下令将君士坦丁逮捕并监禁。哥力高拉斯称，逮捕君士坦丁削弱了拜占庭帝国迈安德河沿线的防御。[⑧] 另外，安德罗尼

① D. Korobeinikov, *Byzantium and the Turks in the Thirteenth Century*, p. 251.

② D. 尼科尔这样评价安德罗尼库斯二世：“他没有他父亲那种性格和聪明才智，没能影响事件发展进程并在一个时代留下印记。他是和蔼可亲但无能的统治者，他受过教育，有文化，也是一位过于虔诚的正教徒，但却是情势的受害者而不是掌控者。在他的统治下，拜占庭帝国尽管仍笼罩在荣耀和自负之中，却迅速沦为一个二等小国，埋没在众多君主国之间。”D. Nicol, *The Reluctant Emperor: A Biography of John Cantacuzene, Byzantine Emperor and Monk, c. 1295-1383*, p. 13。

③ A. Laiou, *Constantinople and the Latins: The Foreign Policy of Andronicus Ⅱ, 1282-1328*, pp. 21-22.

④ A. Laiou, *Constantinople and the Latins: The Foreign Policy of Andronicus Ⅱ, 1282-1328*, pp. 24-25; pp. 76-80; pp. 86-93.

⑤ 今土耳其西部艾登（Aydın）省首府艾登，位于今大门德雷斯河（古迈安德河）下游谷地的中心地带。

⑥ D. Korobeinikov, *Byzantium and the Turks in the Thirteenth Century*, p. 295.

⑦ D. Korobeinikov, *Byzantium and the Turks in the Thirteenth Century*, p. 257.

⑧ 参见 D. Korobeinikov, *Byzantium and the Turks in the Thirteenth Century*, p. 261。

库斯二世也在同年任命费兰斯洛派努斯[1](Alexios Philanthropenos)为小亚细亚西部军队统帅,派其前往迈安德河谷地带抗击突厥人。这支军队不但夺回了米利都[2](Miletus),还恢复了 1284 年特拉勒斯陷落前的拜占庭帝国边界。[3] 帕西米尔斯称,这一成功在很大程度上是因为费兰斯洛派努斯允许士兵保有在战争中获得所有战利品的权利。[4] 安德罗尼库斯二世可能忌惮费兰斯洛派努斯备受其军队拥戴,于是意欲夺取他们的战利品。[5] 在安德罗尼库斯二世的压力下,费兰斯洛派努斯最终“揭竿而起”。但由于军中克里特雇佣兵的背叛,安德罗尼库斯二世很快便平息了叛乱。尽管这场叛乱没有使拜占庭帝国丢失太多领土,却使它再无足够强大的军队来抵挡东部边境突厥人新一轮的大规模进攻。[6] 在此之后,安德罗尼库斯二世极为忌惮本土军士。在 13 世纪的最后十年,拜占庭帝国的将军们要么被投入狱中,要么被解职。[7] 因而由于安德洛尼库斯二世的政治阴谋诡计和个人嫉妒,拜占庭帝国东部边界的防卫也被不断削弱,这无疑在很大程度上影响了拜占庭帝国东部边界的安定。[8]

(二)小亚细亚失守与拜占庭帝国灭亡

1303 年末 1304 年初,在迈安德河下游和从查士丁尼桥[9]到尼西亚城的桑加里奥斯河沿岸地带,突厥人突破了拜占庭帝国在这两个最关键区域的防御,

---

① 关于费兰斯洛派努斯及其在小亚细亚的军事行动和反叛,详见 A. Laiou,“Some Observations on Alexios Philanthropenos and Maximos Planoudes”, *BMGS* 4 (1978), pp. 89-99; A. Laiou, *Constantinople and the Latins: The Foreign Policy of Andronicus II*, 1282-1328, pp. 80-83。

② 米利都是小亚细亚西海岸的重要城市,靠近迈安德河口,位于今土耳其艾登省。

③ D. Korobeinikov, *Byzantium and the Turks in the Thirteenth Century*, p. 266.

④ S. Kyriakidis, “The Role of the Megas Domestikos in the Late Byzantine Army (1204-1453)”, pp. 252-253; S. Kyriakidis, “The Division of Booty in Late Byzantium (1204-1453)”, p. 173.

⑤ S. Kyriakidis, “The Role of the Megas Domestikos in the Late Byzantine Army (1204-1453)”, pp. 252-253.

⑥ D. Korobeinikov, *Byzantium and the Turks in the Thirteenth Century*, p. 269.

⑦ S. Kyriakidis, “The Role of the Megas Domestikos in the Late Byzantine Army (1204-1453)”, p. 255; S. Kyriakidis, “The Employment of Large Groups of Mercenaries in Byzantium in the Period ca. 1290-1305 as Viewed by the Sources”, *Byzantion* 59 (2009), p. 6.

⑧ D. Nicol, *The Last Centuries of Byzantium, 1261-1453*, pp. 124-125.

⑨ 查士丁尼桥,又称作桑加里奥斯桥(Sangarius Bridge),是由查士丁尼一世(Justinian I, 527—565 年在位)修建的一座石灰石桥。位于今土耳其萨卡利亚(Sakarya)省首府阿达帕扎勒(Adapazarı)附近。

由此涌入了小亚细亚西部。[①] 这对拜占庭边界防御造成巨大的冲击，它也再难抵御突厥人的入侵。回顾在安德罗尼库斯二世统治初期，帝国仍旧控制着小亚细亚西部最富硕的地区，即从比提尼亚到卡里亚的爱琴海地区的肥沃谷地。但他去世时，帝国只能控制小亚细亚西北部的几个要塞。[②] 突厥人占领小亚细亚的拜占庭城市的常见模式是，其军队先通过围城将这些城市置于孤绝境地，如此一来拜占庭政府便无力派兵增援。之后，被围的拜占庭城市迫于饥荒只能与当地的突厥部落达成协议，但也随之落入他们之手。特里波利斯的沦陷在晚期拜占庭帝国便极具代表性。突厥人包围了特里波利斯，但城内守军极力抵抗。因他们有城墙防护可以抵挡不擅攻城的突厥人，突厥人久围不下。但城内居民因缺少物资，又得不到帝国支援，最终陷入饥荒之中，不得不与突厥人交易。最初，他们只是在城外与突厥人会面，但之后允许突厥人带谷物直接入城，这便为该城的沦陷埋下了伏笔。突厥人借此在城墙边埋伏大队人马，并在进城的麦子袋中藏了小号。晚上，城里的突厥赶骡人和麦子商人用小号发出信号，并打开城门让城外人马入城，最终拿下了这座城池。[③] 除了特里波利斯，萨迪斯、尼姆法雍、麦格尼西亚和普鲁萨等这些尼西亚帝国时期的关键城市也相继失守。[④] 其中，麦格尼西亚的沦陷使拜占庭人失去了在小亚细亚最后的前哨基地，尼西亚城的失陷便只是时间问题。当帝国无力给予支援，进一步的抵抗也无望时，尼西亚城在被奥斯曼土耳其骑兵和弓箭兵围攻两年后，最终迫于饥荒和绝望的双重压

---

① 参见 D. Korobeinikov, *Byzantium and the Turks in the Thirteenth Century*, p. 282。

② C. Foss, *Nicaea: A Byzantine Capital and its Praises*, p. 80. 然而，在关于安德罗尼库斯二世的多篇颂词中，他因能够击败突厥人而受到高度赞扬。这些颂词可能是为了回应对他未能使小亚细亚地区免遭进攻的指责，参见 S. Kyriakidis, “Warfare and Propaganda: The Portrayal of Andronikos Ⅱ Palaiologos (1282-1328) as an Incompetent Military Leader in the Histories of John Ⅵ Kantakouzenos (1347-54)”, *BMGS* 37/ 2 (2013), pp. 182, 185-186。

③ 转引自 C. Foss, *Cities, Fortresses and Villages of Byzantine Asia Minor*, Ⅵ, pp. 300-301。

④ C. Foss, “Late Byzantine Fortifications in Lydia”, p. 311; S. Vryonis Jr., *The Decline of Medieval Hellenism in Asia Minor and the Process of Islamization from the Eleventh through the Fifteenth Century*, pp. 138-139, 310-311; C. Foss, *Byzantine and Turkish Sardis*, p. 81. 奥斯曼土耳其人早在1307年就试图占领普鲁萨，但他们最初的进攻失败了。在多年被围之后，1326年布鲁萨困于饥馑最终投降，并且要支付高额贡金。参见 H. Lowry, *The Nature of the Early Ottoman State*, Albany: State University of New York Press, 2003, pp. 56-57; D. A. Korobeinikov, “How ‘Byzantine’ Were the Early Ottomans? Bithynia in ca. 1290-1450”, p. 237。

力于1331年3月2日沦陷。[①] 到14世纪末，拜占庭只控制着海边的临时据点和费拉德尔菲亚这座孤立的内陆要塞。[②] 由于缺少了必要的缓冲和壁垒，加上晚期帝国因频繁而剧烈的内战错失了遏制这些突厥政权尤其是奥斯曼土耳其人势力扩张的良机，他们在夺取拜占庭帝国的小亚细亚领土后举兵西下，并最终于1453年攻占君士坦丁堡，结束了拜占庭帝国一千余年的历史。

由上所述，尼西亚帝国以“陪都”为核心构建的东部战略防御体系是晚期拜占庭人经营小亚细亚并保证东部边界安全稳定的重要尝试，它为帝国赢得了夺回君士坦丁堡、延续拜占庭国祚的重要机遇。但在回到君士坦丁堡后，帕列奥列格王朝面临东线和西线的双重防御压力，并且西线的压力相较而言更为紧迫，直接关系新生政权的存亡。于是，在此背景下，米哈伊尔八世尽管也曾试图维护东部边界安全，却不具备同时应付巴尔干和小亚细亚事务的财政资源和军事实力，于是东部边界防御便在客观上被削弱了。尤其是安德罗尼库斯二世在位期间，他没能有效抵御东部边界已形成的突厥势力联盟，尼西亚皇帝们构建的东部边界防御体系的崩溃便在所难免。不论帕列奥列格王朝哪位皇帝应为小亚细亚边界的失守负责，小亚细亚的失守都了成了末代王朝帕列奥列格王朝最大的灾难之一。相比之下，尼西亚皇帝们正是因为稳守小亚细亚才能够绝地反击。因而，在拜占庭衰亡的大背景下，小亚细亚为拜占庭人扭转颓势提供了可能。换言之，小亚细亚在，则拜占庭帝国存；小亚细亚失，则拜占庭帝国亡。

---

① C. Foss, *Nicaea: A Byzantine Capital and Its Praises*, pp. 84, 95.

② C. Foss, *Cities, Fortresses and Villages of Byzantine Asia Minor*, V, p. 145. 在被奥斯曼土耳其人围城数年后，因一直无法获得拜占庭中央政府的任何援助，于是该城居民转而向教皇求援，但教皇给出的回复是他们得先皈依天主教才能获得援助。参见[英]乔纳森·哈里斯：《拜占廷简史》，第314—315页。

第五章　结语

13 世纪是人类历史上最重要的时期之一。在这一世纪，无论是十字军东征和蒙古西征，还是在小亚细亚半岛形成的诸多突厥酋长国，都极大地影响了世界历史的进程。其中，第四次十字军在 1204 年攻陷了君士坦丁堡，并以此为都建立起拉丁帝国，这导致地中海世界存在近千年的拜占庭帝国垮台，随之而来的是东地中海世界更为碎片化且更易变动的政治格局。而蒙古西征军在连番击败了小亚细亚半岛的主导力量塞尔柱苏丹国后，又重塑了东地中海世界的政治格局，也改变了东地中海世界的发展趋势。同时，蒙古西征还对生活在中亚草原的游牧民族产生了影响，迫使他们不断西迁并最终在塞尔柱苏丹国和尼西亚帝国的边界居住下来，这便是日后称霸东地中海世界的奥斯曼土耳其帝国形成的背景。此外，13 世纪还是拜占庭流亡政权在 57 年后夺回君士坦丁堡、重建拜占庭帝国的世纪。为应对拜占庭帝国中央政权崩塌和东地中海世界新的政治格局，尼西亚帝国一方面与这一地区的诸多政权和势力进行了直接的交手和较量，尼西亚帝国使节的身影甚至出现在了哈拉和林。因而尼西亚帝国史便不可避免地带有东地中海世界区域史乃至全球史的特点。尤其是尼西亚帝国与蒙古汗国和蒙古西征军之间以外交方式实现的互动，成为中古拜占庭文明和中华文明交流史上的一个新篇章。同时，尼西亚帝国还以尼姆法雍为“陪都”，这在很大程度上解决了这一流亡政权的生存、发展乃至复国等问题。最终尼西亚帝国夺回君士坦丁堡，延续了拜占庭国祚，并在拜占庭历史上具有了重要地位。

近代以来，学者大多从尼西亚帝国的政治、经济和军事等方面入手，挖掘其能够在流亡的艰难处境和复杂的外部形势下夺回君士坦丁堡、光复拜占庭帝国的历史原因，并以此为据凸显这一拜占庭流亡政权独特的历史价值和意义。然而，少有学者将尼西亚帝国的“陪都”作为专门考察对象，来探查其与帝国立足小亚细亚、纵深发展的政治规划和构建东部战略防御体系之间的有机关联，也就未能深入分析“陪都”对帝国的经济发展、西征计划以及最终收复君士坦丁堡的推动作用。本书认为尼西亚帝国的政府或宫廷具有流动性，它分别以尼西亚城为首都、尼姆法雍为“陪都”形成了多中心统治结构。而尼西亚帝国以尼姆法雍为“陪都”除了该城具有较好的自然地理条件，适合皇帝前往过冬外，更重要的是它符合尼西亚帝国立足小亚细亚、纵深发展的政治规划和构建东部战略防御体系的要求。它也有力地推动尼西亚帝国实现了生存、发展和复国的目标。

然而，需要注意的是，尼西亚帝国不仅夺回了君士坦丁堡，使拜占庭帝国得以重生，更重要的是它还留给了末代帕列奥列格王朝三个亟须解决的问题。其一是如何守住小亚细亚。尼西亚帝国“陪都”举措的要旨在于立足小亚细亚和经营小亚细亚，这是其能于流亡中站稳脚跟并实现绝地反击的重要基础，也是晚期拜占庭人以有效经营小亚细亚为契机对救亡图存之道的有益探索。尼西亚帝国的历史也说明，拜占庭帝国晚期并非直线衰亡，而是具有了逆转衰亡的可能性。而帕列奥列格王朝能否守住小亚细亚将在很大程度上决定其最终的命运。当然，拜占庭帝国的衰亡问题是大问题，因为问题背后的答案盘根错节、异常复杂，但小亚细亚的守与失不失为窥探这一重大问题的一扇窗。

第二个问题便是如何有效地实现对马其顿和色雷斯地区的控制和管理。如果说小亚细亚问题是尼西亚帝国留给帕列奥列格王朝的宝贵而成功的经验，那么马其顿和色雷斯问题便是一个“烂摊子”。前文提到安格洛斯王朝末期地方行省出现了比较严重的分离倾向，而君士坦丁堡的陷落所导致的中央权力的缺失则更加剧了这一局面。不同于小亚细亚地区形成了割据势力，马其顿和色雷斯地区的居民常为了生存依附于不同政权的统治者。他们可以根据自身利益的需要，选择认保加利亚第二帝国、拉丁帝国、伊庇鲁斯专制君主国抑或是尼西亚帝国的君主为主。而为了保存生命和财产，他们也可以随时转变效忠对象。因而,这些地区统治者频繁更替,任一政权都难以对这些地区实现有效控制。[①] 在此过程中,这些地区的拜占庭人对君主专制与中央集权的政治忠诚和认同感也遭到了极大破坏。尼西亚帝国尽管在小亚细亚站稳脚跟后开始在巴尔干地区收复失地,但因其政治、军事和经济中心都在小亚细亚,较难对这些新征服地区进行深度管控。它们只是在名义上统治这些地区,给予这些地区特权,但无法像对待小亚细亚西北部地区那样对它们进行实际的控制和管理。帕列奥列格王朝初期以君士坦丁堡为中心,兼有小亚细亚西北部、马其顿和色雷斯地区,当然还有在名义上臣服的伊庇鲁斯专制君主国等。但在丢失小亚细亚后,马其顿和色雷斯地区对于晚期帝国的重要性不言而喻。因而,能否实现对这些地区的有效管控,利用马其顿和色雷斯之力为帝国争取生存之机,也是帕列奥列格王朝要面对的另一重大问题。

第三个问题是普世帝国政治观念的变化。尽管在以阿克罗颇利塔斯为代表帕列奥列格官方史家看来,无论是伊庇鲁斯专制君主还是控制罗德岛的嘎巴拉斯家族都僭越了尼西亚皇帝的权力,这也是尼西亚皇帝兴兵讨伐他们的重要原因。[②] 然而,布莱米迪斯对此有截然不同的认识,他称嘎巴拉斯的权力并不是由尼西亚皇帝授予而是继承自先祖,因此嘎巴拉斯无须听命于皇帝。约翰三世对嘎巴拉斯的独立地位十分不满,于是派出了一支强大的舰队去抓捕他。[③] 同样,布莱米迪斯也称伊庇鲁斯专制君主没有义务服从皇帝的命令,他们的权力并非来自皇帝,他们也不是皇帝的臣属,他们都是自治的、独立的。[④] 布莱米迪斯是尼西亚帝国同时也是帕列奥列格王朝的知名学者,他的观点具有一定的代表性。这说明即使不是在尼西亚帝国也是在帕列奥列格王朝初期出现了关于普世帝国政治观念的分歧。而这无疑是受到君主专制和中央集权的拜占庭帝

---

① 阿克罗颇利塔斯曾评价称,西部地区的居民准备臣服于有势力的人,他们以这种方式来自存并保存他们的财富。参见 George Akropolites, *The History*, p. 357。

② 在阿克罗颇利塔斯笔下,利奥·嘎巴拉斯(Leo Gabalas)被称为"变节者"。参见 George Akropolites, *The History*, pp. 184-185, 27; pp. 187, 28; pp. 189, 29。在伊庇鲁斯专制君主塞奥多利于塞萨洛尼基称帝和加冕后,阿克罗颇利塔斯便转变了对伊庇鲁斯专制君主的态度,开始称他们为"罗马帝国的敌人""变节者""叛徒"等。George Akropolites, *The History*, pp. 235-238, 45; pp. 249-251, 49。关于这一问题的讨论,还可参见 R. Macrides, *George Akropolites*, *The History*, p. 50。

③ Nikephoros Blemmydes, *A Partial Account*, Ⅱ, pp. 104-106.

④ Nikephoros Blemmydes, *A Partial Account*, Ⅱ, pp. 127-128.

国在1204年垮台这一政治事件的影响。同时，作为第一位生于小亚细亚、长于小亚细亚的尼西亚皇帝，不同于其外祖父塞奥多利一世和父亲约翰三世，塞奥多利二世对于故都君士坦丁堡的认识和感受也已发生变化。他对这座旧都的冷淡态度与他对安纳托利亚“母亲”的热切依恋形成了鲜明对比，他也更多强调自己希腊人的身份。[①] 普世帝国政治观念的践行需要强大的资源做支撑，而小政府和小国家更适合这一时期的现实情况。回到“众城之王”统治的帕列奥列格王朝的皇帝们能否注意到流亡时期的这一变化，在内政外交中不再将有限的资源运用于践行普世帝国的政治理念，这也是他们面临的一大抉择。因而，以上这些问题或许能为我们打开一扇门，由此我们可以更好地理解1204年君士坦丁堡陷落和1261年君士坦丁堡光复对于拜占庭帝国的真正意义。

---

① D. Angelov, *The Byzantine Hellene: The Life of Emperor Theodore Laskaris and Byzantium in the Thirteenth Century*, p. 215.

参考文献

一、中文文献

（一）著作

1.陈高华、史卫民:《元代大都上都研究》,北京:中国人民大学出版社,2010 年。

2.陈桥驿编:《中国都城辞典》,南昌:江西教育出版社,1999 年。

3.陈志强:《拜占廷学研究》,北京:人民出版社,2001 年。

4.陈志强:《拜占廷帝国史》,北京:商务印书馆,2006 年。

5.陈志强:《巴尔干古代史》,北京:中华书局,2007 年。

6.陈志强:《拜占庭史研究入门》,北京:北京大学出版社,2012 年。

7.陈志强:《拜占庭帝国通史》,上海:上海社会科学院出版社,2013 年。

8.陈志强:《鹰旗飘落:拜占庭帝国的末日》,北京:北京大学出版社,2016 年版。

9.陈志强:《拜占庭帝国史》:北京:商务印书馆,2017 年。

10.陈志强:《拜占庭文明》,北京:北京师范大学出版社,2018 年。

11.陈志强:《古史新话——拜占庭研究的亮点》,北京:人民出版社,2019 年。

12.丁海斌:《中国古代陪都史》,北京:中国社会科学出版社,2012 年。

13.哈全安:《中东国家的现代化历程》,北京:人民出版社,2006 年。

14.哈全安、周术情:《土耳其共和国的政治民主化进程研究》,上海:上海三联书店,2010 年。

15.哈全安:《土耳其通史》,上海:上海社会科学院出版社,2014 年。

16.哈全安:《中东史》,上海:上海社会科学院出版社,2019 年。

17.哈全安:《伊朗通史》,上海:上海社会科学院出版社,2020 年。

18.乐峰:《东正教史》,北京:中国社会科学出版社,1999 年。

19.李秀玲:《安娜·科穆宁娜及其笔下的拜占廷帝国:〈阿莱科休斯传〉研究》,北京:北京燕山出版社,2014 年。

20.厉以宁:《罗马—拜占庭经济史》,北京:商务印书馆,2006 年。

21.罗春梅:《1204 年君士坦丁堡的陷落》,北京:人民出版社,2012 年。

22.罗新:《从大都到上都》,北京:新星出版社,2018 年。

23.马细谱:《保加利亚史》,北京:中国社会科学出版社,2011 年。

24.任继愈编:《基督教史》,南京:江苏人民出版社,2006 年。

25.徐家玲:《拜占庭文明》,北京:人民出版社,2006 年。

26.张广智:《西方史学史》,上海:复旦大学出版社,2018 年。

27.张绪山:《中国与拜占庭帝国关系研究》,北京:中华书局,2012 年。

(二)译著

1.[南斯拉夫]奥斯特洛格尔斯基:《拜占廷帝国》,陈志强译,西宁:青海人民出版社,2006 年。

2.[英]罗伯特·拜伦:《拜占庭的成就:公元 330～1453 年之历史回顾》,周书垚译,上海:上海三联书店,2018 年。

3.[英]N. H. 拜尼斯:《拜占庭:东罗马文明概论》,陈志强、郑玮、孙鹏译,郑州:大象出版社,2012 年。

4.[美]朱迪斯·M. 本内特、C. 沃伦·霍利斯特:《欧洲中世纪史》,杨宁、李韵 译,上海:上海社会科学院出版社,2013 年。

5.《柏朗嘉宾蒙古行纪 鲁布鲁克东行纪》,耿昇、何高济译,北京:中华书局,1985 年。

6.[摩洛哥]伊本·白图泰:《伊本·白图泰游记》,马金鹏译,北京:华文出版社,2015 年。

7.[美]拉尔斯·布朗沃思:《拜占庭帝国》,吴斯雅译,北京:中信出版社,2016年。

8.[美]布莱恩·蒂尔尼、悉尼·佩因特:《西欧中世纪史》,袁传伟译,北京:北京大学出版社,2011年。

9.[瑞典]多桑:《蒙古史》上册,冯承钧译,北京:商务印书馆,2015年。

10.[英]彼得·弗兰科潘:《第一次十字军东征》,欧阳敏译,海口:海南出版社,2019年。

11.[法]罗伯特·福西耶主编:《剑桥插图中世纪史(350—950年)》上册,陈志强等译,济南:山东画报出版社,2018年。

12.[美]提摩西·E.格里高利:《拜占庭简史》,刘智译,上海:华东师范大学出版社,2018年。

13.[英]菲利普·格里尔森:《拜占庭货币史》,武宝成译,北京:法律出版社,2018年。

14.[法]勒内·格鲁塞:《草原帝国》,蓝琪译,北京:商务印书馆,1998年。

15.[英]乔纳森·哈里斯:《拜占廷简史》,庞国庆、吕丽蓉、陈悦译,北京:中信出版社,2017年。

16.[英]朱迪斯·赫林:《拜占庭》,李潇阳译,上海:上海社会科学院出版社,2020年。

17.[荷]约翰·赫伊津哈:《中世纪的衰落》,北京:北京大学出版社,2014年。

18.[英]爱德华·吉本:《罗马帝国衰亡史》,席代岳译,杭州:浙江大学出版社,2018年。

19.[美]R. J.克兰普顿:《保加利亚史》,周旭东译,北京:中国大百科全书出版社,2009年。

20.[英]罗杰·克劳利:《1453:君士坦丁堡之战》,陆大鹏译,北京:社会科学文献出版社,2014年。

21.[拜占庭]安娜·科穆宁娜:《阿莱科休斯传》,李秀玲译,上海:上海三联书店2018年版。

22.[英]斯蒂文·朗西曼:《1453——君士坦丁堡的陷落》,马千译,北京:北京时代华文出版社,2014年。

23.[英]斯蒂文·朗西曼:《拜占庭的失落之城:米斯特拉斯与伯罗奔尼撒的历史》,谭琦译,北京:社会科学文献出版社,2020年。

24.[法]雅克·勒高夫:《中世纪文明,400—1500年》,徐家玲译,上海:格致出版社,2011年。

25.[美]爱德华·N. 勒特韦克:《拜占庭帝国大战略》,陈定定、王悠、李希瑞译,北京:社会科学文献出版社,2018年。

26.[法]阿敏·马卢夫:《阿拉伯人眼中的十字军东征》,彭广恺译,北京:民主与建设出版社,2017年。

27.[英]西里尔·曼戈主编:《牛津拜占庭史》,陈志强、武鹏译,北京:北京师范大学出版社,2015年。

28.[法]孟德斯鸠:《罗马盛衰原因论》,婉玲译,北京:商务印书馆,2001年。

29.[英]威廉·穆尔:《阿拉伯帝国》,周术情、吴彦、李婧、郑丽君译,西宁:青海人民出版社,2006年。

30.[英]海伦·尼克尔森:《十字军》,刘晶波译,上海:上海社会科学院出版社,2013年。

31.[比]亨利·皮朗:《中世纪欧洲经济社会史》,上海:上海人民出版社2014年版。

32.[比]亨利·皮雷纳:《中世纪的城市》,陈国梁译,北京:商务印书馆,2006年。

33.[日]杉山正明:《忽必烈的挑战:蒙古帝国与世界历史的大转向》,周俊宇译,北京:社会科学文献出版社,2013年。

34.[英]乔纳森·赖利-史密斯:《十字军史》,欧阳敏译,北京:商务印书馆,2016年。

35.[英]诺曼·斯通:《土耳其简史》,刘昌鑫译,北京:中信出版社,2017年。

36.[美]沃伦·特里高德:《拜占庭简史》,崔艳红译,上海:上海人民出版社,2008年。

37.[美]A. A. 瓦西列夫:《拜占庭帝国史》,徐家玲译,北京:商务印书馆,

2019 年。

38.[美]希提:《阿拉伯通史》,马坚译,北京:新世界出版社,2015 年。

39.[美]斯坦福·肖:《奥斯曼帝国》,许序雅、张忠祥译,西宁:青海人民出版社,2006 年。

40.[英]贝塔妮·休斯:《伊斯坦布尔三城记》,上海:上海三联书店,2019 年。

41.[波斯]志费尼:《世界征服者史》,何高济译,北京:商务印书馆,2004 年。

42.《圣经》(和合本),上海:中国基督教三自爱国运动委员会、中国基督教协会,1980 年。

(三)论文

1.陈志强:《拜占廷军区制和农兵》,《历史研究》1996 年第 5 期。

2.陈志强:《拜占廷"封建化"史料研究》,《贵州社会科学》2013 年第 2 期。

3.陈志强:《拜占廷火炮研究》,《社会科学家》2014 年第 2 期。

4.陈志强:《拜占廷帝国末代皇帝的最后传说》,《史学集刊》2014 年第 2 期。

5.陈志强:《一四五三年君士坦丁堡战役参战人数考辨》,《历史研究》2015 年第 6 期。

6.陈志强:《末代拜占廷军队兵器落后原因研究》,《南开学报》(哲学社会科学版)2016 年第 5 期。

7.陈志强:《原始文献不一定可靠—以一个拜占廷专题研究为例》,《史学理论研究》2019 年第 3 期。

8.陈志强:《拜占廷主力战船"德龙猛"》,《海洋史研究》2017 年第 1 期。

9.董晓佳:《晚期罗马帝国防御体系重建视角下的君士坦丁堡建设初探》,《古代文明》2015 年第 2 期。

10.崔艳红:《国内外学者对拜占庭帝国衰亡原因的研究》,《世界历史》2002 年第 6 期。

11.丁海斌:《论中国古代的多京制》,《社会科学战线》2015 年第 8 期。

12.丁海斌:《"副中心"与陪都的几大不同》,《人民论坛》2014 年第 13 期。

13.丁海斌:《中国古代陪都的名与实》,《辽宁大学学报》(哲学社会科学版)2014 年第 6 期。

14.丁海斌、王爱华:《清朝陪都盛京总论》,武斌主编:《沈阳故宫博物院院刊》第3辑,中华书局2007年版。

15.丁海斌:《谈中国古代陪都的经济意义》,《辽宁大学学报》(哲学社会科学版)2017年第1期。

16.丁海斌、焦杨:《中国古代“由主入辅型陪都”研究》,《中原文化研究》2018年第2期。

17.丁海斌:《中国古代边疆地区的陪都》,《东北史论》2012年第4期。

18.丁海斌、刘文静:《中国古代陪都留守官制演变初探》,《武汉科技大学学报》(社会科学版)2016年第4期。

19.丁海斌:《中国古代陪都十大类型论》,《辽宁大学学报》(哲学社会科学版)2011年第4期。

20.荀利军:《唐代长安、洛阳作为都城和陪都的气候原因》,《史学月刊》2002年第2期。

21.刘迪南:《13世纪至14世纪欧洲人游记中的蒙古人形象》,《西北民族大学学报》(哲学社会科学版)2011年第5期。

22.罗春梅:《12世纪末威尼斯企图征服拜占庭帝国原因探析》,《江西社会科学》2009年第1期。

23.罗春梅、郭桂芳:《1204年后拜占庭四分五裂局面形成原因探析》,《经济研究导论》2012年第4期。

24.罗春梅、欧光耀:《1204年后东西方教会彻底分裂原因初探》,《河南师范大学学报》2012年第2期。

25.罗春梅:《第四次十字军东征转向非偶然事件论辨》,《江西社会科学》2012年第6期。

26.罗春梅:《前三次十字军东征对拜占廷的影响探析》,《甘肃社会科学》2012年第4期。

27.罗春梅:《12世纪末拜占廷贵族势力失控现象论析》,《贵州社会科学》2013年第8期。

28.罗春梅:《论英诺森三世对第四次十字军东征转向的态度》,《成都师范学院学报》2013年第1期。

29.孙丽芳、赵法欣:《浅议尼西亚帝国的教育发展》,《社会科学家》2014 年第 4 期。

30.王加丰:《中世纪热那亚的扩张体制》,《贵州社会科学》2013 年第 4 期。

31.王三三:《古典时期“斯基泰人”概念的历史衍化》,《北方民族大学学报》2012 年第 5 期。

32.吴宏岐、郝红暖:《中国都城地理学若干问题刍议》,《陕西师范大学学报》(哲学社会科学版)2009 年第 3 期。

33.吴立友:《“陪都”词考》,《西南民族大学学报》(人文社科版)2009 年第 8 期。

34.张俊芳:《晚期拜占廷帝国的教会合并问题》,《唐山师范学院学报》2012 年第 1 期。

二、外文文献

(一)Original Literature

1. Akropolites, Constantine, "Testament for the Monastery of the Anastasis", trans. by A. -M. Talbot, in J. Thomas and A. Constantinides, eds., *Byzantine Monastic Foundation Documents*, Ⅳ, Washington, D. C.: Dumbarton Oaks Research Library and Collection, 2000.

2. Akropolites, George, *The History*, trans. by R. Macrides, Oxford: Oxford University Press, 2007.

3. Alexander, P., "A Chrysobull of the Emperor Andronicus II Palaeologus in Favor of the See of Kanina in Albania", *B* 15 (1940-1), pp. 167-207.

4. Andrea, A., *Contemporary Sources for the Fourth Crusade*, Leiden: Brill, 2000.

5. Attaleiates, Michael, *The History*, trans. by A. Kaldellis and D. Krallis, Cambridge, Mass.; London: Harvard University Press, 2012.

6. Bar Hebraeus, *The Chronography of Gregory Abû'l Faraj, Bar Hebraeus*, trans. by E. A. W. Budge, Amsterdam: APA-Philo Press, 1976.

7. Blemmydes, Nikephoros, "In Honuor of the Monastery of Sosandra",

in A. Gardner, *The Lascarids of Nicaea, the Story of an Empire in Exile*, London: Methuen, 1912.

8. Blemmydes, Nikephoros, "Royal Statue", in H. Hunger and I. Ševčenko, eds., *Des Nikephoros Blemmydes Βασιλικὸς 'Ανδριὰς und dessen Metaphrase von Georgios Galesiotes und Georgios Oinaiotes*, Vienna: Verlag der Österreichischen Akademie der Wissenschaften, 1986.

9. Blemmydes, Nikephoros, *A Partial Account*, trans. by J. Munitiz, Louvain: Spicilegium Sacrum Lovaniense, 1988.

10. Blemmydes, Nikephoros, "Typikon of Nikephoros Blemmydes for the Monastery of the Lord Christ-Who-Is at Ematha near Ephesos", trans. by J. Munitiz, in J. Thomas and A. Constantinides, eds., *Byzantine Monastic Foundation Documents*, Washington, D.C.: Dumbarton Oaks Research Library and Collection, 2000.

11. Browning, R., "An Unpublished Address of Nicephorus Chrysoberges to Patriarch John Kamateros of 1202", *Byzantine Studies/Etudes Byzantines* 5 (1978), pp. 37-68.

12. Bury, J., "An Unpublished Poem of Nicephorus Blemmydes", *BZ* 10 (1901), pp. 418-424.

13. Cantacuzenus, John VI, *The History of John Cantacuzenus*, IV, trans. by T. Miller, Ann Arbor (Mich.): Xerox University Microfilms, 1975.

14. Choniates, Nicetas, *Orationes et Epistulae*, J.-L. van Dieten, ed., Berlin: De Gruyter, 1975.

15. Choniates, Nicetas, *O City of Byzantium: Annals of Niketas Choniatēs*, trans. by H. Magoulias, Detroit: Wayne State University Press, 1984.

16. Robert of Clari, *The Conquest of Constantinople*, trans. by E. McNeal, New York: Columbia University Press, 2005.

17. Komnena, Anna, *The Alexiad*, trans. by E. Dawes, Cambridge, Ontario: In parentheses Publications, 2000.

18. *Crusaders as Conquerors: The Chronicle of Morea*, trans. by H.

Lurier, New York, London: Columbia University Press, 1964.

19.Failler, A., ed., *Georges Pachymérès. Relations Historiques*, trans. by V. Laurent, I& II, Paris: Institut français d'études byzantines, 1984; III & IV, Paris: Institut français d'études byzantines, 1999.

20.Festa, N., ed., *Theodori Ducae Lascaris Epistulae CCXVII*, Florence: Istituto di Studi Superiori Pratici e di Perfezionamento, 1898.

21.Geoffrey of Villehardouin, "The Conquest of Constantinople", in Joinville and Villehardouin, *Chronicles of the Crusades*, trans. by M. Shaw, London: Penguin, 1963.

22.Gill, J., "An Unpublished Letter of Germanus, Patriarch of Constantinople (1222-1240)", *B* 44 (1974), pp. 138-151.

23.Hendy, M. and Bendall, S., "A Billon Trachy of John Ducas, Emperor, and John Comnenus-Ducas, Despot (?)", *Revue Numismatique* 12 (1970), pp. 143-148.

24.Hendy, M., *Catalogue of the Byzantine Coins in the Dumbarton Oaks Collection and in the Whittemore Collection*, Vol. 4, Washington, D. C.: Dumbarton Oaks Centre for Byzantine Studies, Trustees for Harvard University, 1999.

25.Heisenberg, A., ed., *Georgii Acropolitae Opera*, I &II, Leipzig: B. G. Teubner, 1903.

26.Heisenberg, A., ed., *Georgii Acropolitae Opera*, I &II, reprint with corrections of P. Wirth, Stuttgart: B. G. Teubner, 1978.

27.van Dieten, J.-L., ed., *Nicetae Choniatae Orationes et Epistulae*, Berlin, New York: de Gruyter, 1975.

28.Kinnamos, John, *Deeds of John and Manuel Comnenus*, trans. by C. Brand, New York, Guildford: Columbia University Press, 1976.

29.Lameere, W., ed., *La Tradition Manuscrite de la Correspondance de Chypre, Patriarche de Constantinople (1283-1289)*, Brussels, Rome: Institut historique Belge de Rome, 1937.

30.Laskaris, Theodore Ⅱ, "Εγκώμιον εις την Μεγαλόπολιν Νίκαιαν", in C. Foss, *Nicaea: A Byzantine Capital and Its Praises*, Mass.: Hellenic College Press, 1996, pp. 132-153.

31. "Life of St Theodora of Arta", in A. -M. Talbot, ed., *Holy Women of Byzantium*, Washington, D.C.: Dumbarton Oaks Research Library and Collection, 1996, pp. 326-333.

32.Macrides, R., Munitiz, J.and Angelov, D., trans., comment and study, *Pseudo-Kodinos and the Constantinopolitan Court: Offices and Ceremonies*, Ashgate: Variorum, 2013.

33.Mesarites, Nikolaos, "Description of the Church of the Holy Apostles at Constantinople", trans. by G. Downey, *Transactions of the American Philosophical Society* 47 (1957), pp. 855-924.

34.Mesarites, Nicholas, *Life and Work*, translation and commentary by M. Angold, Liverpool: Liverpool University Press, 2017.

35.Metochites, Theodore, "Νικαεύς", in C. Foss, *Nicaea: A Byzantine Capital and Its Praises*, Mass.: Hellenic College Press, 1996.

36. Munitiz, J., "Blemmydes Revisited: The Letters of Nicephorus Blemmydes to Patriarch Manuel II", in Ch. Dendrinos, J. Harris, E. Harvalia-Crook, J. Herrin, eds., *Porphyrogenita, Essays on the History and Literature of Byzantium and the Latin East in Honour of Julian Chrysostomides*, Aldershot: Ashgate, 2003.

37.Panaretos, M., Bessarion, *Two Works on Trebizond*, ed. and trans. by Scott Kennedy, Cambridge, Massachusetts: Harvard University Press, 2019.

38.Papadakis, A., and Talbot, A.-M., "John X Camaterus Confronts Innocent III: An Unpublished Correspondence", *BSl* 33 (1972), pp. 26-41.

39.Polemis, D., "The Speech of Constantine Akropolites on St. John Merciful the Younger", *Analecta Bollandiana* 91 (1973), pp. 31-54.

40.Pophyrogenitus, Constantine, *Three Treatises on Imperial Military Expeditions*, trans. by J. Haldon, Vienna: Verlag der Österreichischen

Akademie der Wissenschaften, 1990.

41.Sathas, K., ed., *Μεσαιωνική Βιβλιοθήκη*, Vol. 7, Paris, 1894, repr. Athens, 1972.

42.Schopen, L., ed., *Nicephori Gregorae Byzantina Historia*, 3 Vols, Bonnae: Impensis Ed. Weberi, 1829.

43.Scutariotes, Theodore, "Theodori Scutariotae Additamenta ad Georgii Acropolitae Historiam", in A. Heisenberg ed.,*Georgii Acropolitae Opera*, I, Leipzig: B. G. Teubner, 1903, pp. 275-302.

44.Ševčenko, I., "A New Manuscript of Nicephorus Blemmydes' 'Imperial Statue', and of Some Patriarchal Letters",*Byzantine Studies / Études byzantines* 5 (1978), pp. 222-232.

45.Sphrantzes, George,*The Fall of the Byzantine Empire*, trans. by M. Philippides, Amherst: University of Massachusetts Press, 1980.

46.Sphrantzes, George,*A Contemporary Greek Source for the Siege of Constantinople 1453: The Sphrantzes Chronicle*, trans. by M. Carroll, Amsterdam: Hakkert, 1985.

47.Talbot, A. -M.,*The Correspondence of Athanasius I, Patriarch of Constantinople*, Washington, D.C.: Dumbarton Oaks Center for Byzantine Studies, 1975.

48. Tartaglia, A., *Teodoro II Duca Lascari, Encomio dell'Imperatore Giovanni Duca*, Naples: M. D'Auria, 1990.

49. Tartaglia, A., *Theodorus II Ducas Lascaris Opuscula Rhetorica*, Munich, Leipzig: K.G. Saur, 2000.

50.*The Chronicle of Morea*, trans. by J. Schmitt, Groningen: Verlag Bouma's Boekhuis, 1967.

51.*The Chronicle of Morea: Historiography in Crusader Greece*, trans. by T. Shawcross, Oxford: Oxford University Press, 2009.

52. "The Novgorod Account of the Fourth Crusade", trans. by J. Gordon,*B* 43 (1973), pp. 297-311.

53. "Typikon of Michael VIII Palaiologos for the Monastery of the Archangel Michael on Mount Auxentios near Chalcedon", trans. by G. Dennis, in Thomas et al., eds., *Byzantine Monastic Foundation Documents*, Washington D.C.: Dumbarton Oaks Research Library and Collection, 2000, pp. 1207-1236.

54. "Typikon of Michael VIII Palaiologos for the Monastery of St. Demetrios of the Palaiologoi-Kellibara in Constantinople", trans. by G. Dennis, in Thomas et al., eds., *Byzantine Monastic Foundation Documents*, Washington D.C.: Dumbarton Oaks Research Library and Collection, 2000, pp. 1237-1253.

55. Treu, M., ed., *Manuelis Holoboli Orationes*, I&II, Potsdam: typis P. Brandt, 1906-1907.

56. van Dieten, J. L., ed., *Nicetae Choniatae Orationes et Epistulae*, Berlin: De Gruyter, 1972.

57. Westerink, L. G., "Some Unpublished Letters of Blemmydes", *BSl* 12 (1951), pp. 43-55.

58. William of Rubruck, *The Journey of William of Rubruck to the Eastern Parts of the World, 1253-55*, trans. by W. Rockhill, London: Hakluyt Society, 1900.

59. William of Tyre, *History of Deeds Done Beyond the Sea*, trans. by E. Babcock and A. Krey, New York: Columbia University Press, 1943.

(二) Monographs

1. Abulafiaed, D., *The New Cambridge Medieval History*, V, Cambridge: Cambridge University Press, 1999.

2. Amitai-Preiss, R., and D. Morgan, eds., *The Mongol Empire and its Legacy*, Leiden: Brill, 1999.

3. Andrea, A., *Contemporary Sources for the Fourth Crusade*, Leiden, Boston and Cologne: Brill, 2000.

4. Angelov, D., *Imperial Ideology and Political Thought in Byzantium*,

1204-1330, Cambridge: Cambridge University Press, 2007.

5. Angold, M., *A Byzantine Government in Exile: Government and Society under the Laskarids of Nicaea, 1204-1261*, Oxford: Oxford University Press, 1975.

6. Angold, M., *The Byzantine Empire 1025-1204: A Political History*, London: Longman, 1984.

7. Angold, M., *Church and Society in Byzantium under the Comneni*, 1081-1261, Cambridge: Cambridge University Press, 1995.

8. Angold, M., *The Fourth Crusade*, Harlow: Pearson Longman, 2003.

9. Angold, M., ed., *The Cambridge History of Christianity*, Vol. 5, Cambridge: Cambridge University Press, 2006.

10. Barker, E., *Social and Political Thought in Byzantium: form Justinian I to the Last Palaeologus*, Oxford: Clarendon Press, 1957.

11. Bartlett, R., *Trial by Fire and Water*, Oxford: Oxford University Press, 1986.

12. Bartusis, M., *The Late Byzantine Army*, Philadelphia: University of Pennsylvania Press, 1992.

13. Bartusis, M., *Land and Privilege in Byzantium: The Institution of Pronoia*, Cambridge, New York: Cambridge University Press, 2012.

14. Bean, G., *Aegean Turkey*, London: Ernest Benn, 1966.

15. Belting, H., Mango, C. and Mouriki, D., *The Mosaics and Frescoes of St Mary Pammakaristos (Fethiye Camii) in Istanbul*, Washington, D. C.: Dumbarton Oaks Center for Byzantine Studies: Trustees for Harvard University, 1978.

16. Brand, C., *Byzantium Confronts the West*, 1180-1204, Cambridge, Mass.: Harvard University Press, Oxford University Press, 1968.

17. Bredenkamp, F., *The Byzantine Empire of Thessaloniki (1224-1242)*, Thessaloniki: Municipality of Thessaloniki, Thessaloniki History Center, 1996.

18.Bryer, A., *Society and Institutions of the Empire of Trebizond*, Oxford: Oxford University Press, 1967.

19.Bryer, A., *The Empire of Trebizond and the Pontos*, London: Variorum Reprints, 1980.

20.Bryer, A. and Winfield, D., *The Byzantine Monuments and Topography of the Pontos*, *Washington*, D. C.: Dumbarton Oaks Research Library and Collection, 1985.

21.Cahen, C., *Pre-Ottoman Turkey*, trans. by J. Jones-Williams, New York: Taplinger Pub. Company, 1968.

22.Cahen, C., *The Formation of Turkey: The Seljukid Sultanate of Rum, Eleventh to Fourteenth Century*, trans. and edited by P. Holt, London: Longman, 2001.

23.Cohen, G., *The Hellenistic Settlements in Europe, the Islands, and Asia Minor*, Berkeley, Los Angeles: University of California Press.

24.Constantinides, C., *Higher Education in Byzantium in the Thirteenth and Early Fourteenth Centuries (1204-ca.1310)*, Nicosia: the Zavallis Press, 1982.

25.Dunbabin, J., *Charles I of Anjou: Power, Kingship and State-Making in Thirteenth-Century Europe*, London and New York: Routledge, 1998.

26.Eastmond, A., *Art and Identity in Thirteenth-Century Byzantium: Hagia Sophia and the Empire of Trebizond*, Aldershot: Ashgate, 2004.

27.Eastmond, A., ed., *Byzantium's Other Empire: Trebizond*, Istanbul: Koç University Press, 2016.

28.Foss, C., *Byzantine and Turkish Sardis*, Cambridge, Mass., London: Harvard University Press, 1976.

29.Foss, C. and Winfield, D., *Byzantine Fortifications: An Introduction*, Pretoria: University of South Africa, 1986.

30.Foss, C., *Cities, Fortresses and Villages of Byzantine Asia Minor*, Aldershot: Variorum, 1996.

31.Foss, C., *Nicaea: A Byzantine Capital and its Praises*, Brookline,

Mass.: Hellenic College Press, 1996.

32.Frankopan, P., *The First Crusade: The Call from the East*, Cambridge, Mass.: Belknap Press, 2012.

33. Fryde, E., *The Early Palaeologan Renaissance (1261-c. 1360)*, Leiden, Boston, Köln: Brill, 2000.

34.Gardner, A., *The Lascarids of Nicaea, the Story of an Empire in Exile*, London: Methuen, 1912.

35.Garland, L., *Byzantine Empresses. Women and Power in Byzantium, ad* 527-1204, London: Routledge, 1995.

36. Geanakoplos, D., *Emperor Michael Palaeologus and the West*, Cambridge, Mass.: Harvard University Press, 1959.

37.Gill, J., *Church Union: Rome and Byzantium, 1204-1453*, London: Variorum, 1979.

38.Haldon, J., *Warfare, State and Society in the Byzantine World, 565-1204*, London: UCL Press, 1990.

39.Haldon, J., *The Byzantine Wars*, Stroud: Tempus Publishing, 2001.

40.Hendy, M., *Coinage and Money in the Byzantine Empire 1081-1261*, Washington, D.C.: Dumbarton Oaks Centre for Byzantine Studies, Trustees for Harvard University, 1969.

41. Hendy, M., *Studies in the Byzantine Monetary Economy, c.300-1450*, Cambridge: Cambridge University Press, 1985.

42.Herrin, J., *Byzantium: The Surprising Life of a Medieval Empire*, Princeton, N. J.: Princeton University Press, 2008.

43.Herrin, J. and Saint-Guillain, G., eds., *Identities and Allegiances in the Eastern Mediterranean after 1204*, Burlington: Ashgate, 2011.

44.Hill, Sir George, *A History of Cyprus*, II, Cambridge: Cambridge University Press, 1948.

45.Inalcık, H., *The Ottoman Empire. The Classical Age, 1300-1600*, trans. by N. Itzkowitz and C. Imber. London: Weidenfeld & Nicolson, 1973.

46.Jackson, P., *The Mongols and the West*, London; New York: Pearson Longman, 2005.

47.Jeffreys, E., Haldon, J., and Cormack, R., *The Oxford Handbook of Byzantine Studies*, Oxford, New York: Oxford University Press, 2008.

48. Jacoby, D., *Byzantium, Latin Romania and the Mediterranean*, Aldershot: Ashgate, 2001.

49.Kalopissi-Verti, S., *Dedicatory Inscriptions and Donor Portraits in Thirteenth-Century Churches of Greece*, Vienna: Verlag der Österreichischen Akademie der Wissenschaften, 1992.

50.Karpozilos, A., *The Ecclesiastical Controversy between the Kingdom of Nicaea and the Principality of Epiros (1217-1233)*, Thessalonike: Kentron Byzantinōn Ereunōn, 1973.

51.Kazhdan, A. and Epstein, A., *Change in Byzantine Culture in the Eleventh and Twelfth Centuries*, Berkeley, London: University of California Press, 1985.

52.Kazhdan, A., *Studies on Byzantine Literature of the Eleventh and Twelfth Centuries*, Cambridge, New York: Cambridge University Press, 1997.

53.Köprülü, M., *The Origins of the Ottoman Empire*, G. Leiser, trans and eds., Albany: State University of New York Press, 1992.

54. Korobeinikov, D., *Byzantium and the Turks in the Thirteenth Century*, Oxford: Oxford University Press, 2014.

55.Kosztolnyik, J., *Hungary in the Thirteenth Century*, Boulder, Co., New York: East European Monographs; distributed by Columbia University Press, 1996.

56. Laiou, A., *Constantinople and the Latins. The Foreign Policy of Andronicus II, 1282-1328*, Cambridge, Mass.: Harvard University Press, 1972.

57. Laiou, A. and Mottahedeh, R., eds., *The Crusades from the Perspective of Byzantium and the Muslim World*, Washington, D. C.: Dumbarton Oaks Research Library and Collection, 2001.

58.Laiou, A., et al., eds., *The Economic History of Byzantium from the Seventh Through the Fifteenth Century*, Washington, D. C.: Dumbarton Oaks, 2002.

59.Laiou. A., ed.,*Urbs Capta: The Fourth Crusade and Its Consequences*, Paris: Lethielleux, 2005.

60.Laiou. A. and Morrisson, C., *The Byzantine Economy*, Cambridge: Cambridge University Press, 2007.

61.Laiou. A.,*Peasant Society in The Late Byzantine Empire: A Social and Demographic Study*, Princeton, New Jersey: Princeton University Press, 2019.

62.Langdon, J.,*Byzantium's Last Imperial Offensive in Asia Minor*, New Rochelle, NY: Aristide D. Caratzas, 1992.

63.Littlewood, A., ed.,*Byzantine Garden Culture*, Washington, D.C.: Dumbarton Oaks Research Library and Collection, 2002.

64.Lock, P.,*The Franks in the Aegean 1204-1500*, London: Longman, 1995.

65.Lowry, W.,*The Nature of the Early Ottoman State*, Albany: State University of New York Press, 2003.

66.Macaulay, R.,*The Towers of Trebizond*, London: Flamingo, 1990.

67.Macrides, R.,*Kinship and Justice in Byzantium, 11th-15th Centuries*, Aldershot: Ashgate, 1999.

68.Madgearu, A.,*The Asanids: The Political and Military History of the Second Bulgarian Empire (1185-1280)*, Leiden, Boston: Brill, 2017.

69.Magdalino, P., *The Empire of Manuel I Komnenos, 1143-1180*, Cambridge: Cambridge University Press, 1993.

70.Mango, C., *Byzantine Architecture*, New York: H. N. Abrams, 1976.

71.Maksimović, L.,*The Byzantine Provincial Administration under the Palaiologoi*, Amsterdam: A. M. Hakkert, 1988.

72. Morgan, D., eds., *The Mongol Empire and its Legacy*, Leiden, Boston: Brill, 1999.

73. Miller, W., *Trebizond: The Last Greek Empire of the Byzantine Era, 1204-1461*, Chicago: Argonaut, 1969.

74. Neville, L., *Heroes and Romans in Twelfth-Century Byzantium: The Material for History of Nikephoros Bryennios*, Cambridge, New York: Cambridge University Press, 2012.

75. Nicol, D., *The Despotate of Epiros*, Oxford: Blackwell, 1957.

76. Nicol, D., *The Despotate of Epiros 1267-1479: A Contribution to the History of Greece in the Middle Ages*, Cambridge: Cambridge University Press, 1984.

77. Nicol, D., *Byzantium and Venice*, Cambridge: Cambridge University Press, 1988.

78. Nicol, D., *The Last Centuries of Byzantium, 1261-1453*, 2nd edn, Cambridge: Cambridge University Press, 1993.

79. Nicol, D., *The Reluctant Emperor: A Biography of John Cantacuzene, Byzantine Emperor and Monk, c. 1295-1383*, Cambridge, New York: Cambridge University Press, 1996.

80. Obolensky, D., *The Byzantine Commonwealth: Eastern Europe, 500-1453*, London: Weidenfeld and Nicolson, 1971.

81. Obolensky, D., *Byzantium from the Ninth Century to the Fourth Crusade*, Aldershot: Variorum, 1992.

82. Oikonomidès, N., *A Collection of Dated Byzantine Lead Seals*, Washington, D.C.: Dumbarton Oaks Research Library and Collection, 1986.

83. Pitcher, D., *A Historical Geography of the Ottoman Empire*, Leiden: Brill, 1972.

84. Queller, D. and Madden, T., *The Fourth Crusade. The Conquest of Constantinople*, 2nd edn, Philadelphia: University of Pennsylvania Press, 1997.

85. Ramsay, W., *The Historical Geography of Asia Minor*, London: John Murray, 1890.

86. Redford, S. and Ergin, N., *Cities and Citadels in Turkey: From the*

Iron Age to the Seljuks, Leuven: Peeters, 2013.

87.Runciman, S., *The Sicilian Vespers*, Cambridge: Cambridge University Press, 1958.

88. Saunders, J., *The History of the Mongol Conquests*, London: Routledge & K. Paul, 1971.

89. Saunders, J., *Muslims and Mongols. Essays on Medieval Asia*, Christchurch, New Zealand: Whitcoulls Ltd. for the University of Canterbury, 1977.

90.Shepard, J., et al. eds., *The Cambridge History of the Byzantine Empire c.500-1492*, New York: Cambridge University Press, 2008.

91.Şimşek, C.,*Laodikeia (Laodicea ad Lycum)*, Taksim, Istanbul: Ege Yayınları, Istanbul, 2013.

92.Smythe, D., ed.,*Strangers to Themselves: the Byzantine Outsider, papers from the Thirty-second Spring Symposium of Byzantine Studies, University of Sussex, Brighton, March 1998*, Aldershot: Ashgate/Variorum, 2000.

93. Treadgold, W., *A History of the Byzantine State and Society*, Stanford: Stanford University Press, 1997.

94. Thonemann, P., *The Maeander Valley: A Historical Geography from Antiquity to Byzantium*, Cambridge: Cambridge University Press, 2011.

95.van Tricht, F.,*The Latin Renovatio of Byzantium: The Empire of Constantinople (1204-1228)*, trans. by P. Longbottom, Leidon: Brill, 2011.

96.Vryonis, S.,*The Decline of Medieval Hellenism in Asia Minor and the Process of Islamization from the Eleventh through the Fifteenth Century*, Berkeley, Los Angeles, London: University of California Press, 1986.

97.Wolff, R.,*Studies in the Latin Empire of Constantinople*, London: Variorum, 1976.

(三)Article

1.Agapitos, P., "Literature and Education in Nicaea: An Interpretive

Introduction", in P. Papadopoulou, A. Simpson, eds., *The Empire of Nicaea Revisited*, Turnhout: Brepols, forthcoming.

2. Alexakis, A., "Official and Unofficial Contacts between Rome and Constantinople before the Second Council of Lyons (1274)", *AHC* 39 (2007), pp. 99-124.

3. Akışık, A., "Praising A City: Nicaea, Trebizond, and Thessalonike", *Türklük Bilgisi Araştırmaları* 36 (2011), pp. 1-25.

4. Angelov, D., "Theodore II Laskaris on the Sultanate of Rum and the Flight of 'Izz al-Dīn Kay Kāwūs II", *Journal of Turkish Studies* 36 (2011), pp. 26-43.

5. Angold, M., "The Problem of the Unity of the Byzantine World after 1204: The empire of Nicaea and Cyprus (1204-1261)", *Πρακτικα του πρωτου διεθνους Κθπρολογικου σθνεδριου* 2 (1972), pp. 1-6.

6. Angold, M., "Byzantine 'Nationalism' and the Nicaean Empire", *Byzantine and Modern Greek Studies* 1 (1975), pp. 49-70.

7. Angold, M., "Greeks and Latins after 1204: The Perspective of Exile", in B. Arbel et al., eds., *Latins and Greeks in the Eastern Mediterranean after 1204*, London: Totowa, N. J. Cass, 1989, pp. 63-86.

8. Angold, M., "Administration of the Empire of Nicaea", *ByzForsch* 19 (1993), pp. 127-138.

9. Angold, M., "Byzantium in Exile", in D. Abulafiaed, *The New Cambridge Medieval History*, V, Cambridge: Cambridge University Press, 1999, pp. 543-568.

10. Armstrong, P., "Seljuks before the Seljuks: Nomads and Frontiers inside Byzantium', in A. Eastmond, ed., *Eastern Approaches to Byzantium*, Aldershot: Ashgate, 2001, pp. 277-286.

11. Avramea, A., "Land and Sea Communications, Fourth-Fifteenth Centuries", in A. Laiou et al., eds., *The Economic History of Byzantium from the Seventh Through the Fifteenth Century*, Washington, D. C.:

Dumbarton Oaks, 2002, pp. 57-90.

12.Bartusis, M., "A Note on Michael VIII's Prostagma for His Son Andronikos", *BZ* 81 (1988), pp. 268-271.

13.Bartusis, M., "The Megala Allagia and the Tzaousios: Aspects of Provincial Military Organization in Late Byzantium", *REB* 47 (1989), pp. 183-207.

14.Bartusis, M., "On the Problem of Smallholding Soldiers in Late Byzantium", *DOP* 44 (1990), pp. 1-26.

15.Bell, I., "The Commentary of the Psalms by Nicephorus Blemmydes", *Byzantinische Zeitschrift* 30 (1930) pp. 295-300.

16.Booth, I., "Michael Ⅷ Paleologos and the Sangarios Frontier 1280 to 1282", *Archeion Pontou* 49 (2002), pp. 317-343.

17.Brand, C., "The Turkish Element in Byzantium, Eleventh-Twelfth Centuries", *DOP* 43 (1989), pp. 1-25.

18.Brown, E., "The Cistercians in the Latin Empire of Constantinople and Greece, 1204-1276", *Traditio* 14 (1958), pp. 63-120.

19.Browning, R., "The Patriarchal School of Constantinople in the Twelfth Century", *B* 32 (1962), pp. 167-202; *B* 33 (1963), pp. 11-40.

20.Browning, R., "Homer in Byzantium", *Viator* 6 (1975), pp. 15-34.

21.Browning, R., "An Unpublished Address of Nicephorus Chrysoberges to Patriarch John X Kamateros of 1202", *Byzantine Studies/Etudes Byzantines* 5 (1978), pp. 37-68.

22.Bryer, A., "Greeks and Türkmens: The Pontic Exception", *DOP* 29 (1975), pp. 113-148.

23.Buchwald, H., "Lascarid Architecture", *JÖB* 28 (1979), pp. 261-296.

24.Buchwald, H., "Western Asia Minor as a Generator of Architectural Forms in the Byzantine Period: Provincial Back-Wash or Dynamic Center of Production?", *JÖB* 34 (1984), pp. 199-234.

25.Buckley, J., "The Problematic Octogenarianism of John of Brienne",

Speculum 32(1957), pp. 315-322.

26.Bury, J., "The Lombards and Venetians in Euboia (1205-1303)", *Journal of Hellenic Studies* 7 (1886), pp. 309-352.

27.Çağaptay, S., "How Western Is It? The Palace at Nymphaion and Its Architectural Setting", in A. Ödekan et al., eds.,*Uluslararası Sevgi Gönül Bizans Araştırmaları Sempozyumu/First International Sevgi Gönül Byzantine Studies Symposium*, Istanbul: Vehbi Koç Vakfı, 2010, pp. 357-362.

28.Charanis, P., "On the Social Structure and Economic Organization of the Byzantine Empire in the Thirteenth Century and Later",*BSl* 12 (1951), pp. 94-153.

29.Charanis, P., "A Note on the Population and Cities of the Byzantine Empire in the Thirteenth Century",*Joshua Starr Memorial Volume*, New York: Conference on Jewish Relations, 1953, pp. 135-148.

30.Constantinides, C., "Byzantine Scholars and the Union of Lyons (1274)", in R. Beaton and C. Roueche, eds.,*The Making of Byzantine History: Studies Dedicated to Donald M. Nicol*, Aldershot: Variorum, 1993, pp. 86-93.

31.Constantinides, C., "Byzantine Gardens and Horticulture in the Late Byzantine Period, 1204-1453: The Secular Source", in A. Littlewood, H. Maguire et al.,eds., *Byzantine Garden Culture*, Dumbarton Oaks Research Library and Collection, Washington, D.C., 2002, pp. 87-103.

32.Constantinides, C., "Teachers and Students of Rhetoric in the Late Byzantine Period", in E. Jeffreys, ed.,*Rhetoric in Byzantium*, Aldershot: Ashgate Variorum, 2003, pp. 39-53.

33.Crow, J., "Alexios Komnenos and Kastamon: Castles and Settlements in Middle Byzantine Paphlagonia", in M. Mullet and D. Smythe, eds.,*Alexios I Komnenos: Papers of the second Belfast Byzantine International Colloquium, 14-16 April 1989*, Belfast: Belfast Byzantine Enterprises,1996, pp. 12-36.

34.Crow, J. and Hill, S., "The ByzantineFortifications of Amastris in

Paphlagonia", *Anatolian Studies* 45 (1995), pp. 251-265.

35. Dennis, G., "Imperial Panegyric: Rhetoric and Reality", in H. Maguire, ed., *Byzantine Court Culture from 829 to 1204*, Washington, D.C.: Dumbarton Oaks Research Library and Collection, 1997, pp. 131-140.

36. Der Nersessian, S. "The Kingdom of Cilician Armenia", in R. Wolff and H. Hazard, eds., *A History of the Crusades II: The Later Crusades*, Madison, London: University of Wisconsin Press, 1969, pp. 630-659.

37. Eyice, S., "La Palais Byzantin de Nymphaion Pre d'Izmir", in *Akten des XXI. Internationalen Byzantinistenkongresses*, München: Verlag Beck, 1960, pp. 150-153.

38. Eyice, S., "İzmir Yakınında Kemalpaşa (Nif)'da Laskarisler Saray Sarayı", *Belleten* 25 (1961), pp. 1-15.

39. Freshfield, E., "The Palace of the Greek Emperors of Nicaea at Nymphio", *Archaeologia* 49 (1886), pp. 382-390.

40. Folda, J., "The Fourth Crusade, 1201-1203: Some Reconsiderations", *BSl* 26 (1965), pp. 277-290.

41. Foss, C., "Archaeology and the 'Twenty Cities' of Byzantine Asia", *American Journal of Archaeology* 81 (1977), pp. 467-486.

42. Foss, C., "Late Byzantine Fortifications in Lydia", *JÖB* 28 (1979), pp. 297-320.

43. Foss, C., "The Defenses of Asia Minor Against the Turks", *Greek Orthodox Theological Review* 27/2 (1982), pp. 145-205.

44. Foss, C., "Byzantine Malagina and the Lower Sangarius", *Anatolian Studies* 40 (1990), pp. 161-183.

45. Foss, C., "Byzantine Responses to Turkish Attack: Some Sites of Asia Minor", in Ihor Ševčenko and I. Hutter, eds., *AETOΣ. Studies in Honour of Cyril Mango*, Stuttgart: Teubner, 1998, pp. 154-171.

46. Freshfield, E., "The Palace of the Greek Emperors of Nicaea at Nymphaion", *Archaeologia* 49 (1886), pp. 382-390.

47.Garland, L., "How Different, How very Different from the Home Life of Our Own Dear Queen!: Sexual Morality at the Late Byzantine Court with Especial Reference to the Eleventh and Twelfth Centuries", *Byzantine Studies/E'tudes byzantines*, n.s. 1-2 (1996-1997), pp. 1-49.

48.Geanakoplos, D., "Greco-Latin Relations on the Eve of the Byzantine Restoration: The Battle of Pelagonia-1259", *DOP* 7 (1953), pp. 101-141.

49.Georgieva, S., "Bulgarian-Byzantine Marital Diplomacy from 1185 to 1280", *Bulgaria Mediaevalis* 3 (2012), pp. 431-452.

50.Giebfried, J., "The Mongol Invasions and the Aegean World (1241-61)", *Mediterranean Historical Review* 28 (2013), pp. 129-139.

51.Grégoire, H., "The Question of the Diversion of the Fourth Crusade, or An Old Controversy Solved by a Latin Adverb", *B* 15 (1940-1941), pp. 158-166.

52.Guzman, G., "Simon of Saint Quentin and the Dominican Mission to the Mongol Baiju: A Reappraisal", *Speculum* 46 (1971), pp. 232-249.

53.Hendrickx, B., Hendrickx, Th., "Indigenous and Local Troops and Mercenaries in the Service of the 'Latin' Conquerors of the Byzantine Empire After 1204", *Journal of Early Christian History* 4/2 (2014), pp. 40-53.

54.Herrin, J., "Realities of Byzantine Provincial Government: Hellas and Peloponnesos, 1180-1205", *DOP* 29 (1975), pp. 255-284.

55.Hilsdale, C., "The Imperial Image at the End of Exile: The Byzantine Embroidered Silk in Genoa and the Treaty of Nymphaion (1261)", *DOP* 64 (2010), pp. 151-199.

56.Hörander, W., "Court Poetry: Questions of Motifs, Structure and Function", in E. Jeffreys, ed., *Rhetoric in Byzantium*, Aldershot: Ashgate, 2003, pp. 75-85.

57.Hopwood, K., "The Byzantine-Turkish Frontier c. 1250-1300", in M. Kohbach, G. Procházka-Eisl and C. Römer, eds., *Acta Viennensia Ottomanica*, Vienna, Selbstverlag des Instituts für Orientalistik, 1999, pp. 153-161.

58. Jacoby, D., "The Venetian Presence in the Latin Empire of Constantinople (1204-1261)", *JÖB* 43 (1993), pp. 141-201.

59. Jacoby, D., "The Latin Empire of Constantinople and the Frankish States in Greece", in D. Abulafia, ed., *The New Cambridge Medieval History*, V, Cambridge: Cambridge University Press, 1999, pp. 527-542.

60. Jacoby, D., "The Urban Evolution of Latin Constantinople (1204-1261)", in N. Necipoğlu, ed., *Byzantine Constantinople: Monuments, Topography and Everyday Life*, Leiden, Boston: Brill Academic Publishers, 2001, pp. 273-297.

61. Jacoby, D., "The Venetian Quarter of Constantinople from 1082 to 1261: Topographical Considerations", in C. Sode and S. Takács, eds., *Novum Millennium: Studies in Byzantine History and Culture Dedicated to Paul Speck*, Aldershot: Ashgate, 2001, pp. 153-170.

62. Jacoby, D., "The Economy of Latine Constantinople, 1204-1261", in A. Laiou, ed., *Urbs capta: The Fourth Crusade and Its Consequences*, Paris: Lethielleux, 2005, pp. 195-214.

63. John, E., "A Note on the Preliminaries of the Fourth Crusade", *B* 28 (1958), pp. 95-103.

64. Karpozilos, A., "The Date of Coronation of Theodore Doukas Angelos", *Byzantina* 6 (1974), pp. 251-261.

65. Kazhdan, A., "The Aristocracy and the Imperial Ideal", in M. Angold, ed., *The Byzantine Aristocracy IX to XIII centuries*, BAR International Series 221, Oxford: B. A. R., 1984, pp. 43-57.

66. Kirova, T., "Un Palazzo ed una di età Tardo-Byzantina in Asia Minore", *FR* (1972), pp. 275-305.

67. Koledarov, P., "Traditions of Antiquity and the Middle Ages in the Regional Nomenclature in the Modern Map of the Balkans", *BB* 4 (1973), pp. 145-174.

68. Korobeinikov, D., "Orthodox Communities in Eastern Anatolia in the Thirteenth and Fourteenth Centuries. Part 1: The Two Patriarchates: Constantinople

and Antioch". *Al-Masaq* 15/2 (2003), pp. 197-214.

69. Korobeinikov, D., "A Sultan in Constantinople: The Feasts of Ghiyāth al-Dīn Kay-Khusraw I", in L. Brubaker and K. Linardou, eds., *Eat, Drink and Be Merry (Luke 12: 19): Food and Wine in Byzantium*, Aldershot: Ashgate, 2007, pp. 93-108.

70. Korobeinikov, D., "How 'Byzantine' Were the Early Ottomans? Bithynia in ca. 1290-1450", in I. Zaitsev and S. Oreshkova, eds., *Osmanskii mir i osmanistika*, Moscow, 2010, pp. 215-239.

71. Korobeinikov, D., "'The King of the East and the West': the Seljuk Dynastic Concept and Titles in the Muslim and Christian Sources", in A. Peacock and S. Yildiz, eds., *The Seljuks of Anatolia: Court and Society in the Medieval Middle East*, London and New York: I. B. Tauris, 2013, pp. 68-90.

72. Korobeinikov, D., "Byzantine Despoinas in the Mongol World: Marriage as a Diplomatic Tool", *23 rd International Congress of Byzantine Studies*, Belgrade: Serbian National Committee of AIEB, 2016.

73. Korobeinikov, D., "The Revolt in Kastamonu, c. 1291-1293", *Byzantinische Forschungen* 28 (2004), pp. 87-117.

74. Kyriakidis, S., "The Role of the Megas Domestikos in the Late Byzantine Army (1204-1453)", *Byzantinoslavica* (66) 2008, pp. 241-258.

75. Korobeinikov, D., "A Greek Orthodox Armenian in the Seljukid Service: The Colophon of Basil of Melitina", in R. Shukurov, ed., *Mare et litora. Essays presented to Sergei Karpov for his 60th birthday*, Moscow: Indrik, 2009, pp. 709-724.

76. Kyriakidis, S., "The Division of Booty in Late Byzantium (1204-1453)", *JÖB* 59 (2009), pp. 163-175.

77. Kyriakidis, S., "The Employment of Large Groups of Mercenaries in Byzantium in the Period ca. 1290-1305 as Viewed by the Sources", *Byzantion* 59 (2009), pp. 163-175.

78.Kyriakidis,S., "Warfare and Propaganda: The Portrayal of Andronikos II Palaiologos (1282-1328) as an Incompetent Military Leader in the Histories of John VI Kantakouzenos (1347-54)", *BMGS* 37/ 2 (2013), pp. 176-189.

79.Laiou, A., "The Byzantine Aristocracy in the Palaeologan Period: A Story of Arrested Development",*Viator* 4 (1973), pp. 131-151.

80. Laiou, A., "Some Observations on Alexios Philanthropenos and Maximos Planoudes',*BMGS* 4 (1978), pp. 89-99.

81.Laiou, A., "On political Geography: The Black Sea of Pachymeres", in R. Beaton and C. Roueché, eds., *The Making of Byzantine History: Studies dedicated to D. M. Nicol*, Aldershot: Variorum, 1993, pp. 94-121.

82.Lambton, A., "The Internal Structure of the Seljuq Empire", in*The Cambridge History of Iran*, V, Cambridge: Cambridge University Press, 1968-91, pp. 203-282.

83.Langdon, J., "The Forgotten Byzantino-Bulgarian Assault and Siege of Constantinople, 1235-1236, and the Breakup of the Entente Cordiale between John Ⅲ Ducas Vatatzes and John Asen Ⅱ in 1236 as Background to the Genesis of the Hohenstaufen-Vatatzes Alliance of 1242", in S. Vryonis, Jr., ed.,*Byzantine Studies in Honor of Milton V. Anastos*, Malibu, CA: Undena Publications, 1985, pp. 105-136.

84.Langdon, J., "Backgrounds to the Rise of the Vatatzai to Prominence in the Byzantine Oikoumene, 1197-1222", in J. Langdon, ed., *TO ΕΛΛΗΝΙΚΟΝ. Studies in Honor of Speros Vryonis, Jr.*, New Rochelle, N. Y.: Artistide D. Caratzas, 1993, pp. 179-207.

85.Langdon, J., "Byzantium in Anatolian Exile: Imperial Viceregency Reaffirmed during Byzantino-Papal Discussions at Nicaea and Nymphaion, 1234",*ByzForsch* 20 (1994), pp. 197-233.

86.Langdon, J., "Byzantium's Initial Encounter with the Chinggisids: An Introduction to the Byzantino-Mongolica",*Viator* 29 (1998), pp. 95-140.

87.Langdon, J., "John Ⅲ Vatatzes and the Venetians: The Episode of his

Anti-Venetian Cretan Campaogns, 1230 and 1234”, in C. Sode and S. Takács, eds., *Novum Millennium: Studies in Byzantine History and Culture Dedicated to Paul Speck*, Aldershot: Ashgate, 2001, pp. 231-250.

88. Langdon, J., “Twilight of the Byzantine Lascarid Basileia in Anatolian Exile, 1254-1258: Continuity and Change in Imperial Geopolitical Strategy”, *Viator* 34 (2003), pp. 187-207.

89. Lindner, R., “The Challenge of Kilich Arslan IV”, in D. Kouymjian, ed., *Near Eastern Numismatics, Iconography, Epigraphy and History. Studies in Honor of George C. Miles*, Beirut: American University of Beirut 1974, pp. 411-417.

90. Macrides, R., “The New Constantine and the New Constantinople-1261?”, *BMGS* 6 (1980), pp. 13-41.

91. Macrides, R., “Saints and Sainthood in the Early Palaiologan Period”, in S. Hackel, ed., *The Byzantine Saint*, London: Fellowship of St Alban and St Sergius, 1981, pp. 67-87.

92. Macrides, R., “The Byzantine Godfather”, *BMGS* 11 (1987), pp. 139-162.

93. Macrides, R., “Subversion and Loyalty in the Cult of St Demetrios”, *BSl* 51 (1990), pp. 189-197.

94. Macrides, R., “Dynastic Marriages and Political Kinship”, in J. Shepard and S. Franklin, eds., *Byzantine Diplomacy*, Aldershot: Variorum, 1992, pp. 263-280.

95. Macrides, R., “Bad Historian or Good Lawyer? Demetrios Chomatenos and Novel 131”, *DOP* 46 (1992), pp. 187-196.

96. Macrides, R. and Magdalino, P., “The Fourth Kingdom and the Rhetoric of Hellenism”, in P. Magdalino, ed., *Perception of the Past in Twelfth Century Europe*, London: Hambledon, 1992, pp. 117-156.

97. Macrides, R., “Nomos and Kanon on Paper and in Court”, in R. Morris, ed., *Church and People in Byzantium*, Birmingham: Centre for

Byzantine, Ottoman and Modern Greek studies, 1991, pp. 61-86.

98. Macrides, R., "From the Komnenoi to the Palaiologoi: Imperial Models in Decline and Exile", in P. Magdalino, ed., *New Constantines: The Rhythm of Imperial Renewal in Byzantium, 4th-13th Centuries*, Aldershot: Variorum, 1994, pp. 269-282.

99. Macrides, R., "The Historian in the History", in C. Constantinides, ed., *Philellēn: Studies in Honor of Robert Browning*, Venice: Istituto ellenico di studi bizantini e postbizantini di Venezia, 1996, pp. 205-224.

100. Macrides, R., "Constantinople: The Crusaders' Gaze", in R. Macrides, ed., *Travel in the Byzantine World*, Aldershot: Ashgate Variorum, 2002, pp. 193-212.

101. Macrides, R., "George Akropolites' Rhetoric", in E. Jeffreys, ed., *Rhetoric in Byzantium*, Aldershot: Ashgate, 2003, pp. 201-209.

102. Macrides, R., "The Thirteenth Century in Byzantine Historical Writing", in Ch. Dendrinos, ed., *Porphyrogenita: Essays on the History and Literature of Byzantium and the Latin East in Honor of Julian Chrysostomides*, Aldershot: Ashgate, 2003, pp. 63-76.

103. Macrides, R., "1204: The Greek Sources", in A. Laiou, ed., *Urbs Capta: The Fourth Crusade and Its Consequences*, Paris: Lethielleux, 2005, pp. 141-150.

104. Macrides, R., "Trial by Ordeal in Byzantium: on Whose Authority?", in P. Armstrong, ed., *Authority in Byzantium*, Farnham: Ashgate, 2013, pp. 31-46.

105. Madden, T., "The Fires of the Fourth Crusade in Constantinople, 1203-1204: A Damage Assessment", *BZ* 84/5 (1991/2), pp. 72-89.

106. Madden, T., "Vows and Contracts in the Fourth Crusade: The Treaty of Zara and the Attack on Constantinople in 1204", *International History Review* 15 (1993), pp. 441-468.

107. Magdalino, P., "Notes on the Last Years of John Palaiologos, Brother of

Michael VIII",*REB* 34 (1976), pp. 143-149.

108. Magdalino, P., "A Neglected Authority for the History of the Peloponnese in the Early Thirteenth Century: Demetrios Chomatianos, Archbishop of Bulgaria",*BZ* 70 (1977), pp. 316-323.

109. Magdalino, P., "Aspects of Twelfth-Century Byzantine Kaiserkritik", *Speculum* 58 (1983), pp. 326-346.

110. Magdalino, P., "Byzantine Snobbery", in M. Angold, ed., *The Byzantine Aristocracy IX-XIII Centuries*, Oxford: B. A. R., 1984, pp. 58-78.

111. Magdalino, P., "The Literary Perception of Everyday Life in Byzantium: Some General Considerations and the Case of John Apokaukos", *BSl* 47 (1987), pp. 28-38.

112. Magdalino, P., "Between Romaniae: Thessaly and Epirus in the Later Middle Ages",*Mediterranean Historical Review* 4 (1989), pp. 87-110.

113. Magdalino, P., "Hellenism and Nationalism in Byzantium", in *Tradition and Transformation in Medieval Byzantium*, Aldershot: Variorum, 1991, pp. 1-29.

114. Magdalino, P., "Justice and Finance in the Byzantine State, Ninth to Twelfth Centuries", in A. Laiou and D. Simon, eds., *Law and Society in Byzantium: Ninth-Twelfth Centuries*, Washington, D.C.: Dumbarton Oaks Research Library and Collection, 1994, pp. 93-115.

115. Magdalino, P., "Prosopography and Byzantine Identity", in *Fifty Years of Prosopography. Proceedings of the British Academy* 118 (2003), pp. 41-56.

116. Mitsiou, E., "Ideology and Economy in the Politics of John Ⅲ Vatatzes (1221-1254)", in Ayla Odekan et al., eds., *First International Byzantine Studies Symposium. Change in the Byzantine World in the Twelfth and Thirteenth Centuries*, Istanbul, 2010, pp. 195-205.

117. Mitsiou, E., "The Monastery of Sosandra: A Contribution to Its History, Dedication and Localization",*Bulgaria Mediaevalis* 2 (2011), pp.

665-683.

118.Morgan, D., "The Mongols and the Eastern Mediterranean", 1st edition, in B. Arbel et al.,eds., *Latins and Greeks in the Eastern Mediterranean After* 1204, London: Routledge, 1989, pp. 198-221.

119.Mullett, M., "The 'Other' in Byzantium", in D. Smythe, ed., *Strangers to Themselves*, Aldershot: Ashgate/Variorum, 2000, pp. 1-22.

120.Munitiz, J., "A 'Wicked Woman' in the 13th Century",*JÖB* 32/2 (1982), pp. 529-537.

121. Murata, K., "The Mongols' Approach to Anatolia and the Last Campaign of Emperor John III Vatatzes", *Greek, Roman, Byzantine Studies* 55 (2015), pp. 470-488.

122.Nicol, D., "Ecclesiastical Relations between the Despotate of Epirus and the Kingdom of Nicaea in the Years 1215 to 1230",*B* 22 (1952), pp. 207-228.

123.Nicol, D., "The Date of the Battle of Pelagonia",*BZ* 49 (1956), pp. 68-71.

124. Nicol, D., "Constantine Akropolites, A Prosopographical Note", *DOP* 19 (1965), pp. 249-256.

125. Nicol, D., "Kaisersalbung: The Unction of Emperors in Late Byzantine Coronation Ritual",*BMGS* 2 (1976), pp. 37-52.

126. Nicol, D., "The Fate of Peter of Courtenay, Latin Emperor of Constantinople, and a Treaty that Never Was", in J. Chrysostomides, ed., *Kathegetria: Essays Presented to Joan Hussey for Her 80th Birthday*, Camberley: Porphyrogenitus, 1988, pp. 377-383.

127. Patterson, J., "The Palace of the Lascarids at Nymphaeum", *Byzantine Studies Conference Abstracts*, Ann Arbor: abstracts of papers Nexus externi, 1978, pp. 34-35.

128. Puech, V., "The Aristocracy and the Empire of Nicaea", in J. Herrin, Guillaume Saint-Guillain, eds., *Identities and Allegiances in the*

Eastern Mediterranean after 1204, Farnham: Ashgate, 2011, pp. 69-80.

129.Polemis, D., “Remains of an Acoluthia for the Emperor John Ducas Batatzes”, *Harvard Ukrainian Studies* 7 (1983), pp. 542-547.

130.Primov, B., “The Papacy, the Fourth Crusade and Bulgaria”, *BB* 1 (1962), pp. 183-211.

131.Queller, D. and Madden, T., “Some Further Arguments in Defense of the Venetians on the Fourth Crusade”, *B* 62 (1992), pp. 433-473.

132.Raby, J., “A Seventeenth-Century Description of Iznik-Nicaea”, *Istanbuler Mitteilungen* 26 (1976), pp. 149-188.

133.Ramos, M., “Maria Paleologina and the Il-Khanate of Persia. A Byzantine Princess in an Empire Between Islam and Christendom”, *Imago Temporis. Medium Aevum*, XI (2017), pp. 217-231.

134.Rapp, C., “Ritual Brotherhood in Byzantium”, *Traditio* 52 (1997), pp. 285-326.

135.Redford, S., “Thirteenth-Century Rum Seljuq Palaces and Palace Imagery”, *Ars orientalis* 23 (1993), pp. 219-236.

136.Runciman, S., “The Ladies of the Mongols”, in N. Tomadaces, ed., *Εις μνήμην Κ. Ι. Αμάντου*, Athenis: Τυπογραφείον Μυρτίδη, 1960, pp. 46-53.

137.Shukurov, R., “Trebizond and the Seljuks (1204-1299)”, *Mésogeios* 25/26 (2005), pp. 71-136.

138.Shukurov, R., “Turkmen and Byzantine Self-identity. Some Reflections on the Logic of the Title-Making in Twelfth-and Thirteenth-Century Anatolia”, in A. Eastmond, ed., *Eastern Approaches to Byzantium*, Aldershot: Ashgate, 2001, pp. 255-272.

139.Shukurov, R., “TheEnigma of David Grand Komnenos”, *Mésogeios* 12 (2001), pp. 125-136.

140.Shukurov, R., “AIMA: The Blood of the Grand Komnenoi”, *BMGS* 19 (1995), pp. 161-181.

141.Shukurov, R., “Between Peace and Hostility: Trebizond and the Pontic

Turkish Periphery in the Fourteenth Century", *Mediterranean Historical Review* 9/1(1994), pp. 20-72.

142.Ševčenko, I., "The Decline of Byzantium Seen Through the Eyes of Its Intellectuals",*DOP* 15 (1961), pp. 167-186.

143. Smyrlis, K., "Taxation Reform and the Pronoia System in Thirteenth-Century Byzantium", in A. Ödekan, E. Akyürek, and N. Necipoğlu, eds.,*On İkinci ve On Üçüncü Yüzyıllarda Bizans Dünyasında Değişim. Change in the Byzantine World in the Twelfth and Thirteenth Centuries. 1. Uluslararası Sevgi Gönül Bizans Araştırmaları Sempozyumu Bildiriler, İstanbul, 25-28 Haziran 2007. First International Sevgi Gönül Byzantine Studies Symposium Proceedings, Istanbul 25-28 June*, 2007, Istanbul: Koç University Press, 2010, pp. 211-217.

144.Spence, R., "Gregory IX's Attempted Expeditions to the Latin Empire of Constantinople: The Crusade for the Union of the Latin and Greek Churches",*Journal of Medieval History* 5 (1979), pp. 163-176.

145.Stahl, A., "Coinage and Money in the Latin Empire of Constantinople", *DOP* 55 (2001), pp. 197-206.

146.Sweeney, J., "Innocent Ⅲ, Hungary and the Bulgarian Coronation: A Study in Medieval Papal Diplomacy", *Church History* 42 (1973), pp. 320-334.

147.Swift, E., "The Latins at Hagia Sophia", *American Journal of Archaeology* 39 (1935), pp. 458-474.

148.Tarnanidis, I., "Byzantine-Bulgarian Ecclesiastical Relations during the Reigns of Ioannis Vatatzis and Ivan Asen Ⅱ, Up to the Year 1235", *Cyrillomethodianum* 3 (1975), pp. 28-52.

149.Vasiliev, A., "The Foundation of the Empire of Trebizond (1204-1222)",*Speculum* 11 (1936), pp. 3-37.

150.Vasiliev, A., "Mesarites as a Source", *Speculum* 13 (1938), pp. 180-182.

151.Vryonis, Speros, Jr., "The Decline of Byzantine Civilization in Asia Minor, Eleventh-Fifteenth Century. Remarks on the Dumbarton Oaks Symposium of 1974",*DOP* 29 (1975), pp. 351-356.

152.Walter, C., "Raising on a Shield in Byzantine Iconography",*REB* 33 (1975), pp. 133-175.

153.Weiler, B., "Gregory Ⅸ, Frederick Ⅱ, and the Liberation of the Holy Land, 1230-1239", in R. Swanson, ed., *The Holy Land, Holy Lands, and Christian History*, Woodbridge, U.K.; Rochester, N.Y.: Boydell Press, 2000, pp. 192-206.

154.Whitby, M., "Justinian's Bridge over the Sangarius and the Date of Procopius' De Aedificiis", *Journal of Hellenic Studies* 105 (1985), pp. 129-148.

155.Wolff, R., "The Latin Empire of Constantinople and the Franciscans", *Traditio* 2 (1944), pp. 213-237.

156.Wolff, R., "The Organisation of the Latin Patriarchate of Constantinople, 1204-1261",*Traditio* 6 (1948), pp. 33-60.

157.Wolff, R., "Romania: The Latin Empire of Constantinople",*Speculum* 23 (1948), pp. 1- 34.

158.Wolff, R., "The Second Bulgarian Empire. Its Origin and History to 1204",*Speculum* 24 (1949), pp. 167-203.

159.Wolff, R., "The Lascarids' Asiatic Frontiers Once More",*OCP* 15 (1949), pp. 194-197.

160.Wolff, R., "Baldwin of Flanders and Hainaut, First Latin Emperor of Constantinople: His Life, Death, and Resurrection, 1172-1225",*Speculum* 27 (1952), pp. 281-322.

161.Wolff, R., "Mortgage and Redemption of An Emperor' s Son: Castile and the Latin Empire of Constantinople",*Speculum* 29 (1954), pp. 45-84.

162.Wolff, R., "Politics in the Latin Patriarchate of Constantinople, 1204-1261",*DOP* 8 (1954), pp. 228-303.

163.Yıldız, S., "Manuel Komnenos Mavrozomes and His Descendants at the Seljuk Court: The Formation of a Christian Seljuk- Komnenian Elite", in S. Leder, ed., *Crossroads between Latin Europe and the Near East: Corollaries of the Frankish Presence in the Eastern Mediterranean (12th-14th Centuries)*, Würzburg: Ergon Verlag, 2011, pp. 55-77.

后　记

我从事拜占庭史，更确切地说是尼西亚帝国史研究已经十余年，尽管少有建树，但不可否认它已成为我生活的一部分。与此同时，尼西亚帝国时期最著名的史家阿克罗颇利塔斯也成了我唯一跨越时空的“好友”。几年前，我在写作博士学位论文的后记时，曾对这位史家的性格尤其是他的功利进行了不少指责。几年后，我更欣赏的是他留下的这些记载，这让我们不仅可以认识他的时代、他的世界，还可以认识他本人。涉世越深，越觉人本身的意义和价值不容忽视。对待史家，亦是如此。

今年夏天为了修改书稿，我特意找了一处不可多得的安静之所。每天，我都要骑行经过名为“进步”“民主”“光明”“胜利”“真理”“正义”的道路才能到达那里。这些路名触发了我很多的思考，使我深刻地感受到，对于个人而言，它们也别具意义，值得永远追求。在这条路上，我还必须经过一处长长的地道。有一天晚上，我回家时已近午夜，而就在我即将进入昏暗的地道时，发现里面竟然有三个小伙子在弹唱，他们的歌声清脆而有力量。霎那间，他们就像一束光，照亮了地道，也照亮了我，把我那时的苦闷一扫而光。我听着他们的歌一路骑出地道，那个夜晚一下变得那么美好。在我过往的人生中，也有很多人就像那晚的那束光一样，照亮了我前行的路。

我的导师陈志强先生每每与我聊天，都有学术点拨之意。先生嘱咐我研究尼西亚帝国历史的意义和价值不应只看其对于光复拜占庭帝国的意义，还应放宽视域、放远眼光。本书虽然试图按照先生之意做出一些尝试，但远未达到先生的期待。因而对于先生，我既感恩又充满了愧疚。

山东大学顾銮斋先生是教授我世界古代史本科课程的老师，先生为人儒雅、学问深厚，也正是在先生的影响下，我走上了学习和研究世界历史的道路。与先生相识近20年的时间里，先生不仅常为我授业解惑，还以宽厚之心敦促我进步、引导我成长。先生之恩，我永念心间。

英国伯明翰大学的R. 玛库利德斯是尼西亚帝国史研究专家，也是我联合培养博士阶段的合作导师。她几近完美地英译了阿克罗颇利塔斯的《历史》，正是通过她我才认识了这位史家，认识了尼西亚帝国史。她曾给予我很多帮助，我永存感激。然而，遗憾的是，她已驾鹤西去。我失去了一位再难企盼的真挚师友。本书是对她的缅怀，也是对她的致敬。在一个略显灰暗的冬日清晨，我们在伯明翰大学初次见面。她身穿精致的套装，戴着吊坠为仿约翰三世金币的项链。一见我，她便满带惊喜地喊道：“Hi Lif, You are coming! ”这一幕我终身难忘！

中国社会科学院的孙思萌博士既是我的师妹，也是一位不可多得的学友。在本书写作的最初过程，她给予了我大量有益的修改意见。本书在很大程度上也凝结着她的付出，在此我对她表示衷心的感谢。同时，也期盼这位真诚、和善的师妹能成为国内拜占庭学界的一颗参天大树。

我的家人既是我扬帆出海的动力，也是我遇险避风的港湾。这几年学业不精、事业不勤常使我陷入不安和焦虑。然而，我的先生和小女儿的温情陪伴给了我莫大的幸福，这在很大程度上冲刷了我的失意。同时，也让我明白，在人生的十字路口，遇到红灯也需要等一等。所以，我把这本书送给他们，愿他们健康、快乐又有趣。

山东大学出版社的李孝德和肖世伟两位编辑，他们的认真、坦诚和热情让我感动。这本小书能够付梓出版，离不开他们的努力和付出。在此，我对他们表示最诚挚的谢意。

本书是我最近学习和思考尼西亚帝国史的一个阶段性成果，因学识粗浅、目力有限，书中不免有些错漏，还望各位师友多予以批评指正！

孙丽芳

2021年7月于丰硕斋